经世济民
诚信服务
德法兼修

"十四五"职业教育国家规划教材

高等职业教育商贸类专业群
物流类专业智慧物流系列教材

物流法律法规

（第二版）

主　编　姬中英　王亚男
副主编　杨　柳　陈香莲
邵清东

中国教育出版传媒集团
高等教育出版社·北京

内容提要

本书是“十四五”职业教育国家规划教材，也是高等职业教育商贸类专业群物流类专业智慧物流系列教材。

本书是首批国家级职业教育教师教学创新团队武汉交通职业学院的研究成果，采用“校企合作，双元开发”的产教融合形式，以实用性、针对性为原则，突破了传统物流法律法规教材的编写模式，以物流生产任务为主线，共设计了七个项目，分别是尊法、学法、守法、用法，物流企业设立相关法律事务，物流行业劳动用工相关法律事务，物流企业合同管理相关法律事务，物流企业风险控制相关法律事务，物流争议解决相关法律事务和国际物流相关法律事务。本书全方位介绍了物流企业从创立到经营，从员工招聘到合同签订，从物流风险到物流争议所涉及的各种法律问题、解决方案及相关法律法规。本书注重激发学生的学习兴趣，提升学生的法律素养，培养学生运用法律思维防控风险、分析问题、解决问题的能力，引导学生形成法律意识、团队意识、使命意识、大局意识，培养符合新时代新要求的物流人才。

本书既可以作为高等职业教育专科、本科院校和应用型本科院校物流类专业的教材，也可以作为相关从业人员的自学用书。

本书配套建设了教学课件、习题答案等配套资源，授课教师如需获取，请登录“高等教育出版社产品信息检索系统”（xuanshu.hep.com.cn）免费下载。同时，精选其中具有典型性、实用性的微课、动画等资源，以二维码方式标注，供读者即扫即学。

图书在版编目（CIP）数据

物流法律法规 / 姬中英，王亚男主编. -- 2版. 北京 ： 高等教育出版社 ， 2025.6. -- ISBN 978-7-04-063451-8

Ⅰ. D922.294.1

中国国家版本馆CIP数据核字第202439X3H2号

物流法律法规（第二版）
WULIU FALÜ FAGUI

策划编辑 康 蓉 **责任编辑** 康 蓉 **封面设计** 赵 阳 **版式设计** 明 艳
责任绘图 杨伟露 **责任校对** 刘娟娟 **责任印制** 存 怡

出版发行 高等教育出版社 **社址** 北京市西城区德外大街4号 **邮政编码** 100120
购书热线 010-58581118 **咨询电话** 400-810-0598
网址 http://www.hep.edu.cn http://www.hep.com.cn
网上订购 http://www.hepmall.com.cn http://www.hepmall.com http://www.hepmall.cn

印刷 河间市华新印业有限公司 **开本** 787mm×1092mm 1/16 **印张** 14.5
字数 290千字 **版次** 2021年6月第1版 2025年6月第2版 **印次** 2025年6月第1次印刷
定价 46.80元

物料号 63451-00

第二版前言

目前，我国正由物流大国向物流强国迈进，为实现降本增效、国际物流体系建设、农村物流建设、绿色低碳物流等发展目标，必须建立健全法治营商环境，以保证物流行业高效、有序、高质量发展。

法律法规和政策会根据形势发展产生新变化，教材必须及时反映最新立法内容和条款规定。编者在本次修订中，结合实际教学实践，以党的二十大和二十届三中全会精神为指导，以第四次修正的 2024 年 7 月 1 日起施行的《中华人民共和国公司法》、2025 年 5 月 20 日起施行的《中华人民共和国民营经济促进法》和数字经济时代各项法律法规的推出为契机，对本书进行了全面修订。

本次修订全面更新了全书涉及的法律法规和近三年的案例，同步修改了习题，并新增了“调查研究与善作善成”栏目。

修订后的教材具有以下特色：

1. 落实立德树人根本任务，实现教材的育人功能

本教材以“内生”“外融”方式挖掘“物流法律法规”中的育人元素，体现职业理想、职业道德、工匠精神、科学精神、劳动精神，设置“素养目标”，构建“价值塑造、能力培养、知识传授”三位一体的育人体系，案例设计融合育人元素，实现润物细无声。

2. 凸显能力本位，使物流法律法规体系化

本教材强调学生主体，突出任务引领、能力本位和实践导向，以任务发布、任务引导、法学课堂、法律实践、德法兼修、法案直击、知识与技能训练、调查研究与善作善成为主线，逐层递进深入，整合归类物流企业经营管理中的相关法律法规，以七个项目完整覆盖物流企业经营全过程，体现物流经营生产运作规律，实现物流法律法规体系化，更加贴合教材使用者的学习需求，更加方便用书者的学习、查询和使用。

3. 校企双元合作开发，契合岗位要求

本教材由首批国家级职业教育教师教学创新团队带头人领衔主编。编写团队师德师风过硬，既有教学经验丰富、教学质量扎实的物流及法律专业教师，又有工作经验丰富、能熟练运用法律的企业高管。校企双元合作开发，契合行业企业发展需求，实现产教融合。

4. 注重风险控制，强调风险规避能力

本教材编写强调实用性和适用性，突出了学习重点，注重与物流企业经营实际和新发展新变化相结合，将如何规避物流行业多样化的法律风险，识别物流企业运营中的法律问题，解除物流企业生存发展中的法律危机和隐患作为重点编写内容。

5. 支撑辅助学习，建设数字化教学资源

为了帮助教材使用者理解教材的重难点，教材配套建设了课件、答案、微课、动画等类型丰富的数字化教学资源，打造新形态一体化教材；同时在教材边白处标注优质资源二

维码，供学习者即扫即学，最大程度支撑和辅助教材使用者学习。

本教材由姬中英、王亚男主编，杨柳、陈香莲、邵清东副主编，石畅、姚宇参编。教材共分七个项目，项目一由杨柳、王亚男编写，项目二由姬中英、石畅编写，项目三由邵清东、姚宇编写，项目四由陈香莲编写，项目五由王亚男编写，项目六由王亚男编写，项目七由陈香莲编写。

本教材的编写得到了全国物流职业教育教学指导委员会的指导，得到了湖北物流职业教育集团、长江经济带物流职业教育协同发展联盟、长江经济带港航物流产教融合共同体、湖北省物流协会、湖北省快递协会、湖北省综合交通运输研究会、武汉物流协会、北京络捷斯特科技发展股份有限公司、高等教育出版社的帮助，在此一并致以真诚的感谢。

由于物流业发展和相关法律法规建设日新月异，加之编者能力和时间有限，书中难免存在不当之处，恳请广大读者批评指正，以使本书日臻完善。

编　者

2025 年 5 月

第一版前言

我国现代物流业是支撑国民经济社会发展的基础性、战略性、先导性产业，是推动经济高质量发展不可或缺的重要力量，对降低制造企业物流成本、增强实体经济活力起到了至关重要的支撑作用。在新冠疫情前后，现代物流业为畅通供应链和国内国际物流通道，以及各行各业的复工复产提供了坚实支柱。2019 年我国物流法人单位数达到 40 万家，物流从业人员超过 5 000 万人，原有的粗放型、无序型经营方式已经无法满足庞大的物流从业者的管理需求和现代物流业的高速发展需求，构建规范、有序、高效的物流体系成为保障物流业发展的重要任务。党的二十大报告指出：“全面依法治国是国家治理的一场深刻革命，关系党执政兴国，关系人民幸福安康，关系党和国家长治久安。必须更好发挥法治固根本、稳预期、利长远的保障作用，在法治轨道上全面建设社会主义现代化国家。”遵守物流法律法规有利于优化物流行业经营秩序，完善现代物流行业基石，提升物流综合竞争力，为优化营商环境，规范守法经营，保障物流活动正常进行，物流行业高效、有序、高质量发展保驾护航。现代物流业发展到供应链阶段，业务多元化已成趋势，物流企业已经发展成为一个复杂的综合体，按照原有运输、仓储、配送、包装等环节进行物流法律法规教材的编写已经不能满足新时代对物流人才的新需求。如何规避多样化的法律风险，识别控制物流企业运营中的法律问题，解除物流企业生存发展中的危机和隐患，成为物流企业战略管理的重要内容。本教材通过物流法律法规相关条文释义、案例剖析等，引导物流从业人员做社会主义法治的忠实崇尚者、自觉遵守者、坚定捍卫者，努力使尊法、学法、守法、用法在物流领域蔚然成风。本教材结合物流企业的经营实际和发展新变化、物流生产运作新标准的法律要求编写，着重介绍物流企业设立、招聘、经营、合同、保险、风险、纠纷等方面所需的法律法规，强调实用性、适用性，注重以学生为主体，通过任务引领、能力本位、实践导向的教学方式，将物流法律法规与思政教育有机融合，形成了以下特色：

1. 课程思政引领教材建设

党的二十大报告指出：“育人的根本在于立德。全面贯彻党的教育方针，落实立德树人根本任务，培养德智体美劳全面发展的社会主义建设者和接班人。”本书积极贯彻落实党的二十大、全国教育大会、全国高校思政工作会议精神，以习近平新时代中国特色社会主义思想为指导，落实立德树人根本任务，将首批国家级职业教育教师教学创新团队的课题成果《物流管理专业“课程思政”载体与方法创新研究》运用于该课程，挖掘课程背景下的思政元素，将价值引领与专业教学相结合，引导学生践行社会主义核心价值观，文前设置了“素养目标”，文中设置了“德法兼修”“法案直击”等栏目，文后设置了针对课程思政的考核内容，形成课程思政的系统化实现方案，发挥专业课程的育人功能。

2. 实现校企双元合作开发，深化“三教”改革

为深入贯彻落实《国家职业教育改革实施方案》和《职业院校教材管理办法》精神，

深化“三教”改革，本书根据校企双元合作开发的原则，坚持产教融合，由首批国家级职业教育教师教学创新团队带头人担任主编，团队核心成员参与编写，编写成员中有多人参加德国双元制职业教育体系培训，教材编写中充分融合培训所得。突出实践、技能、专业能力培养；重视职业道德、职业素养、工匠精神的体现；切实体现任务导向、职业情境教学模式创新。本书强调以学生为中心，运用“自我决定论”进行教学方法改革，满足学生“自主性、胜任感、归属感”需求，进而调动学习积极性。通过学生团队协作、任务驱动等方式培养学生的创新意识和创新思维。通过法律任务发布引导思考、法学课堂知识梳理、法律实践知行合一、法案直击讲解剖析、思政园地涵育德行、知识与技能训练考核诊改提升。使学生能够形成法律意识，了解法律关系，防控法律风险，解决法律问题。同时，与北京络捷斯特科技发展股份有限公司合作，将企业的实际需求和案例融入教材，有效解决了人才培养与产业需求脱节的痛点，形成信息资源共享，助力培养具有法律意识和职业道德，具备实践和创新能力的复合型高素质人才。

3. 数字课程配合教材立体化发展

本书建设了微课、动画、视频、习题、实训、案例等类型丰富的教学资源，实现线上线下混合式教学，为自主学习提供了支撑。

本书由姬中英、王亚男主编，杨柳、陈香莲、邵清东副主编。全书共分七个项目，项目一由杨柳编写，项目二由姬中英编写，项目三由邵清东、徐卫亚编写，项目四由陈香莲编写，项目五由王亚男、李国栋编写，项目六由邵清东、杜马编写，项目七由陈香莲编写。

本书的编写得到了全国物流职业教育教学指导委员会的指导，得到了湖北省物流职业教育集团、长江经济带物流职业教育协同发展联盟、湖北省物流协会、武汉物流协会、北京络捷斯特科技发展股份有限公司、高等教育出版社的帮助，在此一并致以真诚的感谢。

由于物流业发展日新月异，编者能力和时间有限，书中难免存在不当之处，恳请广大读者批评指正，以使本书日臻完善。

编　者

2022 年 11 月

目录

01 项目一

Chapter

尊法、学法、守法、用法

素养目标

- 培养学生尊崇法治、认同法律权威和公信力的自觉性
- 通过学习与物流密切相关的法律法规，树立正确的法律权利义务观
- 培养自觉守法意识，树立法律规范不逾越、法律底线不触碰、违法必究的意识
- 提升运用法律思维和行为方式解决问题、化解矛盾、维护合法权益的法治素养

知识目标

- 熟悉法和法治的基本概念和原理
- 了解我国现行法律体系和法律基本理论知识
- 掌握物流实务活动中法律法规的适用准则

技能目标

- 能够分辨不同法律部门及违法的构成要素
- 能够明确不同物流法律规范的类型及其特点
- 能够针对不同物流实务中的活动，运用法律规则进行初步判定

思维导图

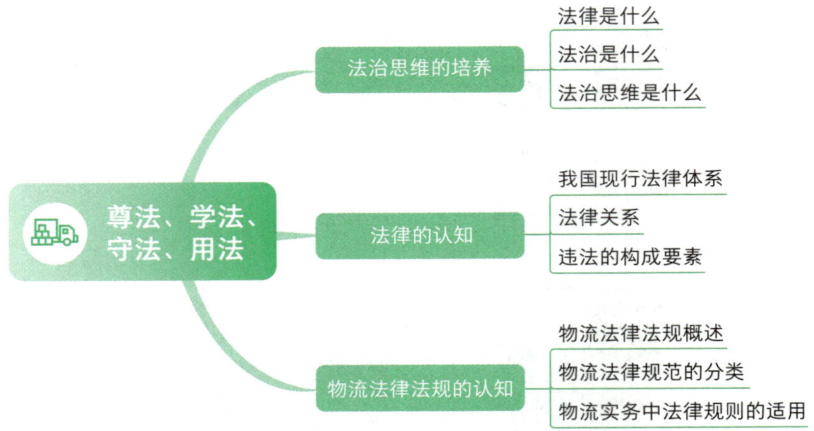

任务发布

物流企业法务部开展企业员工法律素养提升的培训

中国已经成为全球最大的物流市场，物流企业，特别是中小物流企业发展迅猛，作为企业核心竞争力的人才，特别是复合型人才，是企业发展的关键因素，为此，物流企业有必要对新进员工和晋级员工开展涉及专业知识、管理知识、法律知识和数字技术等内容的培训，培养员工依法依规从事物流工作的法律意识，使员工在具备基本法律常识外，还能结合自身的工作实际，运用法律知识和法治思维维护企业和自身的合法权益，避免陷入法律纠纷。

任务执行部门

物流企业法务部或人力资源部

任务引导

1. 法律、法治思维。
2. 我国现行法律规范的划分。
3. 违反法律法规的标准判定。
4. 我国物流法律法规的概况。

5. 物流法律法规在实务中的应用。

引导案例

农用无人机"怎么飞"有法可依

动画：智慧物流法规护航

近年来，我国无人驾驶航空器产业快速发展，应用场景日渐广泛。在物流领域，无人机在农产品运输方面的作用逐渐凸显。2024年3月28日，丰翼无人机进行茶叶运输，从山上茶农家到山下接驳点，可由以往23分钟降低到8分钟，不仅节约了时间，而且无人机单机单次载重50千克，每小时飞三次，每天工作10小时，两台无人机每天运输茶叶数量在3吨左右，极大提升了运载量。

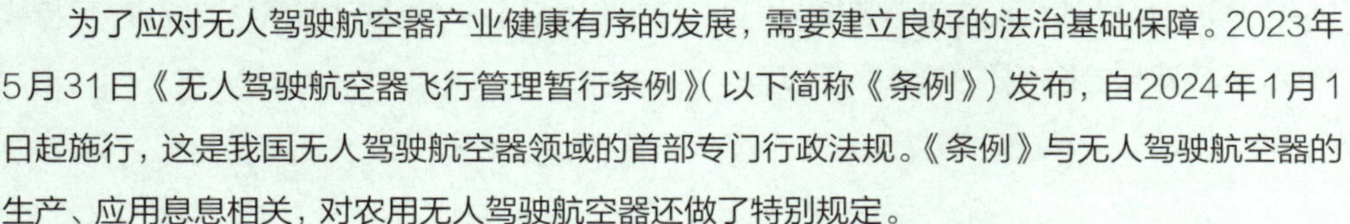

为了应对无人驾驶航空器产业健康有序的发展，需要建立良好的法治基础保障。2023年5月31日《无人驾驶航空器飞行管理暂行条例》（以下简称《条例》）发布，自2024年1月1日起施行，这是我国无人驾驶航空器领域的首部专门行政法规。《条例》与无人驾驶航空器的生产、应用息息相关，对农用无人驾驶航空器还做了特别规定。

《条例》对无人驾驶航空器进行了分类管理，明确了农用无人驾驶航空器的定义。按照分类管理思路，根据重量、飞行高度、飞行速度等性能指标，将无人驾驶航空器分为微型、轻型、小型、中型、大型5个类别。其中，农用无人驾驶航空器定义为最大飞行真高不超过30米，最大平飞速度不超过50千米/小时，最大飞行半径不超过2 000米，具备空域保持能力和可靠被监视能力，专门用于植保、播种、投饵等农林牧渔作业，全程可以随时人工介入操控的无人驾驶航空器。

同时，为落实和体现促进发展的要求，对实践中应用范围广、安全风险相对较低的农用无人驾驶航空器实行简化申请流程。使用最大起飞重量不超过150千克的农用无人驾驶航空器在农林牧渔区域上方的适飞空域内从事农林牧渔作业飞行活动（以下称"常规农用无人驾驶航空器作业飞行活动"），无须取得运营合格证。取得运营合格证后从事经营性通用航空飞行活动，以及从事常规农用无人驾驶航空器作业飞行活动，无须取得通用航空经营许可证和运行合格证。从事常规农用无人驾驶航空器作业飞行活动的人员无须取得操控员执照，但应当由农用无人驾驶航空器系统生产者按照国务院民用航空、农业农村主管部门规定的内容进行培训和考核，合格后取得操作证书。对于违反《条例》规定，未取得操作证书从事常规农用无人驾驶航空器作业飞行活动的，由县级以上地方人民政府农业农村主管部门责令停止作业，并处1 000元以上1万元以下的罚款。有利于督促农用无人驾驶航空器的生产者、使用者规范操作，保障农用无人驾驶航空器飞行安全。

无人驾驶航空器产业链长、应用领域广，事关航空安全、公共安全、国家安全和公众利益。为确保无人驾驶航空器飞行安全，《条例》不仅规定了系列制度措施，还明确了各管理部门的职责分工和界面，确立了由国家空中交通管理领导机构统一领导全国无人驾驶航空器飞行管理工作，国务院相关部门、县级以上各级地方人民政府及其部门、各级空中交通管理机构按照职责分工负责的管理体制，明确通过无人驾驶航空器一体化综合监管服务平台对全国无人驾驶航空器实施动态监管与服务。强化监管信息公开，向社会公布有关审批事项、申办流程、受理单位等信息并及时更新。

引思明理

随着智慧物流的迅猛发展，无人机技术在农业物流领域的应用日益广泛，为传统产业带来了前所未有的变革，但是智慧物流的发展离不开法律法规的支撑和保障，只有在合法合规的框架内，智慧物流技术才能充分发挥其优势，为传统产业带来转型升级的机遇。同时，随着技术的不断进步和应用场景的不断拓展，智慧物流领域的法律法规也需要不断完善和更新，只有加强法律法规建设，完善监督机制，提高行业自律水平，才是推动智慧物流健康、可持续发展，适应新需求和挑战的关键所在。

任务一　法治思维的培养

【法学课堂】

一、法律是什么

“法律”一词有广义和狭义两种含义。在我国，广义的“法律”是指法律整体，包括我国有立法权的主体颁布的所有规范性文件；狭义的“法律”仅指全国人民代表大会及其常务委员会通过立法程序颁布的规范性文件。通常而言，“法律”如无特指，均为广义的“法律”。

要准确把握法律的概念，必须深刻理解法律的基本特征。

（一）法律是一种行为规范

1. 法律调整的是人们的行为

法律起源于社会秩序冲突，是社会理性的体现。为了使社会成员的个人行为符合社会整体利益和社会秩序要求，法律指引人们作出符合社会理性的、正确的、允许的行为，禁止人们作出错误的、禁止的行为。法律不关注人们的思想和内心活动，只关注社会关系中人们的行为及其行为造成的结果是否正当。

2. 法律调整的是社会关系中的行为

法律调整的是人与人之间的权利义务关系，即在社会生活中形成的社会利益关系，而非人们的所有行为。因此，调整人与物（如自然、机器等）的关系的技术操作规范不是法律的调整范畴。

3. 法律调整的对象是普遍行为

法律调整的对象不是特定的某个人的行为，而是适用于全体社会成员的一般的、整体的、无差别的普遍行为。同时，它也不是仅适用一次，而是在其有效期内可以反复适用的普遍标准，这是法律公平性的本质要求。

（二）法律以权利和义务为内容

法律对人们行为的调整主要是通过权利和义务的设定及其运行来实现的，即法律告诉人们当某一条件存在时，某种行为就可以作出（许可）、必须作出（命令）或者不得作出（禁止），以此来指引人们的行为并调节社会关系。

1. 法律规定的权利义务内容是由社会物质生活条件决定的

任何国家都不可能随心所欲地发布命令或赋予权利，它的实施需要依靠绝大多数人对法律权威性和正当性的认同。因此，法律中的权利义务内容必须与其社会物质生活条件相适应，超越社会发展阶段的权利义务是空洞的。

2. 法律规定的权利义务内容表现为法律的“规范性”语言

法律的“规范性”语言，即法律规则是规定法律权利、义务和责任的准则，它有严密的逻辑结构，是构成法律行为指引的主要元素。

3. 法律以权利义务为内容才能实现指引作用

通过授权、命令和禁止的明文法律规定，人们可以事前预估自己行为的后果和法律评价，从而使其依法修正其行为或预期，逐步形成良好的行为习惯，进而促使整个社会形成遵守法律规则的良好行为。

（三）法律是国家意志的体现

法律代表的是国家意志，这是法律的首要特征。

法律是具有立法权的国家机关通过特定的立法程序和方式制定和认可的规范性法律文件。国家制定和国家认可，是国家创制法律的两种方式。

一是国家制定，是指有立法权的国家机关依照法定程序制定规范性法律文件，并公布于众，通常称之为“成文法”。

二是国家认可，是指国家根据实际需要，由国家立法机关或司法机关赋予的法律效力，使其因此而成为法律。

（四）法律是国家强制力保证实施的

国家强制力是指国家通过法庭、军队、警察等体现出来的国家权力，这是法律权威存在的制度基础。如果没有国家强制力做后盾，那么法律在许多方面就变得毫无意义。如果违反法律的行为得不到惩罚，人们就失去了对法律的敬畏。当然，法律的国家强制力具有潜在性和间接性，其更大的意义在于威慑而非直接作用，这种强制性只在违反法律时才会赋予行为人。

国家强制力不是法律实施的唯一保证力量。法律实施与道德教化不是彼此冲突的，法律意识、道德观念、价值观念、纪律观念等在保证法律实施中同样发挥着重要作用，一国法律的实施需要依赖道德、人性、经济、文化等各种因素的制约。

综上所述，法律是由国家制定或认可并由国家强制力保证实施的，以权利和义务为内容的社会行为规范的总和。

二、法治是什么

法治具有丰富的内涵和广泛的外延。它是一种价值体系，体现了“自由”“平等”“正义”“公平”“理性”“权力制约”等价值观；它是一种现实状态，即实践中法律的运行状态；它也是一种全民素质，即一种根植于人民内心的关于法律的文化和氛围。

（一）社会主义法治是国家治理的一场深刻革命

全面依法治国是中国特色社会主义的本质要求和重要保障。党的十八大以来，以习近平同志为核心的党中央对全面依法治国高度重视。习近平总书记反复强调：“法治兴则国兴，法治强则国强。”党的二十大报告指出：社会主义法治国家建设深入推进，全面依法治国总体格局基本形成，中国特色社会主义法治体系加快建设，司法体制改革取得重大进展，社会公平正义保障更为坚实，法治中国建设开创新局面。

（二）坚定不移地走中国特色社会主义法治道路

党的二十大报告指出：我们要坚持走中国特色社会主义法治道路，建设中国特色社会主义法治体系、建设社会主义法治国家，围绕保障和促进社会公平正义，坚持依法治国、依法执政、依法行政共同推进，坚持法治国家、法治政府、法治社会一体建设，全面推进科学立法、严格执法、公正司法、全民守法，全面推进国家各方面工作法治化。中国特色社会主义法治道路就是要坚持党的领导，坚持中国特色社会主义制度，贯彻中国特色社会主义法治理论。其中，党的领导是社会主义法治最根本的保证，中国特色社会主义制度是中国特色社会主义法治体系的根本制度基础，中国特色社会主义法治理论是全面推进依法治国的行动指南。这三个方面规定确保了中国特色社会主义法治体系的制度属性和前进方向。

（三）全面推进依法治国是一个系统工程

全面推进依法治国涉及很多方面，总抓手就是建设中国特色社会主义法治体系。加快建设中国特色社会主义法治体系，就要加快形成完备的法律规范体系、高效的法治实施体系、严密的法治监督体系、有力的法治保障体系，形成完善的党内法规体系。

（四）在党的领导下全面依法治国

党的领导既是中国特色社会主义最本质的特征，也是中国特色社会主义法治的本质和核心。国际国内环境越复杂，改革开放和社会主义现代化建设任务越繁重，越要坚持全面推进依法治国。把党的领导贯彻到依法治国全过程和各方面，最根本的就是做到“两个维护”，进一步加强党的领导，谱写我国法治建设新篇章。

德法兼修

习近平法治思想引领法治中国新航程

新时代全面依法治国是国家治理领域的一场广泛而深刻的革命，必须以科学理论为指导。党的二十大报告明确要求，“全面推进国家各方面工作法治化”“在法治轨道上全面建设社会主义现代化国家”，为坚持全面依法治国、推进法治中国建设进一步指明了方向。习近平总书记高度重视全面依法治国，围绕全面依法治国发表了一系列重要讲话，系统阐述了新时代推进全面依法治国的重要思想和战略部署，深刻回答了我国社会主义法治建设的一系列重大理论和实践问题，形成了内涵丰富、论述深刻、逻辑严密、系统完备的习近平法治思想，为深入推进新时代全面依法治国指明了前进方向。这一思想开辟了马克思主义法治理论中国化的新境界，标志着中国共产党对社会主义法治建设和人类法治文明发展的规律性认识达到新的历史高度。社会主义法治建设之所以能够取得全方位、开创性的历史成就，发生深层次、根本性的历史变革，根本在于习近平法治思想的科学指导。

新时代孕育新思想，新思想引领新实践。实践性是马克思主义理论区别于其他理论的显著特征。习近平法治思想正是在深化依法治国实践、建设社会主义法治国家的实践基础上不断进行提炼升华，不断将马克思主义法治理论与法治实践相结合形成的科学理论体系，是党领导法治建设丰富实践和宝贵经验的科学总结，是经过全面依法治国实践检验、富有实践伟力的强大思想武器。这一思想坚持马克思主义科学性和实践性的有机统一，深刻回答了新时代全面依法治国面临的一系列重大理论和现实问题，贯穿着强烈的问题意识、鲜明的实践导向。这一思想是在研究问题、解决问题中丰富发展的，是在推动实践、指导实践中成熟完善的，集中体现了马克思主义者求真务实、实践第一的科学态度，充分展现了共产党人勇于创新、奋发有为的精神风貌，是马克思主义法治理论与中国法治实践相结合的一次历史性飞跃、创造性升华，是当今时代最鲜活的马克思主义法治理论。在当代中国，坚持和发展习近平法治思想，就是真正坚持和发展马克思主义法治理论。

实践是检验真理的唯一标准。中国特色社会主义进入新时代，社会主义法治国家建设的伟大实践和历史成就，充分彰显了习近平法治思想的实践伟力和真理光芒。在建设社会主义现代化国家的新航程中，要推动法治中国巨轮行稳致远，必须加强理论思维，总结好、运用好党关于法治建设的新理念、新思想、新战略，自觉将习近平法治思想作为全面依法治国的根本遵循和行动指南，吃透基本精神、把握核心要义、明确工作要求，贯彻落实到全面依法治国的全过程和各方面。

习近平法治思想是不断发展的开放的理论，必将随着全面依法治国的深入推进而持续发展、不断丰富完善。在深入推进全面依法治国的实践中，要坚持马克思主义的立场、观点、方法，不断深化对共产党依法执政规律、社会主义法治建设规律、人类法治文明发展规律的认识，为实现国家治理体系和治理能力现代化提供法治保障，为应对当今世界面临的依法治理难题贡献中国智慧、提供中国方案。

【案例启示】法治兴则国家兴，法治强则国家强。建设法治中国与新时代党的历史使命同频共振，与国家命运紧密相连，与人民幸福唇齿相依。党的领导是中国特色社会主义法治之魂，全面推进依法治国必须坚持走中国特色社会主义法治道路，中国特色社会主义法治根基在人民。只有深入贯彻落实习近平法治思想，踔厉奋发、笃行不怠，才能凝聚共建法治中国的强大力量，让法治中国建设前行的脚步更加坚定，让“中国之治”成色更足、优势更加彰显，为全面建设社会主义现代化国家、实现中华民族伟大复兴的中国梦提供有力法治保障。

三、法治思维是什么

法治思维是以法治价值和法治精神为导向，运用法律原则、法律规则、法律方法思考和处理问题的思维模式，具有科学性、正当性、规范性和逻辑性，是协调和处理现实利益冲突、解决问题的优先思维。培育法治思维旨在引导人们形成自觉守法、遇事找法、解决问题靠法的意识。法治思维的内涵丰富，主要包括法律至上、权力制约、公平正义、权利保障、程序正当等内容。

（一）法律至上

法律至上是指法律必须要有至高无上、神圣不可侵犯的权威。法律至上要求其他规范都不得超越法律规范，不得与法律规范相抵触。这里的法律既包括宪法，也包括其他一般法律。法律至上尤其指宪法至上，因为宪法具有最高法律效力，是其他一切法律的依据。法律至上具体表现为法律的普遍适用性、优先适用性和不可违抗性。

（二）权力制约

权力制约较之权力的来源更加重要。权力制约的要求包括权力由法定、有权必有责、用权受监督、违法受追究。

（三）公平正义

公平正义是指社会的政治利益、经济利益和其他利益在全体社会成员之间合理、公平地分配和占有。其主要内容包括权利公平、机会公平、规则公平和救济公平。社会法治的公平正义体现在三个方面：第一，明确。谁享有权利、承担义务，如何履行职责、实施行为等，都有明确的法律依据。第二，现实。即由国家宪法、法律、行政法规或者地方性法规具体表述和明确规定。第三，有保障。坚持法律面前人人平等，由国家机关强力保证实施。

（四）权利保障

法治社会主张国家的一切权力源于民、归于民。坚定不移走中国特色社会主义法治道路的根本目的就是坚持人民主体地位，保障人民权益，坚持法治为了人民、依靠人民、造福人民、保护人民。要把体现人民利益、反映人民愿望、维护人民权益、增进人民福祉落实到依法治国全过程中，使法律及其实施充分体现人民意志。这就是权利保障思维。

（五）程序正当

只有按照正当程序来处理问题，才能防止执法或司法主体的主观任意性和结果的不确定性，才能避免处理结果的偏差和不公平。实践证明，违反正当程序处理问题往往将会造成实体不公正的结果。程序的正当表现在程序的合法性、中立性、参与性、公开性和时限性等方面。

【法律实践】

一、实践任务

1. 学生随机分组，选定讨论主题，开展讨论并分享展示。

2. 讨论法治与法制的区别与联系，提供例证，形成统一观点并撰写论证报告。制作PPT，开展活动分享。

二、实践目标

1. 通过实践活动，深化对法治的内涵、作用和特征的理解。

2. 培养学生的法治意识，强化法治思维；促进学生的协作意识和创新精神。

3. 增强学生的社会认同，培养理性思维。

三、实践步骤

1. 发布讨论主题，按“自愿＋随机”的原则将学生分成若干讨论组。

2. 学习法和法治的相关知识，针对主题查阅相关资料，撰写讨论提纲，开展小组讨论并形成统一结论，整理观点并收集实证案例，形成展示报告。

3. 进行分组展示。现场互动提问并进行点评。

四、考核要点

1. 对法治知识的理解程度。学生对法治的内涵、作用、特征和意义的初步认知是否全面、准确。

2. 对法治文明的认同。学生认同法治是社会文明进步的标志。

3. 团队研究能力。团队组织、分工、协作是否良好；能否有效收集和整合各项信息资源；能否形成有价值、创新的观点；报告书写是否规范；展示交流是否条理分明、语言流畅。

任务二 法律的认知

【法学课堂】

一、我国现行法律体系

为将我国全部现行法律规范形成有机联系的统一整体，全国人民代表大会常务委员会依据现行法律规范的调整对象和原则标准，将我国法律规范划分为七个不同的法律部门，即宪法及宪法相关法、民法商法、行政法、经济法、社会法、刑法、诉讼与非诉讼程序法。

（一）宪法及其相关法

宪法及其相关法是我国的核心法律。它是规定我国社会制度、国家制度、经济制度、国家机关组织活动原则和公民基本权利义务的法律规范的总和。宪法及其相关法包括：国家基本政治制度方面的法律；确认公民基本权利义务方面的法律；国家立法方面的法律；国家主权或国家象征方面的法律等。

宪法及其相关法是我国法律体系中其他法律法规的“母法”，其他法律法规必须以此为依据并不得与之相冲突。宪法及其相关法很少能直接作为法院司法判案的依据，它是判定其他法律法规是否具有合法性的依据。

（二）民法商法

民法商法是调整平等主体从事民事和商事活动的一类法律规范。通常认为，民法是一般法，商法是特殊法。民法调整的是普通公民、法人之间的人身与财产关系。商法是“商人”及其商业活动的法律调整。民法适用主体平等、诚实信用、公平和效益等原则。商法是特别法，在公平和效益原则冲突时，民法优先选择公平，商法更加偏向效益。民法以《中华人民共和国民法典》（简称《民法典》）为核心。商法包括调整商事主体及其活动的法律、调整金融关系的法律、调整商业辅助活动的法律、调整商业关联活动的法律等，如《中华人民共和国公司法》（简称《公司法》）等。

（三）行政法

行政法是调整有关国家行政管理活动的法律规范的总和。其主体主要是国家行政机关及其公务员和行政管理相对人。行政管理活动涉及国防、教育、安全、文化、民政、交通、卫生、城市建设、环境保护、工商管理、税务、商务等，范围非常广泛且无不与公民的衣食住行息息相关。行政法的本质要求是要求依法行政。行政法的基本原则是行政权力必须合法、合理、适度、程序正当、权责统一。

（四）经济法

经济法是调整国家干预、调控本国经济运行过程中发生的经济关系的法律规范的总称。

经济法包括规范市场竞争和市场秩序的法；宏观调控方面的法；国家产业发展激励方面的法；资源环境方面的法等。社会本位、兼顾公平与效率、可持续发展是经济法的基本原则。

德法兼修

《民营经济促进法》赋能物流行业民营企业发展

2025年4月30日，第十四届全国人民代表大会常务委员会第十五次会议通过了《中华人民共和国民营经济促进法》（简称《民营经济促进法》），于2025年5月20日起正式施行。这是我国首部专门关于民营经济发展的基础性法律，意义重大。该法首次确立了民营经济平等准入负面清单制度，首次将企业家精神保护纳入法律范畴，还创下多个“第一次”：如第一次将“毫不动摇巩固和发展公有制经济，毫不动摇鼓励、支持、引导非公有制经济发展”“促进民营经济健康发展和民营经济人士健康成长”写入法律；第一次明确民营经济的法律地位；第一次在法律中规定促进民营经济持续、健康、高质量发展是国家长期坚持的重大方针政策。这些标志着民营经济法治化保障迈入新阶段，彰显了党中央促进民营经济发展壮大的坚定决心。

在物流行业中，民营企业占据着重要地位，在头部物流企业里也是重要主体。2024年度中国物流企业50强中，民营企业有18家。《2024年度中国民营物流企业50强》上榜的50家企业2023年物流业务收入合计达9 809亿元，入围门槛为15.5亿元。从民营经济的“56789”特征看，我国民营经济贡献了50%以上的税收、60%以上的国内生产总值、70%以上的技术创新成果、80%以上的城镇劳动就业、90%以上的企业数量。物流行业的民营企业是这一成绩的重要创造者，在业务收入、市场拓展、服务创新等方面发挥着关键作用，且不断拓展市场，在全国乃至全球布局，有力推动了物流行业的发展。

《民营经济促进法》的出台为物流行业发展注入强大动力。

在公平竞争方面，该法完善了市场准入领域公平参与市场竞争的制度机制，规定市场准入负面清单以外的领域，民营物流企业可依法平等进入，禁止在公共资源交易活动中限制或排斥民营经济组织。例如，在物流项目招投标中，民营物流企业能够凭借实力公平竞争，获得更多参与大型物流基础设施建设、物流园区运营等项目的机会，打破市场壁垒，拓展业务版图。

在投资和融资促进上，该法支持民营物流企业参与国家重大战略和重大工程，如参与"一带一路"相关物流项目建设，助力国际物流通道构建。在融资方面，督促引导金融机构合理设置不良贷款容忍度，建立健全尽职免责机制，提升对民营物流企业的金融服务水平，帮助其解决资金难题，购置先进物流设备，建设智能仓储设施等，提升运营效率。

在科技创新上，该法明确支持有能力的民营物流企业牵头承担国家重点技术攻关任务，鼓励其与高校、科研院所开展产学研合作，推动无人配送、智能仓储管理等先进物流技术的研发与应用，提升行业整体科技水平。

【案例启示】对于物流行业的民营企业而言，一方面要严格遵守《民营经济促进法》，依法经营，保障劳动者合法权益，遵守社会公德和商业道德，诚实守信、公平竞争，履行社会责任；另一方面要善于利用法律赋予的权利，积极参与公平竞争，勇于申请参与重大项目投资，大胆开展科技创新。同时，当自身权益受到侵害时，依据法律积极维护自身合法权益，比如在账款被拖欠时，依据法律要求相关方及时支付。总之，物流行业民营企业要借助《民营经济促进法》的东风，不断提升自身实力，为经济和社会发展做出更大贡献，在构建现代化物流体系中发挥更大作用，助力我国经济高质量发展。

（五）社会法

社会法是指保障社会特殊群体和弱势群体权益的法律规范的总称，又称劳动与社会保障法。社会法在缓和社会矛盾、维护社会稳定方面能够发挥积极作用，是建立和谐、法治社会不可或缺的重要一环。社会法包括:《中华人民共和国劳动法》（简称《劳动法》）、《中华人民共和国劳动合同法》（简称《劳动合同法》）、《中华人民共和国工会法》（简称《工会法》）、《中华人民共和国未成年人保护法》（简称《未成年人保护法》）、《中华人民共和国妇女权益保障法》（简称《妇女权益保障法》）等。

（六）刑法

刑法是规定哪些行为属于犯罪并且应当负何种刑事责任，给予何种刑事处罚的法律规范的总称。刑法对所有严重危害社会（即触犯"底线"）的责任人给予最严厉的惩罚，彰显了法律的威慑力。

刑法的强力实施是不可逆转的，故一旦实施对违法个体权利的影响是巨大的，必须谨慎对待。因此，刑法必须做到罪刑法定、平等适用和罪责刑相适应，这些正是刑法需始终贯彻的原则。

（七）诉讼与非诉讼程序法

诉讼与非诉讼程序法是规定权利实现的过程、步骤、方式和途径的法律规范，属于程序法范畴。依据法律实践，解决权利纠纷的程序可以分为司法程序和非司法程序，前者称为诉讼程序，而后者称为非诉讼程序。诉讼与非诉讼法律规范包括《中华人民共和国民事诉讼法》（简称《民事诉讼法》）、《中华人民共和国行政诉讼法》（简称《行政诉讼法》）、《中华人民共和国刑事诉讼法》（简称《刑事诉讼法》）、《中华人民共和国人民调解法》（简称《人民调解法》）、《中华人民共和国仲裁法》（简称《仲裁法》）、《中华人民共和国劳动争议调解仲裁法》（简称《劳动争议调解仲裁法》）等。

二、法律关系

（一）法律关系的概念和特点

法律关系是指以法律规范为基础形成的、以法律权利和法律义务为内容的社会关系。法律关系具有以下特点：

1. 法律规范是法律关系产生的前提

并非所有的社会关系都受到法律的规范和调整，一旦纳入法律规范的调整，就意味着此类社会关系必须按照法律的要求行为或不行为、授权或禁止。

2. 法律关系是现实的法律上的权利与义务关系

法律规则有三种行为模式，即授权规范（可以为）、命令规范（必须为）和禁止规范（不得为），其实质就是规定主体的权利义务内容。

3. 法律关系是司法判定的原则标准

在司法实践中，根据有无法律规范明文规定，可以判定某一社会关系是否属于法律关系（即是与非的判定）；根据法律关系不同的主体、客体和权利义务规定，可以作出适用哪部法律或哪个法律规范的判定（即彼与此的判定）；根据法律主体、客体是否适合，可以判定法律关系是否存续（即存与废的判定）。

（二）法律关系的构成

通常来说，法律关系是由主体、客体和内容三要素构成的。

1. 法律关系主体

法律关系主体是在法律关系中享有权利和承担义务的人。这里的“人”是法律上的拟制人，包括自然人、法人或其他社会组织等。

2. 法律关系客体

法律关系客体是法律关系主体意志和行为所指向的或者其权利和义务所指向、作用的对象。法律关系客体包括物、人格、人身、智力成果、行为、信息，以及其他。

3. 法律关系内容

法律关系内容是指法律关系主体所享有的权利和承担的义务，即法律权利和法律义务。

（三）法律关系的形成、变更与消灭

法律关系是法律规范的现实状态，因此，产生、变更和消灭法律关系必须具备两个条件：其一是法律规范，这是法律关系产生、变更和消灭的法律依据；其二是法律事实，即出现了法律规范所假设的现实情况。

三、违法的构成要素

（一）违法的概念

违法，也称违法行为，是指特定的法律主体（个人或单位）违反现行法律法规的规定，给社会造成某种危害的、有过错的行为。

（二）违法的构成要素

违法的构成要素是判定违法行为（或事实）是否存在的标准和依据。它对于确定合法行为边界和定罪量刑都具有重要意义。通常，违法的判定必须具备以下四个方面的要素，缺一不可。

（1）侵害了法律所调整或保护的社会关系客体。

（2）客观方面实施了具有社会危害性的行为。

（3）行为主体必须具有法定责任能力或法定行为能力。

（4）行为人对违法行为有主观方面的过错。

【法律实践】

一、实践任务

1. 同学们自由组队，结合最高人民法院公布的典型案例开展法律宣讲。

2. 分析典型案例所属部门法的特征，分析典型案例中具体的法律关系和违法构成情况，并进行案例点评。

二、实践目标

1. 通过实践活动，认知我国法律体系中各部门法的特征和原则。

2. 通过典型案例分析，深化学生对法律关系和违法构成的理解。

3. 培养学生的团队精神、创新意识、法治思维能力、语言组织和表达能力。

三、实践步骤

1. 按照自愿原则，组建 5~7 个法律知识宣讲团队。

2. 查阅各级人民法院近年来公布的典型案例，选择同一法律部门的一个或多个典型案例进行分析讨论。

3. 基于典型案例并结合所学理论知识，以人们喜闻乐见的形式开展法律知识宣讲或案例点评。

四、考核要点

1. 对我国现行法律体系、法律关系和违法构成要素的掌握程度。

2. 法治思维能力和创新精神。

3. 运用所学法律知识分析解决法律问题的能力。

4. 团队协作能力。团队是否能够形成一致正确的结论，团队成员之间是否分工协作，各展所长。

5. 团队宣讲的形式新颖，内容丰富完整，宣讲效果好。

任务三　物流法律法规的认知

【法学课堂】

一、物流法律法规概述

（一）物流法律法规的概念

物流法律法规是指在物流活动中所涉及的各类法律规范的总称。物流活动是指物流过程中的运输、储存、装卸、搬运、包装、流通加工、配送等功能的具体运作。物流法律法规不同于我国传统的法律部门及其单行法以一类特定的社会关系为调整对象，它是基于物流这一商品流转活动而整合的、动态的法律规范及其相关规范的集合。从严格意义上讲，物流法律法规并不是一个法律上的概念，而是一个学理上的概念，它对于我国新兴物流行业的立法、执法、守法、用法及法治化进程而言，是必要且必需的。

（二）物流法律法规的特点

相较于其他领域的法律法规而言，物流法律法规具有以下显著的特点：

1. 物流法律法规调整的是基于盈利的商品流转关系

物流企业在从事物流活动时，不是以商品所有权为目的，而是以商品流转为目的而发生的各种主体之间的关系。这一特点决定了在物流法律关系中，一是注重时限性。例如明确规定交货的时限、储存期、追偿期等。二是实行有限赔偿责任。第三方物流企业是在商品流转过程中通过赋予商品附加值来实现盈利的。因此，通常企业的预期利益不应超过商品本身的价值，故而企业对在途货物承担损害赔偿责任时通常会有法定的最高赔偿限额（恶意除外），如保价条款、限额赔偿条款等。三是注重效率原则，为了实现各环节无障碍连接，促进商品流转快捷高效，以法律法规的形式强制推行一系列统一的设施设备标准、操作技术规范、信息技术标准和国际惯例等。此外，还存在一些约定俗成的交易习惯，如提单代替合同等。

2. 物流法律法规调整的法律关系具有多样性

相较于其他法律主体关系的单一性，物流法律关系的主体地位和关系是复杂多样的。例如，有调整国家行政机关与物流企业管理关系的；有调整企业与企业、企业与个人之间平等关系的；有调整物流企业和雇佣人员内部关系的，等等。物流法律关系中的客体也是复杂多样性的，既可以是物（如货物、设施等），也可以是各项服务（如物流活动七大环节、保险等）；既可以是单一客体，也可以是一体化服务；既可以是一般客体，也可以是如危险货物般的特殊客体等。不同的主客体必然导致物流法律关系中不同的权利义务内容。

3. 物流法律法规形式上具有分散性

由于现代物流业发展较快，数字技术与物流业融合等诸多因素，导致调整物流活动的法治建设滞后于物流行业发展的速度。目前，调整物流活动的法律法规散见于各个部门颁布的法律、政策、行业规范和国际条约中。从世界各国的立法来看，大多数国家都没有制定统一的物流法，但是现代物流行业作为连接生产与再生产、生产与消费，影响国家生产生活的重要基础性服务产业，还是需要加快完善立法，以期尽快适应社会法治需求。

（三）我国物流法律法规的发展现状

经过多年的努力，我国物流业取得了举世瞩目的巨大发展和成就。基础设施条件显著改善，物流服务水平大幅提升，行业发展环境不断优化，走出了一条中国特色的物流发展道路。物流行业的快速发展离不开物流法律法规的支撑和保障。

1. 配套出台的法律制度是物流业快速发展的筑基石

我国物流法律法规的立法主要体现在以下几个方面：

（1）物流基础设施方面，如《中华人民共和国公路法》（简称《公路法》）、《中华人民共和国铁路法》（简称《铁路法》）、《中华人民共和国民用航空法》（简称《民用航空法》）、《中华人民共和国港口法》（简称《港口法》）等。

（2）现代物流服务体系方面，如《中华人民共和国邮政法》（简称《邮政法》）、《中华人民共和国电子商务法》（简称《电子商务法》），以及《关于智慧物流配送体系建设的实施意见》《快递暂行条例》《快递市场管理办法》等。

（3）物流标准等基础性工作方面，如中华人民共和国国家标准《物流术语》（GB/T 18354—2021）、《道路运输术语》（GB/T 8226—2023）等。

（4）保障公平的物流发展营商环境方面，如《中华人民共和国电子签名法》（简称《电子签名法》），以及《中华人民共和国海关稽查条例》《中华人民共和国国际货物运输代理业管理规定》等。

2. 积极的法律法规、政策标准是物流业跨越发展的助推器

物流业已成为国家经济的重要支柱和增长点，积极的政策规范成为物流业跨越式发展的强大助推器。国家制定和实施的一系列法律法规和标准，推动物流业在智慧智能、绿色低碳等方面的升级发展。

2022 年 5 月 17 日，国务院办公厅印发的《“十四五”现代物流发展规划》要求，到 2025 年，基本建成供需适配、内外联通、安全高效、智慧绿色的现代物流体系。

2022 年 10 月，交通运输部、国家标准化管理委员会印发的《交通运输智慧物流标准体系建设指南》明确提出，到 2025 年交通运输智慧物流标准体系的建设目标，包括基础设施、运载装备、系统平台、电子单证、数据交互与共享、运行服务与管理等领域的标准制修订，形成结构合理、层次清晰、系统全面、先进适用、国际兼容的交通运输智慧物流标准体系，打造一批标准实施应用典型项目，持续提升智慧物流标准化水平，为加快建设交通强国提供高质量标准供给。

2022 年 10 月 12 日实施的《智慧物流服务指南》（GB/T 41834—2022），提供了智慧物流服务的特征和关键要素，服务能力保障，服务提供、服务评价与改进方面的指南，适用于智慧物流服务活动的开展。

2023 年 3 月 13 日，国家邮政局下发的《关于推动邮政快递业绿色低碳发展的实施意见》中，要求加快建设低碳高效寄递运输体系，推进行业基础设施绿色建设运营，推进邮件快件包装减量化标准化循环化，完善寄递绿色低碳发展支撑保障体系。加强统筹协调，持续推进寄递运输、基础设施绿色低碳建设，深化邮件快件包装绿色治理，创新绿色低碳科技研发应用，强化政策法规和标准保障，加快推进邮政快递业绿色低碳发展，支撑碳达峰碳中和目标如期实现。

2023 年 11 月 24 日，交通运输部发布的《交通运输部关于加快智慧港口和智慧航道建设的意见》提出，到 2027 年，全国港口和航道基础设施数字化、生产运营管理和对外服务智慧化水平全面提升，建成一批世界一流的智慧港口和智慧航道。

2024 年 3 月 1 日施行的《快递市场管理办法》在绿色低碳发展方面，第十四条规定：“邮政管理部门应当引导用户使用绿色包装和减量包装，鼓励经营快递业务的企业开展绿色设计、选择绿色材料、实施绿色运输、使用绿色能源。”第十五条规定：“经营快递业务

的企业应当加强包装操作规范，运用信息技术，优化包装结构，优先使用产品原包装，在设计、生产、销售、使用等环节全链条推进快递包装绿色化。”

2024 年 5 月 23 日，国务院印发的《2024—2025 年节能降碳行动方案》中规划的交通运输节能降碳行动有：推进低碳交通基础设施建设，推进交通运输装备低碳转型，优化交通运输结构。并提出到 2025 年底，交通运输领域二氧化碳排放强度较 2020 年降低 5%。

2024 年 6 月 1 日实施的《快递包装重金属与特定物质限量》（GB 43352–2023），是我国实施的首部快递包装强制性国家标准，规定了快递包装中重金属与特定物质限量的要求，不符合标准的产品不得生产、销售和使用，体现出我国在物流标准化、循环化、减量化、无害化等方面的执法力度。

2024 年 12 月 1 日起施行的《民用航空货物运输管理规定》第十三条指出，从事民用航空货物运输活动的单位和个人可以根据需要使用电子单证、电子签章或者电子标识。第五条指出，鼓励和支持承运人、机场管理机构、地面服务代理人以及其他从事民用航空货物运输活动的单位加强新技术、新设备应用，建设安全可靠、智慧先进、优质高效的现代化民用航空货物运输服务体系，并做好与其他运输方式的衔接，促进多式联运发展。

这些法律法规和标准的制定与实施，为物流业发展提供了坚实的政策基础和技术指导，促进了物流业的现代化、智慧化、绿色化进程。

3. 我国物流法治化进程任重道远

我国现代物流行业始终处于高速发展的提速阶段，但是我国物流法律制度建设还存在一定的滞后性，具体表现在以下几个方面：

（1）立法滞后。由于近 20 年来物流行业发展迅速，造成了一些领域的法律出现真空地带，而产业政策不具有法的效力，难以有效发挥法治的作用，因此急需进一步加快物流领域的立法。此外，对原有一些法律法规也要适时进行修订和完善。

（2）法律缺乏统一性。不同物流环节的法律法规分布在不同的部门和领域，因此各种法律法规之间也存在不一致甚至相互冲突现象，无法彼此协调，这使得物流法律法规的指导和规范作用难以有效发挥。

（3）物流法治建设缺少整体规划和系统性。我国物流法律法规缺乏统一明确的立法精神和原则，没有对法律规范、政策规范、技术规范和交易习惯进行区别适用，各种物流法律法规无法形成体系。

二、物流法律规范的分类

调整物流活动的法律规范分散在各个单行法中，并且有些单行法的法律规范还会涉及多个法律部门或多个物流环节。因此，要想全面、准确地掌握我国物流法律法规，可以依照法律的基本类型特征，将我国物流法律法规主要划分为以下五种类型。

（一）民商事物流法律规范

民商事物流法律规范，是指调整物流活动中平等主体之间的民事（即人身和财产关系）和商事（以营利为目的的经营）活动的法律规范。此类物流法律法规的特点是：

1. 主体的法律地位平等

在物流活动中，公民个人、法人（包括企业、机关、事业单位和社会团体）和其他组织地位平等，能独立、自由地表达自己意志，平等地受到法律保护和约束。

2. 调整主体之间人身、财产和商事活动

民商事物流法律规范调整的是物流企业或个体的民商事活动。这是企业最实质、最经常的活动。因此，民商事物流法律法规体系也是物流规范中最重要、最广泛的规范体系。该规范体系几乎覆盖了所有企业或个体为实现营利而开展的经营性活动，如商事代理、物权（包括所有权）行为、债权（包括合同债）行为、商事行纪、商业融资、知识权属等。

3. 自由、公平、诚信、交易安全迅捷是其原则

商业活动的本质决定了民事物流法律法规必须遵循自由、公平、诚信、交易安全迅捷的原则。这些原则是实施民事物流活动和处理民事物流纠纷时应依照的行为准则和判定合法与否的标准。

具体而言，民商事物流法律法规从法律部门看，主要存在于我国民商事法律法规中。如《民法典》《公司法》等法律体系中所列举之法律。从物流活动环节看，既存在于各种企业准入的调整中，也存在于各种货物（含设备）买卖、（直达或联合）货运、仓储（含租赁）、搬运装卸作业、包装、加工承揽、配送服务、运输保险、货运代理、物流信息服务等商事合同及其侵权调整中。此外，还体现在电子商务交易、同城配送以及客运等的侵权行为调整中。

（二）行政物流法律规范

行政物流法律规范，是指物流活动中行政机关及其他行政主体行使行政职权和接受行政监督的法律规范总称。此类法律规范主要表现为行政机关和行政相对人之间的物流管理关系、职权监督关系、行政救济关系和内部行政关系。就其规范本质而言，控制和规范行政权、防止权力滥用、保护行政相对人的合法权益，是行政物流规范体系的原则。行政物流法律法规有以下特点：

1. 物流行政权力主体具有自我规范性

行政物流法律规范中的管理对象包含了行政机关自己，这是行政物流法律法规与一般行政法律法规最显著的区别。物流业的兴起与发展是以物流基础设施网络建设为前提条件的，即物流园区、物流中心、配送中心、货场、仓库、港口等设施，以及铁路、公路、水运、航空和管道运输线路，这些是物流发展的基础设施体系。这些基础设施建设离开了国家的顶层规划和推进实施是难以想象的。党的十九大提出加强“物流等基础设施网络建设”，明确了物流的基础性和准公益性地位，即政府有投资物流基础设施的责任和义务。

政府作为物流基础设施建设和维护的主体，其相关的行政活动覆盖了物流的全领域（陆海空）和全环节，贯穿于物流活动始终，是物流活动的基础和前提。

2. 规范主要采取命令与服从的行为模式

不同于民事活动中主体的平等关系，行政规范主体之间是管理与被管理、服从与被服从的关系。针对我国物流行业中的各种乱象，例如违反行业标准、违规操作、乱收费、严重超时、物品丢失、违规运输危险品或违禁物品、物流违法认定和赔偿困难等，需进一步加强行政物流法律法规建设，要针对物流行业的乱象开展调研，积极推进行政立法、严格执法、严惩违法，为促成高效、有序、优质的物流法治环境创造条件。

3. 行政物流法律规范内容广泛、形式多样

公共管理活动涉及人们生活的方方面面，各级各类行政机关均依法各司其职，其中，有立法权的行政机关还会根据其地域特点和社会发展状况，在其职责权限内制定一些行政法律规范，以满足行政管理的需求，故行政法律法规具有广泛性和多层级性。就物流行业而言，其需要行政机关行使管理职权的领域横跨海（河）、陆（铁路和公路）、空三大领域，纵贯运输、储存、保管、包装、装卸搬运、流通加工、配送、物流信息等诸多环节。此外，物流管理的相对人几乎覆盖了所有经济体和每个社会公民。随着电子商务的兴起，行政物流法律法规呈现出更加显著的广泛性和多样性。

目前，我国行政物流法律规范按照其效力来源主要可分为三类。第一类是全国人大及其常委会颁布的法律，如《民法典》《公司法》等。第二类是国务院颁布的行政法规和地方人大颁布的地方性法规，如《国内水路运输管理条例》《杭州市农村公路条例》等。第三类是国务院各部委及其直属机构和地方人民政府颁布的规章，如《道路货物运输及站场管理规定》《武汉市货运车辆公路超限运输治理办法》等。

根据国务院《全面推进依法行政实施纲要》规定，行政法律法规应遵循合法行政、合理行政、程序正当、高效便民、诚实守信、权责统一等基本原则。这些原则也是行政物流法律法规的立法精神和适用原则。

（三）经济物流法律规范

经济物流法律规范，是基于物流市场竞争的盲目性和局限性而产生的，旨在保护市场公平竞争，统筹社会资源，维护社会公平而由国家实施的调控、干预物流经济关系的法律规范体系。经济物流法律规范主要有：

（1）基于社会公平而产生的物流企业劳动关系、税收关系等规范。

（2）基于统筹社会资源而产生的物流环境保护、清洁生产等规范。

（3）基于市场公平竞争而产生的反不正当竞争、合理定价、计量和生产标准化等规范。

经济物流法律规范是顺应创新、协调、绿色、开放、共享的新发展理念和物流行业转型升级的要求，逐步在物流法治化进程中显现并快速发展的一类物流规范体系。物流作为国民基础产业，其经济法治原则表现在以下几个方面：

1. 社会本位原则

社会本位是指以维护社会公共利益为基本目标，消除自由放任和极端个人权利本位的消极影响。物流业作为国民经济的基础性、战略性产业，其对社会生产和生活的重要性是不言而喻的。当前，我国已经解决了物流服务供给不足的矛盾，物流市场已进入全面、有序规制的新阶段。2011 年 8 月，为了建立起布局合理、技术先进、节能环保、便捷高效、安全有序，具有一定国际竞争力的现代物流服务体系，国务院办公厅出台了《关于促进物流业健康发展政策措施的意见》，针对物流市场的无序现象，强化了政府在市场准入、财政税务、土地使用、学历教育、标准制定、统计制度、企业评估、科技进步等方面的规定。同时，对物流园区、城市配送、食品冷链、信息化、应急物流、多式联运、物联网等也进行了专项规划。国家从社会本位视角，为我国物流法治环境建设确定了原则标准。

2. 兼顾公平与效率原则

公平原则要求主体的权利和义务对等，是权利和义务在数量上等值性的必然要求。效率原则是经济领域特有的原则，就是鼓励企业提高生产效率，节约社会成本，实现合法利益最大化。当前，我国物流业整体成本高、效率低，物流与产业融合度不足，企业自营物流占比高，物流企业集中度低，先进技术推广与标准化存在差距，迂回运输、空载、绿色物流问题突出。这些问题急需进行相关引导。

3. 可持续发展原则

党的二十大报告指出：我们坚持可持续发展，坚持节约优先、保护优先、自然恢复为主的方针，像保护眼睛一样保护自然和生态环境，坚定不移走生产发展、生活富裕、生态良好的文明发展道路，实现中华民族永续发展。可持续发展观纳入法治理念并指导社会经济生活，既是人自身发展的需要，也是文明社会的必然选择。该原则在物流领域中主要体现为“绿色物流”的理念。在中华人民共和国国家标准《物流术语》（GB/T 18354−2021）中，绿色物流（green logistics）是指通过充分利用物流资源、采用先进的物流技术，合理规划和实施运输、储存、装卸、搬运、包装、流通加工、配送、信息处理等物流活动，降低物流活动对环境影响的过程。绿色物流和绿色供应链是可持续发展的必然要求。世界各国纷纷通过立法推进绿色物流革命，我国也陆续出台了《中华人民共和国环境保护法》《中华人民共和国环境保护税法》等。

（四）国际条约和国际惯例

中国作为全球货物贸易第一大国，物流国际化是基本前提和发展趋势。在国际物流过程中，由于不同国家之间法律、文化、设施、技术差异较大，且不确定因素导致的违约风险较大。因此，为了避免因各国法律冲突而引起的国际物流纠纷，跨国物流活动中通常会优先适用国际公认的或双方协定的国际条约和国际惯例。此外，随着高效物流发展的要求，这些国际条约和国际惯例也逐渐影响到国内立法，与国内物流法律法规实现了衔接和融合。因此，国际条约和国际惯例也应是物流法律法规的来源之一。

国际条约是指国际法主体间缔结的相互权利义务关系的书面协议。国际惯例通常是指由国际组织根据国际上长期实践中逐渐形成的一般习惯做法而制定的成文的规则。这些规则根据当事人意思自治的原则，被国际上普遍接受和广泛使用，从而成为公认的国际惯例。目前，与国际物流相关的国际物流规范主要有：

1. 调整国际货物买卖的国际条约和惯例

调整国际货物买卖的国际条约有：国际统一私法协会制定的《国际货物买卖统一法公约》（简称《海牙第一公约》）和《国际货物买卖合同成立统一法公约》（简称《海牙第二公约》），联合国国际贸易法委员会主持制定的《联合国国际货物销售合同公约》。

调整国际货物买卖的国际惯例有：国际商会制定的《国际贸易术语解释通则 2000》《国际贸易术语解释通则 2010》和《国际贸易术语解释通则 2020》。由于国际贸易惯例在适用的时间效力上并不存在新法代替旧法，所以当事人可以选择适用。

2. 调整海洋货物运输的国际条约和惯例

目前，海运量在国际货物运输总量中占 80% 以上，是国际货物运输中运用最广泛的一种运输方式。调整国际货物运输的国际条约和惯例有：国际法协会所属海上法委员会制定的《统一提单的若干法律规则的国际公约》（简称《海牙规则》），中国没有加入，但中国远洋运输总公司提单的主要条款基本上体现了该公约的规定。国际海事委员会主持的《修改统一提单的若干法律规则的国际公约的议定书》（简称《维斯比规则》），有时与《海牙规则》合称《海牙—维斯比规则》。《联合国海上货物运输公约》（简称《汉堡规则》）确立了不同于《海牙规则》所建立的船货风险分配制度。

3. 调整国际航空运输的国际条约和惯例

调整国际航空运输的国际条约和惯例有：国际民航组织陆续推出的《统一国际航空运输某些规则的公约》（简称《华沙公约》）、《修改 1929 年 10 月 12 日在华沙签订的统一国际航空运输某些规则的公约的议定书》（简称《海牙议定书》）和《统一非缔约承运人所办国际航空运输某些规则以补充华沙公约的公约》（简称《瓜达拉哈拉公约》）、《修订经海牙议定书修订的议定书》（简称《危地马拉城协议书》）。为了使以上华沙公约及其相关文件现代化和一体化，1999 年，国际民航组织在国际航空法大会上由参加国签署了新的《统一国际航空运输某些规则的公约》（简称《蒙特利尔公约》），其正式生效后将取代华沙公约文件。

4. 调整国际铁路运输的国际条约和惯例

调整国际铁路运输的国际条约和惯例有：苏联等 12 国（含中国）签订的《国际铁路货物联运协定》（简称《国际货协》）；法国、德国等 24 国签订的《国际铁路货物运输公约》（简称《国际货约》）是在《国际铁路货物运输公约》（简称《伯尔尼货运公约》）基础上发展起来的。《国际货协》是约束东欧国家铁路合作组织开展的运输，其成员国中的有些国家同时也参加了《国际货约》。

5. 调整国际货物多式联运的国际条约和惯例

国际多式联运的广泛开展，要求有一个统一的联合运输单证规则来规范这一运输形式，使国际多式联运单证趋于统一，避免因不同联运单证的多样性发展造成该业务的混乱。为此，国际航运商会于 1973 年制定了《联合运输单证统一规则》，后又于 1975 年对该规则进行了修订。联合国国际联运会议于 1980 年通过了《联合国国际货物多式联运公约》。《多式联运单证规则》是 1991 年由联合国贸易和发展会议与国际商会在《联合运输单证统一规则》的基础上，参考《联合国国际货物多式联运公约》共同制定的一项国际规则，供当事人自愿采纳。

（五）物流标准和安全规范

现代物流是优化、整合物流活动全过程以获得最大效率和效益的复合性产业。只有实现标准化和流程化，才能实现企业的高效和高能。

1. 物流标准

标准化是应对物流综合性和保障物流运作安全便捷、高效畅通的重要手段，是提高物流服务水平、降低物流成本、增强企业竞争力的必然要求。2003 年 9 月 10 日，经国家标准化管理委员会批准，全国物流标准化技术委员会成立，主要负责全国范围内的物流基础、物流技术、物流管理和物流服务等领域的标准化工作。2024 年 5 月获国际标准化组织（ISO）批准，在中国设立国际标准化组织创新物流技术委员会，这是我国承担的首个物流领域的国际标准化技术委员会。标准引领是现代物流高质量发展、参与全球物流市场竞争的重要标志。我国是世界物流大国，尤其是近年来在智慧物流方面，无人仓、无人机、无人驾驶、物流机器人等智慧化物流技术装备加快应用。国际标准化组织创新物流技术委员会设在中国，有利于推动中国企业提出或参与国际标准项目编制，促进物流标准领域的国际交流与合作，提升我国在物流国际标准化制定方面的话语权，对实现我国物流业与国际接轨具有重要意义。

物流标准可分为物流基础标准、物流技术标准、物流管理标准和物流服务标准。此外，按标准的适用范围不同可分为国家标准、行业标准、地方标准和企业标准。按标准的形式不同又可分为符号标准（分为文字符号和图形符号）和行业标准（分为强制性标准和推荐性标准）等。2011 年以来，全国物流标准化技术委员会和中国物流与采购联合会（标准化工作部）每年都会发布《物流标准目录手册》，对现有的物流国家标准、行业标准和地方标准进行介绍，其网站还配套了“标准查询系统”，以方便使用者全面了解标准的内容。

2. 安全规范

党的二十大报告指出：推进安全生产风险专项整治，加强重点行业、重点领域安全监管。从严格意义上讲，安全规范也是一种标准，即安全生产标准。它是指为了防止和消除在生产过程中的伤亡事故，保障劳动者安全，而制定的安全管理制度和操作规程。安全规范有其特殊的价值选择，即“人和物的安全”。出于对安全性的要求，物流企业需要在人员、设备、流程、货物和信息网络等方面建立起系统的预防机制。

物流安全规范可分为国家安全规范、行业安全规范和企业内部安全制度和规范三种。但法律意义上的安全规范仅指前两种，后者在企业内部管理和员工个人权益保护方面的作用和意义亦不容忽视。目前，我国陆续出台的物流安全规范有《港口作业安全要求　第5部分：件杂货物》(GB 16994.5—2024)，《港口作业安全要求　第6部分：固体散装危险货物》(GB 16994.6—2024)，《化学品船清洗舱安全作业要求》(GB 44019—2024)，《道路运输　易腐食品与生物制品　冷藏车安全要求及试验方法》(GB 29753—2023)，《智能网联汽车运行安全测试技术要求》(GB/T 43766—2024)，《民用无人驾驶航空器系统安全要求》(GB 42590—2023)，《网络安全技术　软件供应链安全要求》(GB/T 43698—2024)，《供应链安全管理体系　供应链韧性的开发　要求及使用指南》(GB/T 43632—2024)，《叉车属具　安全要求》(GB/T 43909—2024）等。此外，我国也认可实施了一些国际标准和安全规范，如物流设施、托盘、集装箱规格、条码技术、电子数据交换（Electronic Data Interchange，EDI）系统等，与欧美基本实现了标准统一。

三、物流实务中法律规则的适用

物流实务中法律规则的适用，是指物流法律法规的实施和运用活动，而非仅指司法机关运用法律判案的狭义法律适用。

学习法律的目的，一是遵守法律，即不触犯行为的边界而遭受法律的不利后果；二是运用法律，即依据法律来解决现实问题或处理利益冲突，这是更高层面的要求。在物流实务中，由于法律来源多，主体关系复杂，活动涉及领域和环节多，表现形式多，权利义务限制多，要想正确适用法律法规只要把握“以事实为依据，以法律为准绳”的核心理念即可，即无论多么复杂的物流关系都可以尝试从“找准法律依据”和“分清客观事实”两个方面来分析。

（一）物流法律法规冲突时的适用

在物流法律实务中，首先要解决的问题是“找准法律依据”，这是正确适用法律解决纠纷的前提和基础。

如物流中危险物品的部分法律法规有：《中华人民共和国安全生产法》(简称《安全生产法》)，是全国人大常委会制定的法律；《危险化学品安全管理条例》是国务院制定的行政法规；《道路危险货物运输管理规定》是交通运输部制定的部门规章；《湖北省安全生产条例》是湖北省人大常委会制定的地方性法规；《湖北省企业安全生产主体责任规定》是湖北省人民政府制定的地方政府规章；《国际海运危险货物规则》(简称《国际危规》)，是国际海事组织制定、修订，我国参加并执行的国际条约。

物流法中有关危险物品的法律法规不限于以上所列，仅以部门规章看，目前已有物流立法权的部门就有：交通运输部（及其管理的民用航空局、铁路局、邮政局）、公安部、国家发展和改革委员会、生态环境部、应急管理部、海关总署、国家市场监督管理总局等，且其各自颁布的物流法律规范的数量也较为可观。因此，基于不同（专业）领域、不同时期、不同地域、不同背景、不同部门层级而制定的法律规则，彼此存在差异和冲突在所难免。为了正确适用冲突法规，必须要遵守以下几项原则：

1. 层级冲突，上位法优先

低位阶与高位阶的法律法规发生冲突时，适用高位阶的法律法规。法律的位阶一般由其制定或发布机关的层级决定。《中华人民共和国立法法》（简称《立法法》）规定，法律的效力高于行政法规、地方性法规、规章；行政法规的效力高于地方性法规、规章；地方性法规的效力高于本级和下级地方政府规章；省、自治区人民政府制定的规章的效力高于本行政区域内设区的市、自治州人民政府制定的规章。

2. 同级冲突，由有权机关决定或裁决

部门规章之间、部门规章与地方政府规章之间规则冲突时，由国务院裁决。地方性法规与部门规章之间冲突时，如果拟适用部门规章时由国务院决定，如果拟适用地方法规时提请全国人大常委会裁决。

3. 一般规定与特别规定冲突，优先适用特别规定

例如，海关总署颁布的《海关对保税仓库及所存货物的管理规定》和《海关对出口监管仓库及所存货物的管理办法》，前者是特别法，后者则是一般法。交通运输部颁布的《道路货物运输及站场管理规定》是《中华人民共和国道路运输条例》（简称《道路运输条例》）的特别法。

4. 新旧冲突，新法优先

新的法律规范与旧的法律规范对同一事项的规定不一致时，适用新的法律规定。

5. 国内法与国际条约冲突时，除我国明确提出保留的条款，应该适用国际条约

因为国际条约是自愿加入并实施的，所以一旦承诺就有优先于国内法的效力。

6. 法律规则存疑时，适用法律原则

法律规则是明确的、先设的，但不一定是先进的、完善的。因受立法水平和社会物质生活条件的限制，有时法律规范会与立法者的初衷相冲突，甚至相背离，因此在个案的法律适用时，即使立法已经制定了明确、具体的规则，司法者在适用规则时依然要审查规则的适用是否与基本的法治精神以及法律体系中各法的原则相冲突。若冲突，法律原则应该优先于法律规则适用。只有这样，才能保证法律目标的实现，体现立法价值。

（二）物流法律法规的适用准则

在物流法律实务中，“找准法律依据”是重要的第一步，“分清客观事实”是法律规则适用的关键步骤。从纷繁复杂的各种关系和行为中找到具有法律意义的事实，对照法律规则的行为模式或权利义务内容判定出物流法律关系主体的行为后果。

1. 把握物流活动主体的法律地位

现代物流活动，特别是海上货物运输和多式联运，使物流法律关系变得非常复杂，然而，不管多么复杂的关系，首先需要确定的是物流实务中各个主体的法律地位，包括确定主体之间的关系是平等的合同关系还是被动的从属关系（行政关系或劳务关系），明确主体是当事人（以自己名义）还是代理人（以当事人名义）或者居间人（也称“居间介绍人”）。只有明确了主体关系，才能明确适用的法律及其原则；只有确定了主体地位，才能确定主体在法律中的位置，即法律会有怎样的“对待”。

2. 把握物流活动客体的复杂性

确定物流实务中主体的法律地位是“分清客观事实”的第一步，也是关键的一步。接着，需要认清各主体参与物流活动的根本出发点和目的性的具体指向，即法律关系客体是什么。这对于快速排除干扰项，正确把握关系的本质具有重要意义。考查主体之间法律关系指向的客体有两层意思：一是主体之间所共同指向的、法律所调整保护的对象是什么；二是该对象是否是主体主观意思所期待或认可的。

现代物流活动具有综合性和复杂性，因此其主体所指向的客体复杂多样，但是无论客体的表现形式如何，对于主体来说，客体总是指向主体从事某一物流活动的根本目的和意愿。把握了这一点，对于提高对客体的辨识度将大有裨益。

3. 把握物流活动权利义务的特殊性

一旦主体明确、主体之间的具体指向（客体）清楚了，那么主体之间应该享有的权利和必须履行的义务依法或依约也就基本确定了。接着，只需要对照主体行使权利义务是否与其相符，就可以判定主体行为是合法的，应该受到法律保护；还是违法的，可能承担不利的法律后果（特别是违法义务）。

在大量的物流实务中，主体和客体在确立关系时都是明确的，但是在行使权利义务的过程中，仍会不可避免地产生诸多纠纷，甚至利益冲突。这是因为，在物流民商事活动中，有大量需要主体自行约定的内容，这些约定只要不与法律冲突就被视为对双方当事人有约束力的规则加以适用。通常只有陷入利益纠纷时才会发现，这部分本该约定的条款是缺失的或者被格式化的，无法有效保护当事人的权益和达成订约的最初目的。因此，为了避免这种情况发生，就需要在签约时谨慎、全面、细致地考量，即使是“事无巨细”都不为过。

4. 把握物流活动的国际化要求

物流是“商品的流动”，它不能也不会局限于一国一地，必定是国际性的。世界银行每两年会出一期《联结以竞争》系列报告，以促进世界各国物流业和国际贸易的发展。我国是全球第一货物贸易大国，随着贸易全球化趋势的深化发展，国际贸易机遇和冲突都变得更加频繁。因此，要注重物流实务中对国际规则的关注和合理运用。具体来讲：

（1）选择适用于己有利的国际规则。不同国籍的当事人在签订合同时，可以协商将一方当事人的国内法律、国际公约或国际惯例条款列入合同，这是国际私法原则允许的。因此，选择哪些国际规则将更有利于保护自身的权益并实现交易目标就显得非常重要。

（2）享受各国经济改革的政策红利。物流的流通性和各国发展的不均衡性使物流企业有更多机会了解和参与各国的利好经济改革措施，如中国—东盟自由贸易区的建立、中国“一带一路”框架下的各项举措等。

（3）全面学习和掌握与物流行业相关的各种国际贸易术语、国际信息系统、国际条约、国际惯例和国际技术标准。虽然国际规则比较复杂生涩，但是只有学习了国际化的物流法律规则体系，才算真正全面、灵活、有效地掌握了物流法律法规。

【法律实践】

一、实践任务

1. 学生自愿组队，按物流七大环节，即运输、仓储、包装、搬运装卸、流通加工、配送、物流信息确定为七个组。
2. 收集各环节现行的相关法律法规，并按法律层级顺序制作成物流法律法规列表。
3. 收集各环节的法院典型案例，结合案例开展主题讨论。
4. 各组进行实践成果展示，分享各自的实践成果。

二、实践目标

1. 通过实践活动，深化对我国物流法律规范体系的整体认识。
2. 引导学生学以致用，增强运用我国物流法律法规处理法律实务，解决法律纠纷的意识。
3. 培养学生的协作、共享精神，增强学生的团队合作意识。
4. 培养学生的信息资料检索、整理和提炼能力。

三、实践步骤

1. 学生按自愿原则分成七组，并分别认领运输、仓储、包装、搬运装卸、流通加工、配送、物流信息七个任务主题。
2. 共同收集各环节的现行物流法律法规，按法律层级列表。项目栏应包含但不限于“法律法规名称、颁布机关、颁布或实施时间，以及主要内容”，其中主要内容不超过50字。
3. 查阅近年来各级法院公布的典型案例并选取至少1个案例，开展全体成员参加的案例讨论，各小组分别形成讨论总结。
4. 展示成果，各组依次汇报和分享。

四、考核要点

1. 对物流各环节法律活动的了解和把握程度。
2. 是否能运用物流法律规范适用准则处理物流法律事务。
3. 收集法律法规较完整全面，整理归纳信息资源能力强。
4. 团队协同性良好，能形成良好的团队氛围，完成任务的效率和质量高。

法案直击

苏州某工艺品有限公司将其工业生产活动中产生的83桶硫酸废液，以每桶1 300~3 600元的价格，交由无危险废物经营许可证的某物流公司处置。该物流公司随机联系外地牌号货车车主魏某，支付运费43 000元，将硫酸废液交由其带出苏州后随意处置。魏某将83桶硫酸废液带到某经济开发区后，在农地或倾倒或丢弃。该经济开发区环保部门巡查时发现硫酸废液，经鉴定，确定为危险废物，责令该工艺公司进行合法处置。法院判决认定该工艺公司、该物流公司、魏某构成污染环境罪。

案例分析：

党的二十大报告指出："坚持精准治污、科学治污、依法治污，持续深入打好蓝天、碧水、净土保卫战。"本案中该工艺公司明知该物流公司无危险废物经营许可证，仍将危险废物硫酸废液交由其处置，该物流公司及魏某明知自己无危险废物经营许可证，仍接受该工艺公司委托并非法处置危险废物。工艺公司、物流公司及魏某的行为违法了《中华人民共和国固体废物污染环境防治法》，构成共同违法，对造成的生态环境损害应该承担法律责任。生态文明建设是关系中华民族永续发展的根本大计，保护生态环境人人有责。产生、收集、储存、运输、处置危险废物的单位和个人，必须严格履行法律义务，切实采取措施防止危险废物对环境的污染。

知识与技能训练

一、选择题

1. 法治思维是以（　　）和法治精神为导向，运用法律原则、法律规则、法律方法思考和处理问题的思维模式。

   A. 法治价值　　B. 法律规则

   C. 法律手段　　D. 法律逻辑

2. 法律关系是由（　　）要素构成的。

   A. 主体　　B. 客体

   C. 客观事实　　D. 内容

3. （　　）是法律关系产生、变更和消灭的法律依据。

   A. 法律规范　　B. 违法行为

   C. 内心信念　　D. 法律事实

4. 违法的构成要素包括（　　）。

   A. 侵害了法律所调整或保护的社会关系客体

   B. 客观方面实施了具有社会危害性的行为

   C. 行为主体必须具有法定责任能力或法定行为能力

   D. 行为人对违法行为有主观方面的过错

5. 行政法律法规应遵循（　　）、诚实守信、权责统一等基本原则。

   A. 合法行政　　B. 合理行政

   C. 程序正当　　D. 高效便民

二、判断题

1. 所有社会关系都受到法律的规范和调整。（　　）
2. 法律调整的对象不是特定的某个人的行为。（　　）
3. 刑法的强力实施是可逆转的。（　　）
4. 物流实务中法律规则的运用，仅司法机关运用法律判案的法律适用。（　　）
5. 我国物流法律法规集中体现在《物流法》这部法律文件中。（　　）

三、案例分析

2023 年 11 月，A 公司就委托办理国际航空快件运输事宜，与 B 公司签订了《国际航空快件运输协议》，协议同时包括《运输及其他服务条款》等三个附录文件，其中约定承运人免责条款。2024 年 3 月至 8 月，A 公司多次委托 B 公司以快递方式向国外收货人运送货物。8 月 30 日，B 公司提取了 A 公司托运的 6 件商品，且每件商品均为独立包装、独立个体。9 月 13 日，运抵目的地的 4 件商品被收货方签收。9 月 23 日，B 公司以电子邮件通知收货人及 A 公司，失踪的 2 件商品已找到，并将于当日到达目的地。收货人回复电子邮件，拒绝接收。此后，该件货物从目的地通过海运方式运回中国并最终交付给 A 公司。A 公司提起诉讼，请求确认合同解除并由 B 公司赔偿违约损失，B 公司反诉 A 公司令其支付拖欠运费及利息。

请回答：

（1）分析该案法律关系的构成。

（2）该案应如何处理。

四、技能训练

选取因快递违法而引发客户不满的 2～3 个场景，通过表演、随访、小电影等表现形式，结合近三年《邮政市场行政执法情况通告》中反映出来的相关问题，阐述物流违法带来的危害，并就此提出维护良好法治环境的倡议。

调查研究与善作善成

物流安全相关法律法规与政策规范的调研

一、调研背景

随着物流行业的快速发展，物流安全问题日益凸显，已成为制约行业健康发展的重要因素。近年来，国家及相关部门出台了一系列法律法规和政策要求，旨在加强物流安全管理，保障物流活动的顺利进行。然而，由于物流行业的复杂性和多样性，物流安全管理的法律法规和政策要求也呈现出多样化和细化的特点。因此，有必要对物流安全相关的法律法规和政策要求进行系统的调研和分析，从而指导物流企业的安全生产及管理工作。

二、调研目标

1. 全面了解物流安全相关法律法规和政策要求

梳理国家及地方层面关于物流安全的法律法规、政策文件、标准规范等，明确其适用范围、主要内容及实施要求。

2. 分析物流安全法律法规和政策要求的实施情况

通过实地调研、访谈等方式，了解物流企业在执行相关法律法规和政策要求方面的实际情况，评估其实施效果。

3. 识别物流安全管理中存在的问题与不足

基于调研结果，分析物流企业在安全管理方面存在的问题与不足，为提出改进措施提供依据。

4. 提出加强物流安全管理的对策建议

针对调研发现的问题与不足，结合国内外先进经验，提出加强物流安全管理的对策建议，为物流企业提供安全生产管理参考。

三、调研步骤

1. 调研准备

明确调研目的和范围，组建调研团队，制订调研计划，确定调研方法、调研对象、调研时间、调研地点等。

2. 资料收集

（1）查阅文献资料。收集国家及地方层面关于物流安全的法律法规、政策文件、标准规范等文献资料。

（2）网络搜索。利用互联网搜索相关领域的最新政策动态、研究成果及最新案例。

（3）专家咨询。向物流、法律、安全等领域的专家进行咨询，获取专业意见和建议。

3. 实地调研

（1）企业访谈。选取具有代表性的物流企业进行实地访谈，了解其在安全管理方面的实际情况、存在的问题及改进措施。

（2）现场观察。对物流企业的仓储、运输、配送等环节进行现场观察，了解安全管理措施的实施情况。

（3）问卷调查。设计并发放问卷，收集物流企业对相关法律法规和政策要求的认知度、执行情况及建议。

4. 数据分析

（1）数据整理。对收集到的文献资料、访谈记录、问卷数据等进行整理和分析。

（2）问题归纳。基于数据分析结果，归纳物流安全管理中存在的问题与不足。

（3）对策建议。针对存在的问题与不足，结合国内外先进经验，提出加强物流安全管理的对策建议。

5. 调研报告撰写

（1）撰写调研报告。根据调研结果和分析结论，撰写物流安全相关法律法规和政策要求的调研报告。

（2）报告评审。邀请专家对调研报告进行评审，提出修改意见和建议。

（3）报告完善。根据专家评审意见，对调研报告进行修改和完善。

（4）后续跟踪。对调研成果的应用情况进行跟踪和评估，为调研工作改进提升提供参考。

02 项目二

Chapter

物流企业设立相关法律事务

素养目标

- 通过熟悉中国特色现代企业制度，树立制度自信
- 通过了解物流公司的设立规定，引导学生敢闯会创
- 通过学习物流企业发展壮大的经验，激发学生的创业热情

知识目标

- 掌握我国现行物流法律法规对物流企业类型的相关规定
- 了解我国现行物流法律法规所规定的不同类型物流企业的市场准入条件
- 掌握现行制度下物流企业设立的流程

技能目标

- 能够组建创业团队，设立物流企业目标
- 能够起草企业合作协议或公司章程
- 能够利用政务服务网站，完成物流企业名称申报事务
- 能够运用物流法律法规，完成物流企业的设立工作

思维导图

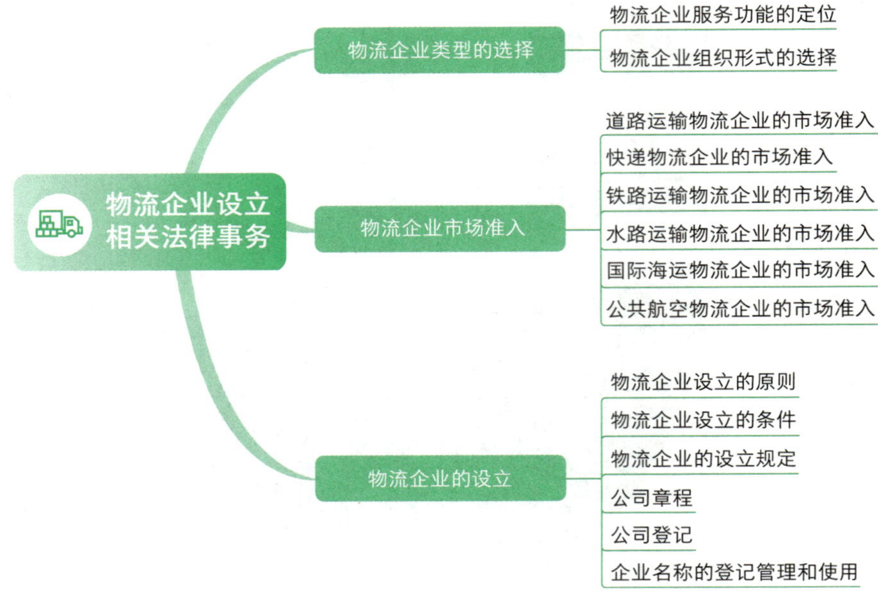

任务发布

设立一家新的物流企业

学习国家关于物流企业设立的相关法律法规，主要有《中华人民共和国个人独资企业法》（简称《个人独资企业法》）、《中华人民共和国合伙企业法》（简称《合伙企业法》）、《公司法》《中华人民共和国道路运输条例》（简称《道路运输条例》）、《邮政法》《快递业务经营许可管理办法》《快递暂行条例》《铁路运输企业准入许可办法》《国内水路运输管理规定》《中华人民共和国国际海运条例》（简称《国际海运条例》）、《民用航空法》《公共航空运输企业经营许可规定》等，严格按照法律法规要求准备企业设立的相关材料，按照企业开办流程，完成企业设立工作。

任务执行部门

物流企业发起人或合伙人

任务引导

1. 学生自愿组合形成合作团队，创建一家物流企业（在本课程学习期间存续），互相协助配合，共同完成本课程布置的各项任务。如需调整，需要参照公司变更规定，进行相关登记备案。

2. 通过对本企业团队优势的研判，确定拟成立的物流企业组织类型。

3. 确定本企业物流服务功能定位。

4. 为新企业起名，并进行名称查询、比对、筛选工作。

5. 起草《合伙协议书》或《公司章程》。

6. 完成企业开办相关手续。

7. 进行路演，召开企业成立大会。

引导案例

混改“三步走”谱写中国式现代化物流企业新篇章

受同业竞争、外航市场准入、可替代运输方式快速崛起等因素的影响，国内航空物流企业的整体经营曾一度陷入“十年九亏”的困境。中国国际货运航空股份有限公司（以下简称“国货航”）以“双百行动”为契机，通过混合所有制改革，整合航空货运物流业务，引入社会资本，实施员工持股计划，借助资本市场促进公司规范运作，提高治理水平，推动企业高质量发展，为航空物流中国式现代化的高质量发展交出了实践成果。

作为中航集团航空货运物流的专业发展平台，国货航改革分为三个步骤推进。

首先，先整合集团内航空货运物流业务，明确航空货运物流业务平台主体。向中国航空资本转让51%的股权，重组主体。然后采用“资产+现金”的方式增资国货航，实现集团内航空物流资产归集和航空物流业务统一管理。

其次，增资扩股，引入战略投资者并同步实施骨干员工持股计划。引入战略投资者菜鸟供应链、深国际控股和双百基金，并同步实施骨干员工持股计划。增资扩股后中国航空资本持股45%，成为第一大股东。

最后，主营业务整体改制上市。国货航进行工商变更登记，整体变更改制为股份有限公司，递交上市申请，并已公告首发通过。

国货航进行混合所有制改革后，在业务结构、产权结构、公司治理等方面取得了明显成效。集中了航线网络资源、空中运输能力、自有航空货站、综合物流方案等航空货运物流产业要素；优化了产权结构；完善了中国特色国有企业公司治理，把党的领导融入公司治理各环节，明确和落实党组织在公司法人治理结构中的法定地位；建立了党委前置研究、董事会研究决定的决策模式，把党委与股东会、董事会、监事会列入公司治理结构中。通过混改“三步走”，国货航抓住市场供需和运价的有利时机，收入规模、利润水平均上升到历史最高水平，谱写了中国式现代化物流企业发展的新篇章。

引思明理

党的二十届三中全会通过的《中共中央关于进一步全面深化改革、推进中国式现代化的决定》提出："深化国资国企改革，完善管理监督体制机制，增强各有关管理部门战略协同，推进国有经济布局优化和结构调整，推动国有资本和国有企业做强做优做大，增强核心功能，提升核心竞争力。"

中国国际货运航空股份有限公司通过混改上市，充分彰显了以深化改革促进高质量发展的成效，对国有企业落实国企改革三年行动部署要求起到了积极的引领示范作用。所采用的股权转让、增资扩股、改制上市"三步走"方案，对于物流从业人员学习企业设立相关法律事务具有重要的借鉴价值。

任务一　物流企业类型的选择

【法学课堂】

根据中华人民共和国国家标准《物流术语》（GB/T 18354–2021），物流企业（logistics service provider）是指从事物流基本功能范围内的物流业务设计及系统运作，具有与自身业务相适应的信息管理系统，实行独立核算、独立承担民事责任的经济组织。

一、物流企业服务功能的定位

（一）物流企业的常规分类

根据中华人民共和国国家标准《物流企业分类与评估指标》（GB/T 19680–2013），物流企业的类型主要包括运输型物流企业、仓储型物流企业、综合服务型物流企业。

1. 运输型物流企业

运输型物流企业应同时符合以下要求：

（1）以从事运输业务为主，具备一定规模。

（2）可为客户提供运输服务及其他增值服务。

（3）自有一定数量的运输工具和设备。

（4）具备信息服务功能，应用信息系统可对运输货物进行状态查询、监控。

2. 仓储型物流企业

仓储型物流企业应同时符合以下要求：

（1）以从事仓储业务为主，具备一定规模。

（2）可为客户提供分拨、配送、流通加工等服务，以及其他增值服务。

（3）自有一定规模的仓储设施、设备，自有或租用必要的货物运输工具。

（4）具备信息服务功能，应用信息系统可对仓储货物进行状态查询、监控。

3. 综合服务型物流企业

综合服务型物流企业应同时符合以下要求：

（1）从事多种物流服务业务，可以为客户提供运输、仓储、货运代理、配送、流通加工、信息服务等多种物流服务，具备一定规模。

（2）可为客户制定系统化的物流解决方案；可为客户提供综合物流服务及其他增值服务。

（3）自有或租用必要的运输工具、仓储设施及相关设备。

（4）具有一定市场覆盖面的货物集散、分拨、配送网络。

（5）具备信息服务功能，应用信息系统可对物流服务全过程进行状态查询、监控。

（二）新形态物流企业

随着经济社会发展，出现了一些新形态的物流企业，如电商物流企业、冷链物流企业、国际物流企业、智慧物流企业等。下面简要介绍这些新形态物流企业类型各自的服务内容和优劣势。

1. 电商物流企业

（1）服务内容：专门服务于电子商务平台，提供快速、准确的配送服务。

（2）优势：电商物流企业通常具备高效的物流网络和先进的物流管理系统，能够与电商平台紧密协作。

（3）劣势：面对电商销售高峰期可能承受较大的物流压力。

2. 冷链物流企业

（1）服务内容：为需要恒温储存和运输的产品（如食品、医药）提供专业的物流服务。

（2）优势：冷链物流企业具备专业的冷库和冷藏运输工具，可以确保产品质量和安全。

（3）劣势：高专业性要求对设备和技术的投入较大，成本较高。

3. 国际物流企业

（1）服务内容：专门为国际电子商务提供物流服务，包括国际物流网络和清关能力。

（2）优势：国际物流企业能够助力企业拓展国际市场，提供专业化的国际物流解决方案。

（3）劣势：面临复杂的国际物流环境和清关流程。

4. 智慧物流企业

（1）服务内容：利用物联网、大数据、人工智能等技术优化物流流程，提升运营效率。

（2）优势：智慧物流企业具备先进的技术和研发能力，能够提供数字化、智能化的物流解决方案。

(3) 劣势: 对技术依赖度较高，初期投入和技术更新换代的成本较高。

总之，物流企业的类型多样，每种类型的物流企业都有其独特的服务范围、优势和劣势。了解这些不同类型的物流企业，对于选择正确的物流合作伙伴和企业类型至关重要。

二、物流企业组织形式的选择

(一) 企业组织形式

企业组织形式是指企业财产及其社会化大生产的组织状态，它表明一个企业的财产构成、内部分工协作及与外部社会经济联系的方式。现代企业的组织形式按照财产的组织形式和所承担法律责任的不同，划分为个人独资企业、合伙企业和公司，见表 2-1。

表 2-1　企业按照组织形式和所承担的法律责任不同的分类

企业类型	特点
个人独资企业	● 个人独资企业是指依照《个人独资企业法》在中国境内设立，由一个自然人投资，财产为投资人个人所有，投资人以其个人财产对企业债务承担无限责任的经营实体。 ● 个人独资企业由某个人出资创办，经营管理有很大的自由度，设立比较简单容易。可以聘请管理者和员工，也可以设立分支机构
合伙企业	● 合伙企业是指自然人、法人和其他组织依照《合伙企业法》在中国境内设立的普通合伙企业和有限合伙企业。 ● 合伙企业是由2个以上合伙人共同出资设立的企业。合伙企业不具备法人资格，不缴纳企业所得税，只缴纳个人所得税。合伙企业不如个人独资企业自由，决策通常要由合伙人集体做出，但它具有一定的企业规模优势
公司	● 公司是依照《公司法》在中华人民共和国境内设立的有限责任公司和股份有限公司。公司是企业法人，有独立的法人财产，享有法人财产权

(二) 不同组织形式的责任承担方式

(1) 个人独资企业的财产为投资人个人所有，投资人以其个人财产对企业债务承担无限责任。个人独资企业解散后，原投资人对个人独资企业存续期间的债务仍应承担偿还责任，但债权人在五年内未向债务人提出偿债请求的，该责任消灭。

(2) 合伙企业对企业债务先用合伙企业的财产抵偿，抵偿不足时，由普通合伙人以其财产承担无限连带责任。普通合伙人对合伙企业债务承担无限连带责任，有限合伙人则以其认缴的出资额为限对企业债务承担责任。

(3) 公司以其全部财产对公司的债务承担责任。有限责任公司的股东以其认缴的出资额为限对公司承担责任; 股份有限公司的股东以其认购的股份为限对公司承担责任。

（三）创业初期企业组织形式的选择

创业者可以根据自己的情况来选择适合自己的组织形式。大学生创业一般可以选择个人独资企业、合伙企业、公司等形式，由于物流业的市场准入规定，大学生进入物流行业创业选择公司这一企业法人形式可以获得更多市场机会。

个人创业和合伙创业各有其优缺点。个人创业的优点是任何事情都可以一个人决定，有利于减少不必要的意见分歧，缺点是必须独自承担经营风险，在筹措创业资金时也有一定的困难。合伙创业则有多人可以与你一起承担风险，任何事情都有人一起分担责任并参与决策，大大降低了经营者的盲目性和随意性，筹集资金也相对容易一些。但是，随着企业的成长，也可能会产生一些诸如企业发展规划、分配原则等方面的分歧。事实上，如果公司想做大，没有一个好的合伙团队是做不成的，成功的企业都是团队合伙创业的结果。

合伙企业不用缴纳法人所得税，只需要缴纳创业者的个人所得税，大大减少了税收成本，比较适合资金缺乏、无专利技术、积极肯干的初创业者。在发展良好的情况下，可以转变为有限责任公司，因为公司以外的其他组织形式需要以个人财产对企业债务承担连带责任，初创业者的风险承担能力不强，有限责任公司形式可以降低创业风险。

【法律实践】

一、实践任务

1. 学生自由组合，选择合伙人，组建创业团队。
2. 讨论拟成立物流企业的类型并说出理由，以及本团队的优势所在。

二、实践目标

1. 通过实践认知不同类型物流企业的法律责任。
2. 通过实践培养团队精神，深化大局意识、协作意识、服务意识，协同合作，统一个人利益和集体利益，保证企业高效运营。

三、实践步骤

1. 按照价值观相同、目标一致、能力互补、自愿组合的原则组建创业团队，人数根据拟创办企业的相关法律规定执行。
2. 学习《个人独资企业法》《合伙企业法》《公司法》，了解不同类型企业的特点，结合本团队的优势，研究确定拟创办企业的组织形式。
3. 学习物流企业分类的相关知识，了解不同运输方式的物流企业的技术经济特性，了解本区域物流市场的情况。结合本团队的技术优势和人脉优势，思考拟创办企业的市场定位和运输方式。

四、考核要点

1. 创业精神。团队成员间是否有一致的创业目标。

2. 团队协作精神。是否有好的团队领导，团队成员间价值趋向是否相同，能力互补，分工合理，相处友善。

3. 法律法规的掌握。对物流法律法规掌握的熟练程度和应用能力。

任务二　物流企业市场准入

【法学课堂】

物流企业市场准入制度是指国家立法机关或授权的国家行政机关通过立法的形式，对相关主体进入物流市场从事物流活动应具备的条件作出的一系列规定的总称。

根据我国法律规定，我国对内资企业从事一般物流业务（如批发、货物代理、仓储等）的市场准入没有特殊限制，只要在设立企业时有与之拟经营的物流业务范围相适应的经营场所、必要的生产经营条件和专业服务人员，并具备一定的技术条件，就可以到相关机关申请登记。

特殊物流企业设立市场准入制度。这类物流企业只有经过相关主管机关审批通过，获得经营许可证后，才能到登记注册机关申请登记。当前国内大多数物流企业都必须经过行业主管机关的审批。例如，经营道路货物运输或货运站企业要到县级以上人民政府交通运输主管部门审批；经营快递业务的企业要到省级以上邮政管理机构审批；从事国际海上运输业务、国际船舶运输业务的企业要经过中华人民共和国交通运输部（简称“交通运输部”）的审批。

国家对关系国计民生、涉及我国经济命脉的特殊物流企业的市场准入管理非常严格，设立行政许可制，实施行政审批。例如，铁路运输业务需要经过国家铁路局许可，公共航空运输业务需要经过中国民用航空局的审批。

此外，设立国有物流企业需经过政府或政府主管部门审批。设立物流股份有限公司和国有独资物流公司要经过国务院授权的部门或省级人民政府审批。

一、道路运输物流企业的市场准入

从事道路货运经营以及道路运输相关业务的物流企业，应当遵守《道路运输条例》。

（一）申请从事货运经营的企业

1. 许可条件

《道路运输条例》第二十一条规定，申请从事货运经营的，应当具备下列条件：

（1）有与其经营业务相适应并经检测合格的车辆；

（2）有符合本条例第二十二条规定条件的驾驶人员；

（3）有健全的安全生产管理制度。

《道路运输条例》第二十二条规定，从事货运经营的驾驶人员，应当符合下列条件：

（1）取得相应的机动车驾驶证；

（2）年龄不超过 60 周岁；

（3）经设区的市级人民政府交通运输主管部门对有关货运法律法规、机动车维修和货物装载保管基本知识考试合格（使用总质量 4 500 千克及以下普通货运车辆的驾驶人员除外）。

《道路运输条例》第二十三条规定，申请从事危险货物运输经营的，还应当具备下列条件：

（1）有 5 辆以上经检测合格的危险货物运输专用车辆、设备；

（2）有经所在地设区的市级人民政府交通运输主管部门考试合格，取得上岗资格证的驾驶人员、装卸管理人员、押运人员；

（3）危险货物运输专用车辆配有必要的通信工具；

（4）有健全的安全生产管理制度。

2. 审批程序

《道路运输条例》第二十四条规定，申请从事货运经营的，应当依法向市场监督管理部门办理有关登记手续后，按照下列规定提出申请并分别提交符合本条例第二十一条、第二十二条规定条件的相关资料：

（1）从事危险货物运输经营以外的货运经营的，向县级人民政府交通运输主管部门提出申请；

（2）从事危险货物运输经营的，向设区的市级人民政府交通运输主管部门提出申请。

依照前款收到申请的交通运输主管部门，应当自受理申请之日起 20 日内审查完毕，作出许可或者不予许可的决定。予以许可的，向申请人颁发道路运输经营许可证，并向申请人投入运输的车辆配发车辆营运证；不予许可的，应当书面通知申请人并说明理由。使用总质量 4 500 千克及以下普通货运车辆从事普通货运经营的，无须按照本条规定申请取得道路运输经营许可证及车辆营运证。

3. 企业经营

《道路运输条例》第二十五条规定，货运经营者不得运输法律、行政法规禁止运输的货物。法律、行政法规规定必须办理有关手续后方可运输的货物，货运经营者应当查验有关手续。

《道路运输条例》第二十六条规定，国家鼓励货运经营者实行封闭式运输，保证环境卫生和货物运输安全。货运经营者应当采取必要措施，防止货物脱落、扬撒等。运输危险货物应当采取必要措施，防止危险货物燃烧、爆炸、辐射、泄漏等。

《道路运输条例》第二十七条规定，运输危险货物应当配备必要的押运人员，保证危险货物处于押运人员的监管之下，并悬挂明显的危险货物运输标志。托运危险货物的，应当向货运经营者说明危险货物的品名、性质、应急处置方法等情况，并严格按照国家有关规定包装，设置明显标志。

（二）申请从事道路运输站（场）经营

1. 许可条件

《道路运输条例》第三十六条规定，从事道路运输站（场）经营的，应当具备下列条件：

（1）有经验收合格的运输站（场）；

（2）有相应的专业人员和管理人员；

（3）有相应的设备、设施；

（4）有健全的业务操作规程和安全管理制度。

2. 审批程序

依据《道路运输条例》第三十九条规定：从事道路运输站（场）经营、机动车维修经营和机动车驾驶员培训业务的，应当在依法向市场监督管理部门办理有关登记手续后，向所在地县级人民政府交通运输主管部门进行备案，并分别附送符合本条例第三十六条、第三十七条、第三十八条规定条件的相关材料。

（三）申请从事国际道路运输经营者

1. 许可条件

《道路运输条例》第四十八条规定，从事国际道路运输经营的，应当具备下列条件：

（1）依照本条例第十条、第二十四条规定取得道路运输经营许可证的企业法人；

（2）在国内从事道路运输经营满 3 年，且未发生重大以上道路交通责任事故。

《道路运输条例》第五十二条规定，外国国际道路运输经营者依法在中国境内设立的常驻代表机构不得从事经营活动。

2. 审批程序

《道路运输条例》第四十九条规定，申请从事国际道路货物运输经营的，应当向省、自治区、直辖市人民政府交通运输主管部门提出申请并附送符合本条例第四十八条规定条件的相关材料。国际道路运输经营者应当持有关文件依法向有关部门办理相关手续。

《道路运输条例》第四十七条规定，国务院交通运输主管部门应当及时向社会公布中国政府与有关国家政府签署的双边或者多边道路运输协定确定的国际道路运输线路。

二、快递物流企业的市场准入

快递是指在承诺的时限内快速完成的寄递活动。寄递是指将信件、包裹、印刷品等物品按照封装上的名称、地址递送给特定个人或者单位的活动，包括收寄、分拣、运输、投递等环节。根据《邮政法》《快递暂行条例》《快递业务经营许可管理办法》等相关规定，经营快递业务应当依法取得邮政管理部门颁发的“快递业务经营许可证”，并接受邮政管理部门及其他有关部门的监督管理；未经许可，任何单位和个人不得经营快递业务。

（一）许可条件

《邮政法》第五十二条规定，申请快递业务经营许可，应当具备下列条件：

（1）符合企业法人条件；

（2）在省、自治区、直辖市范围内经营的，注册资本不低于人民币五十万元，跨省、自治区、直辖市经营的，注册资本不低于人民币一百万元，经营国际快递业务的，注册资本不低于人民币二百万元；

（3）有与申请经营的地域范围相适应的服务能力；

（4）有严格的服务质量管理制度和完备的业务操作规范；

（5）有健全的安全保障制度和措施；

（6）法律、行政法规规定的其他条件。

（二）审批程序

《邮政法》第五十三条规定，申请快递业务经营许可，在省、自治区、直辖市范围内经营的，应当向所在地省、自治区、直辖市邮政管理机构提出申请；跨省、自治区、直辖市经营或者经营国际快递业务的，应当向国务院邮政管理部门提出申请；申请时应当提交申请书和有关申请材料。

受理申请的邮政管理部门应当自受理之日起四十五日内进行审查，作出批准或者不予批准的决定。予以批准的，颁发快递业务经营许可证；不予批准的，书面通知申请人并说明理由。邮政管理部门审查快递业务经营许可的申请，应当考虑国家安全等因素，并征求有关部门的意见。申请人凭快递业务经营许可证向工商行政管理部门依法办理登记后，方可经营快递业务。

（三）企业经营

《邮政法》第五十一条规定，经营快递业务，应当依照本法规定取得快递业务经营许可；未经许可，任何单位和个人不得经营快递业务。外商不得投资经营信件的国内快递业务。国内快递业务，是指从收寄到投递的全过程均发生在中华人民共和国境内的快递业务。

第五十五条规定，快递企业不得经营由邮政企业专营的信件寄递业务，不得寄递国家机关公文。

第五十六条规定，快递企业经营邮政企业专营业务范围以外的信件快递业务，应当在信件封套的显著位置标注信件字样。快递企业不得将信件打包后作为包裹寄递。

第五十七条规定，经营国际快递业务应当接受邮政管理部门和有关部门依法实施的监管。邮政管理部门和有关部门可以要求经营国际快递业务的企业提供报关数据。

第五十八条规定，快递企业停止经营快递业务的，应当书面告知邮政管理部门，交回快递业务经营许可证，并对尚未投递的快件按照国务院邮政管理部门的规定妥善处理。

第六十条规定，经营快递业务的企业依法成立的行业协会，依照法律、行政法规及其章程规定，制定快递行业规范，加强行业自律，为企业提供信息、培训等方面的服务，促进快递行业的健康发展。经营快递业务的企业应当对其从业人员加强法治教育、职业道德教育和业务技能培训。

三、铁路运输物流企业的市场准入

《铁路运输企业准入许可办法》第二条规定，在中华人民共和国境内依法登记注册的企业法人，从事铁路旅客、货物公共运输营业的，应当向国家铁路局提出申请，经审查合格取得铁路运输许可证。涉及地方铁路运营事项的，国家铁路局应当邀请申请企业所在地省、自治区、直辖市人民政府有关部门参与审查。

（一）许可条件

《铁路运输企业准入办法》第六条规定，申请企业应当具备下列条件：

（1）拥有符合规划和国家标准的铁路基础设施的所有权或者使用权；

（2）拥有符合国家标准、行业标准，以及满足运输规模需要数量的机车车辆的所有权或者使用权；

（3）生产作业和管理人员符合铁路运输岗位标准、具备相应从业资格，且其数量满足运输规模需要；

（4）具有符合法律法规规定的安全生产管理机构或者安全管理人员，以及安全生产管理制度和应急预案；

（5）具有铁路运输相关的组织管理办法、服务质量标准、生产作业规范；

（6）法律法规和规章规定的其他条件。

（二）许可程序

《铁路运输企业准入许可办法》第十条规定，申请企业应当提交以下材料，并对材料的真实性、有效性和合法性负责：

（1）国家铁路局行政许可申请书；

（2）企业法人营业执照副本及复印件；

（3）申请企业基本情况；

（4）企业法定代表人的身份证明及履历表；

（5）铁路运输相关业务的负责人、专业技术管理的负责人的身份证明及履历表；

（6）主要生产作业人员的配备情况、资格情况；

（7）安全生产管理机构设置情况、安全生产管理人员配备情况、安全生产管理制度和应急预案情况；

（8）铁路运输相关的组织管理办法、服务质量标准、生产作业规范情况；

（9）铁路建设项目立项的批准（核准、备案）文件、铁路竣工验收（初步验收）和运营安全评估合格的报告复印件；

（10）机车车辆数量满足运输规模需要的测算依据；

（11）相关所有权、使用权以及合作协议等证明材料；

（12）法律法规和规章规定的其他材料。

国家铁路局应当明确铁路运输许可申请材料的具体要求，并提供相应的文本格式。

《铁路运输企业准入许可办法》第十三条规定，国家铁路局自受理申请之日起 20 个工作日内作出行政许可决定。20 个工作日内不能作出决定的，经国家铁路局负责人批准，可以延长 10 个工作日，并将延长期限的理由告知申请企业。组织鉴定、专家评审所需时间不计算在上述期限之内。作出准予行政许可决定的，应当自作出决定之日起 10 个工作日内向申请企业颁发铁路运输许可证。

《铁路运输企业准入许可办法》第十二条规定，国家铁路局应当审查申请企业提交的材料，必要时对申请企业进行实地核查及组织鉴定、专家评审。审查合格的，作出准予行政许可的书面决定；审查不合格的，作出不予行政许可的书面决定，说明理由并告知申请企业享有依法申请行政复议或者提起行政诉讼的权利。

（三）企业经营

被许可企业应当按照许可范围开展铁路运输营业，并保证其运输条件持续符合许可条件。《铁路运输企业准入许可办法》第十四条规定，铁路运输许可证应当载明被许可企业名称、住所、证书编号、许可范围、发证日期、有效起始日期、有效期等内容。第十五条规定，铁路运输许可证有效期为 20 年，被许可企业应当于有效期届满前 60 日，向国家铁路局提出延续申请。

四、水路运输物流企业的市场准入

水路运输物流服务企业是指从事水路营业性运输，具有法人资格的专业水运企业，业务范围包括代办运输手续、货物中转、代办组织货源等。《国内水路运输管理规定》对设立水路运输物流企业做出了以下相关规定。

（一）许可条件

《国内水路运输管理规定》第五条规定，申请经营水路运输业务，除个人申请经营内河普通货物运输业务外，申请人应当符合下列条件：

（1）具备企业法人资格。

（2）有明确的经营范围，包括经营区域和业务种类。经营水路旅客班轮运输业务的，还应当有班期、班次以及拟停靠的码头安排等可行的航线营运计划。

（3）有符合本规定要求的船舶，且自有船舶运力应当符合要求。

（4）有符合本规定要求的海务、机务管理人员。

（5）有符合本规定要求的与其直接订立劳动合同的高级船员。

（6）有健全的安全管理机构及安全管理人员设置制度、安全管理责任制度、安全监督检查制度、事故应急处置制度、岗位安全操作规程等安全管理制度。

第六条规定，个人只能申请经营内河普通货物运输业务，并应当符合下列条件：

（1）经市场监督管理部门登记的个体工商户；

（2）有符合本规定要求的船舶，且自有船舶运力不超过600总吨；

（3）有安全管理责任制度、安全监督检查制度、事故应急处置制度、岗位安全操作规程等安全管理制度。

（二）许可程序

《国内水路运输管理规定》第十一条规定，申请经营水路运输业务或者变更水路运输经营范围，应当向其所在地设区的市级人民政府水路运输管理部门提交申请书和证明申请人符合本规定要求的相关材料。

第十二条规定，受理申请的水路运输管理部门不具有许可权限的，当场核实申请材料中的原件与复印件的内容一致后，在5个工作日内提出初步审查意见并将全部申请材料转报至具有许可权限的部门。

第十三条规定，具有许可权限的部门，对符合条件的，应当在20个工作日内作出许可决定，向申请人颁发《国内水路运输经营许可证》，并向其投入运营的船舶配发《船舶营业运输证》。申请经营水路旅客班轮运输业务的，应当在其《国内水路运输经营许可证》

经营范围中载明。不符合条件的，不予许可，并书面通知申请人不予许可的理由。

推进国内水路运输领域政务服务事项网上办理以及《国内水路运输经营许可证》《船舶营业运输证》等证书电子化，加强水路运输经营者和船舶相关证照信息共享。

（三）企业经营

《国内水路运输管理规定》第二十条规定，水路运输经营者应当保持相应的经营资质条件，按照《国内水路运输经营许可证》核定的经营范围从事水路运输经营活动。

已取得省际水路运输经营资格的水路运输经营者和船舶，可凭省际水路运输经营资格从事相应种类的省内水路运输，但旅客班轮运输除外。

已取得沿海水路运输经营资格的水路运输经营者和船舶，可在满足航行条件的情况下，凭沿海水路运输经营资格从事相应种类的内河运输。

第十七条规定，《国内水路运输经营许可证》的有效期为 5 年。《船舶营业运输证》的有效期按照交通运输部的有关规定确定。水路运输经营者应当在证件有效期届满前的 30 日内向原许可机关提出换证申请。原许可机关应当依照本规定进行审查，符合条件的，予以换发。

第二十一条规定，水路运输经营者不得出租、出借水路运输经营许可证件，或者以其他形式非法转让水路运输经营资格。

第二十二条规定，从事水路运输的船舶应当随船携带《船舶营业运输证》或者具有同等效力的可查验信息，不得转让、出租、出借或者涂改。《船舶营业运输证》遗失或者损毁的，应当及时向原配发机关申请补发。

五、国际海运物流企业的市场准入

《中华人民共和国国际海运条例》（简称《国际海运条例》）自 2002 年 1 月 1 日起施行。根据 2013 年 7 月 18 日《国务院关于废止和修改部分行政法规的决定》第一次修订；根据 2016 年 2 月 6 日《国务院关于修改部分行政法规的决定》第二次修订；根据 2019 年 3 月 2 日《国务院关于修改部分行政法规的决定》第三次修订；根据 2023 年 7 月 20 日《国务院关于修改和废止部分行政法规的决定》第四次修订。

根据《国际海运条例》第二条规定，本条例适用于进出中华人民共和国港口的国际海上运输经营活动以及与国际海上运输相关的辅助性经营活动。前款所称与国际海上运输相关的辅助性经营活动，包括本条例分别规定的国际船舶代理、国际船舶管理、国际海运货物装卸、国际海运货物仓储、国际海运集装箱站和堆场等业务。

（一）许可条件

《国际海运条例》第五条规定，经营国际客船、国际散装液体危险品船运输业务，应当

具备下列条件:

(1) 取得企业法人资格;

(2) 有与经营业务相适应的船舶，其中必须有中国籍船舶;

(3) 投入运营的船舶符合国家规定的海上交通安全技术标准;

(4) 有提单、客票或者多式联运单证;

(5) 有具备国务院交通主管部门规定的从业资格的高级业务管理人员。

经营国际集装箱船、国际普通货船运输业务，应当取得企业法人资格，并有与经营业务相适应的船舶。

第十一条规定，经营国际班轮运输业务，应当向国务院交通主管部门提出申请，并附送下列材料:

(1) 国际船舶运输经营者的名称、注册地、营业执照副本、主要出资人;

(2) 经营者的主要管理人员的姓名及其身份证明;

(3) 运营船舶资料;

(4) 拟开航的航线、班期及沿途停泊港口;

(5) 运价本;

(6) 提单、客票或者多式联运单证。

国务院交通主管部门应当自收到经营国际班轮运输业务申请之日起30日内审核完毕。申请材料真实、齐备的，予以登记，并通知申请人；申请材料不真实或者不齐备的，不予登记，书面通知申请人并告知理由。

第七条规定，经营无船承运业务，应当自开业之日起15日内向省、自治区、直辖市人民政府交通主管部门备案，备案信息包括企业名称、注册地、联系方式。前款所称无船承运业务，是指无船承运业务经营者以承运人身份接受托运人的货载，签发自己的提单或者其他运输单证，向托运人收取运费，通过国际船舶运输经营者完成国际海上货物运输，承担承运人责任的国际海上运输经营活动。在中国境内经营无船承运业务，应当在中国境内依法设立企业法人。

(二) 企业经营

《国际海运条例》第十二条规定，取得国际班轮运输经营资格的国际船舶运输经营者，应当自取得资格之日起180日内开航；因不可抗力并经国务院交通主管部门同意，可以延期90日。逾期未开航的，国际班轮运输经营资格自期满之日起丧失。

第十三条规定，新开、停开国际班轮运输航线，或者变更国际班轮运输船舶、班期的，应当提前15日予以公告，并应当自行为发生之日起15日内向国务院交通主管部门备案。

第十四条规定，经营国际班轮运输业务的国际船舶运输经营者的运价和无船承运业务经营者的运价，应当按照规定格式向国务院交通主管部门备案。国务院交通主管部门应当指定专门机构受理运价备案。备案的运价包括公布运价和协议运价。公布运价，是指国际船舶运输经营者和无船承运业务经营者运价本上载明的运价；协议运价，是指国际船舶运输经营者与货主、无船承运业务经营者约定的运价。公布运价自国务院交通主管部门受理备案之日起满 30 日生效；协议运价自国务院交通主管部门受理备案之时起满 24 小时生效。国际船舶运输经营者和无船承运业务经营者应当执行生效的备案运价。

第十五条规定，从事国际班轮运输的国际船舶运输经营者之间订立涉及中国港口的班轮公会协议、运营协议、运价协议等，应当自协议订立之日起 15 日内将协议副本向国务院交通主管部门备案。

第十六条规定，国际客船、国际散装液体危险品船运输经营者有下列情形之一的，应当在情形发生之日起 15 日内，向国务院交通主管部门备案：

（1）终止经营；

（2）减少运营船舶；

（3）变更提单、客票或者多式联运单证；

（4）在境外设立分支机构或者子公司经营相应业务；

（5）拥有的船舶在境外注册，悬挂外国旗。

国际客船、国际散装液体危险品船运输经营者增加运营船舶的，增加的运营船舶必须符合国家规定的安全技术标准，并应当于投入运营前 15 日内向国务院交通主管部门备案。国务院交通主管部门应当自收到备案材料之日起 3 日内出具备案证明文件。其他中国企业有本条第一款第（4）项、第（5）项所列情形之一的，应当依照本条第一款规定办理备案手续。

国际集装箱船运输经营者、国际普通货船运输经营者和无船承运业务经营者终止经营的，应当自终止经营之日起 15 日内向省、自治区、直辖市人民政府交通主管部门备案。

第十七条规定，经营国际船舶运输业务、无船承运业务和国际船舶代理业务，在中国境内收取、代为收取运费以及其他相关费用，应当向付款人出具中国税务机关统一印制的发票。

第十八条规定，经营国际船舶运输业务和无船承运业务，不得有下列行为：

（1）以低于正常、合理水平的运价提供服务，妨碍公平竞争；

（2）在会计账簿之外暗中给予托运人回扣，承揽货物；

（3）滥用优势地位，以歧视性价格或者其他限制性条件给交易对方造成损害；

（4）其他损害交易对方或者国际海上运输市场秩序的行为。

第二十条规定，国际船舶代理经营者接受船舶所有人或者船舶承租人、船舶经营人的委托，可以经营下列业务：

（1）办理船舶进出港口手续，联系安排引航、靠泊和装卸；

（2）代签提单、运输合同，代办接受订舱业务；

（3）办理船舶、集装箱以及货物的报关手续；

（4）承揽货物、组织货载，办理货物、集装箱的托运和中转；

（5）代收运费，代办结算；

（6）组织客源，办理有关海上旅客运输业务；

（7）其他相关业务。

国际船舶代理经营者应当按照国家有关规定代扣代缴其所代理的外国国际船舶运输经营者的税款。

第二十一条规定，国际船舶管理经营者接受船舶所有人或者船舶承租人、船舶经营人的委托，可以经营下列业务：

（1）船舶买卖、租赁以及其他船舶资产管理；

（2）机务、海务和安排维修；

（3）船员招聘、训练和配备；

（4）保证船舶技术状况和正常航行的其他服务。

六、公共航空物流企业的市场准入

公共航空物流运输企业，是指以营利为目的使用民用航空器从事行货物、邮件运输的企业法人。

根据《公共航空运输企业经营许可规定》，中国民用航空局（简称“民航局”）负责公共航空运输企业筹建认可、经营许可。中国民用航空地区管理局（简称“民航地区管理局”）负责所辖地区公共航空运输企业筹建认可和经营许可的初步审查。

（一）许可条件

根据《公共航空运输企业经营许可规定》第六条规定，设立公共航空运输企业应当具备下列条件：

（1）不少于3架购买或者租赁并且符合相关要求的民用航空器；

（2）负责企业全面经营管理的主要负责人应当具备公共航空运输企业管理能力，主管飞行、航空器维修和其他专业技术工作的负责人应当符合涉及民航管理规章的相应要求，企业法定代表人为中国籍公民；

（3）具有符合涉及民航管理规章要求的专业技术人员；

（4）不少于国务院规定的注册资本的最低限额；

（5）具有运营所需要的主运营基地机场和其他固定经营场所及设备；

（6）民航局规定的其他必要条件。

（二）申请筹建许可程序

1. 申请材料

《公共航空运输企业经营许可规定》第九条规定，申请人申请筹建公共航空运输企业，

应当提交下列文件、资料一式三份:

(1) 筹建申请报告;

(2) 投资人的资信能力证明;

(3) 投资各方签订的协议（合同）以及企业法人营业执照（或者注册登记证明）复印件或者自然人身份证明复印件;

(4) 筹建负责人的任职批件、履历表;

(5) 企业法人营业执照;

(6) 民航局规定的其他文件、资料。

2. 申请流程

《公共航空运输企业经营许可规定》第十一条规定，申请人申请筹建公共航空运输企业，应当将申请材料提交所在地民航地区管理局初审。民航地区管理局收到申请人的申请材料后，将其置于民航局网站，供申请人、利害关系人及社会公众查阅和提出意见。利害关系人和社会公众如有意见，应当自上网公布之日起 10 个工作日内提出意见。民航地区管理局应当自收到申请人的申请材料之日起 20 个工作日内提出初审意见并连同申报材料一起报民航局。

第十二条规定，对申请人申请筹建公共航空运输企业没有重大异议的，民航局应当自受理其申请之日起 10 个工作日内作出准予筹建的初步决定，并将其置于民航局网站，供申请人、利害关系人及社会公众查阅和提出意见。民航局应自受理申请之日起 20 个工作日内作出是否准予筹建的决定。对申请人的筹建申请有重大异议的，申请人、利害关系人如果要求听证，民航局按规定组织听证。民航局根据听证的结果作出是否准予筹建的初步决定并置于民航局网站予以公布，供申请人、利害关系人及社会公众查阅和提出意见。申请人、利害关系人及社会公众如有意见，应当自上网公布之日起 10 个工作日内提出意见。民航局根据征求意见的情况作出是否准予筹建的决定。

第十五条规定，经民航局认可的筹建公共航空运输企业的有效期限为 2 年。申请人自民航局准予其筹建之日起 2 年内未能按规定条件取得经营许可证的，确有充足的事由，经申请人申请、所在地民航地区管理局初审，民航局可准予其延长 1 年筹建期。在延长筹建期内仍未取得经营许可证的，丧失筹建资格。丧失筹建资格的申请人，民航局 2 年内不再受理其筹建申请。

(三) 经营许可证申请程序

《公共航空运输企业经营许可规定》第十八条规定，申请人申请公共航空运输企业经营许可，应当提交下列文件、资料一式三份:

(1) 公共航空运输企业经营许可申请书;

(2) 企业法人营业执照;

(3) 企业章程;

（4）购买或者租赁民用航空器的证明文件；

（5）客票、货运单格式样本及批准文件；

（6）与拟使用的主运营基地机场签订的机坪租赁协议和机场场道保障协议；

（7）法定代表人、负责企业全面经营管理的主要负责人的任职文件、履历表、身份证复印件；

（8）投保地面第三人责任险的证明文件；

（9）企业董事、监事的姓名、住所及委派、选举或者聘任的证明；

（10）民航局规定的其他文件、资料。

第二十一条规定，民航局对准予经营许可的，应当自作出决定之日起 10 个工作日内，向申请人颁发公共航空运输企业经营许可证。对不予其经营许可的，应当自作出决定之日起 10 个工作日内书面通知申请人、说明理由，并告知申请人享有依法申请行政复议或者提起行政诉讼的权利。

【法律实践】

一、实践任务

1. 各团队讨论为什么国家对物流企业设置市场准入条件。
2. 各团队选择拟建物流企业的主要业务，并说明理由。

二、实践目标

1. 通过实践明晰各类型物流企业市场准入要求，尤其是人员、设备、资金等方面的要求。
2. 通过实践提升公司依法经营的意识，符合社会主义市场经济健康发展的法制要求。

三、实践步骤

1. 认真学习《道路运输条例》《邮政法》《快递业务经营许可管理办法》《快递暂行条例》《铁路运输企业准入许可办法》《国内水路运输管理规定》《国际海运条例》《民用航空法》《公共航空运输企业经营许可规定》等法律法规。了解各类物流企业的市场准入条件。
2. 比较分析不同类型物流企业的市场准入条件。
3. 研究本团队的资源和市场条件，做出本物流企业运输方式的选择。

四、考核要点

1. 敬业精神，团队协作精神，友善态度；
2. 对物流企业市场准入相关法律法规掌握的熟练程度；
3. 不同类型物流企业市场准入条件对比分析的准确程度；
4. 本企业物流运输方式的选择理由是否充分有效。

任务三　物流企业的设立

【法学课堂】

物流企业的设立是指物流企业的创办人为使物流企业成立而依照法律规定的条件和程序进行的一系列行为的总称。我国法律法规对不同性质的物流企业设立有不同的要求。

一、物流企业设立的原则

企业设立原则是指企业依据何种法定原则，通过何种具体途径获得企业设立。我国物流企业设立的原则主要是准则主义原则和许可主义原则。

1. 准则主义原则，又称登记主义原则，是指企业设立不需要报有关机关批准，只要符合法律法规规定的物流企业设立条件，就可以直接到相关登记机关办理登记注册手续。

2. 许可主义原则，又称审批主义原则、核准主义原则，是指企业设立除了需要符合法律规定的条件，还需要报请政府主管部门审核批准后，方能申请登记成立。

一般物流企业设立采用准则主义原则，特殊物流企业设立采用核准主义原则。

二、物流企业设立的条件

(一) 个人独资物流企业设立条件

(1) 投资人为一个自然人；

(2) 有合法的企业名称；

(3) 有投资人申报的出资；

(4) 有固定的生产经营场所和必要的生产经营条件；

(5) 有必要的从业人员。

申请设立个人独资企业，应当由投资人或者其委托的代理人向个人独资企业所在地的登记机关提交设立申请书、投资人身份证明、生产经营场所使用证明等文件。委托代理人申请设立登记时，应当出具投资人的委托书和代理人的合法证明。

（二）合伙物流企业设立条件

（1）普通合伙企业有两个以上合伙人。有限合伙企业有两个以上五十个以下合伙人设立。合伙人为自然人的，应当具有完全民事行为能力。有限合伙企业至少应当有一个普通合伙人。

（2）有书面合伙协议。

（3）有合伙人认缴或者实际缴付的出资。

（4）有合伙企业的名称和生产经营场所。

（5）法律、行政法规规定的其他条件。

申请设立合伙企业，应当向企业登记机关提交登记申请书、合伙协议书、合伙人身份证明等文件。特殊物流企业的设立还需要提交已经取得的批准文件。

三、物流企业的设立规定

（一）有限责任公司的设立规定

根据 2023 年修订的《公司法》和 2024 年 7 月《国务院关于实施〈中华人民共和国公司法〉注册资本登记管理制度的规定》，设立有限责任公司，应当符合下列规定：

1. 股东符合法定人数

《公司法》第四十二条规定，有限责任公司由一个以上五十个以下股东出资设立。

2. 制定公司文件

《公司法》第四十三条规定，有限责任公司设立时的股东可以签订设立协议，明确各自在公司设立过程中的权利和义务。《公司法》第四十五条规定，设立有限责任公司，应当由股东共同制定公司章程。

3. 设立期间的法律后果

《公司法》第四十四条规定，有限责任公司设立时的股东为设立公司从事的民事活动，其法律后果由公司承受。公司未成立的，其法律后果由公司设立时的股东承受；设立时的股东为二人以上的，享有连带债权，承担连带债务。设立时的股东为设立公司以自己的名义从事民事活动产生的民事责任，第三人有权选择请求公司或者公司设立时的股东承担。设立时的股东因履行公司设立职责造成他人损害的，公司或者无过错的股东承担赔偿责任后，可以向有过错的股东追偿。

4. 出资额符合法律规定

《公司法》第四十七条规定，有限责任公司的注册资本为在公司登记机关登记的全体股东认缴的出资额。全体股东认缴的出资额由股东按照公司章程的规定自公司成立之日起五年内缴足。法律、行政法规以及国务院决定对有限责任公司注册资本实缴、注册资本最低限额、股东出资期限另有规定的，从其规定。《国务院关于实施〈中华人民共和国公司法〉注册资本登记管理制度的规定》第二条规定，2024 年 6 月 30 日前登记设立的公司，有限责任公司剩余认缴出资期限自 2027 年 7 月 1 日起超过 5 年的，应当在 2027 年 6 月 30 日前将其剩余认缴出资期限调整至 5 年内并记载于公司章程，股东应当在调整后的认缴出资期限内足额缴纳认缴的出资额；股份有限公司的发起人应当在 2027 年 6 月 30 日前按照其认购的股份全额缴纳股款。公司生产经营涉及国家利益或者重大公共利益，国务院有关主管部门或者省级人民政府提出意见的，国务院市场监督管理部门可以同意其按原出资期限出资。

公司出资信息发生变更的，应当进行公示。《国务院关于实施〈中华人民共和国公司法〉注册资本登记管理制度的规定》第四条规定，公司调整股东认缴和实缴的出资额、出资方式、出资期限，或者调整发起人认购的股份数等，应当自相关信息产生之日起 20 个工作日内通过国家企业信用信息公示系统向社会公示。公司应当确保前款公示信息真实、准确、完整。

修订后的《公司法》新增了“股权、债权”等出资形式。《公司法》第四十八条规定，股东可以用货币出资，也可以用实物、知识产权、土地使用权、股权、债权等可以用货币估价并可以依法转让的非货币财产作价出资；但是，法律、行政法规规定不得作为出资的财产除外。对作为出资的非货币财产应当评估作价，核实财产，不得高估或者低估作价。法律、行政法规对评估作价有规定的，从其规定。

5. 未按规定出资的后果及责任承担

首先，未按期足额缴纳出资额的股东的责任。《公司法》第四十九条规定，股东应当按期足额缴纳公司章程规定的各自所认缴的出资额。股东以货币出资的，应当将货币出资足额存入有限责任公司在银行开设的账户；以非货币财产出资的，应当依法办理其财产权的转移手续。股东未按期足额缴纳出资的，除应当向公司足额缴纳外，还应当对给公司造成的损失承担赔偿责任。

其次，设立时其他股东的责任。《公司法》第五十条规定，有限责任公司设立时，股东未按照公司章程规定实际缴纳出资，或者实际出资的非货币财产的实际价额显著低于所认缴的出资额的，设立时的其他股东与该股东在出资不足的范围内承担连带责任。

再次，公司的职责及负有责任的董事的责任。《公司法》第五十一条规定，有限责任公司成立后，董事会应当对股东的出资情况进行核查，发现股东未按期足额缴纳公司章程规定的出资的，应当由公司向该股东发出书面催缴书，催缴出资。未及时履行前款规定的义务，给公司造成损失的，负有责任的董事应当承担赔偿责任。

最后，股东未按照规定缴纳出资的失权规定及救济。《公司法》第五十二条规定，股东未按照公司章程规定的出资日期缴纳出资，公司依照前条第一款规定发出书面催缴书催缴出资的，可以载明缴纳出资的宽限期；宽限期自公司发出催缴书之日起，不得少于六十日。宽限期届满，股东仍未履行出资义务的，公司经董事会决议可以向该股东发出失权通知，通知应当以书面形式发出。自通知发出之日起，该股东丧失其未缴纳出资的股权。依照前款规定丧失的股权应当依法转让，或者相应减少注册资本并注销该股权；六个月内未转让或者注销的，由公司其他股东按照其出资比例足额缴纳相应出资。股东对失权有异议的，应当自接到失权通知之日起三十日内，向人民法院提起诉讼。

6. 股东不得抽逃出资

《公司法》第五十三条规定，公司成立后，股东不得抽逃出资。违反前款规定时，股东应当返还抽逃的出资；给公司造成损失的，负有责任的董事、监事、高级管理人员应当与该股东承担连带赔偿责任。

7. 出资的加速到期

《公司法》第五十四条规定，公司不能清偿到期债务的，公司或者已到期债权的债权人有权要求已认缴出资但未届出资期限的股东提前缴纳出资。

8. 出资证明书、股东名册

《公司法》第五十五条规定，有限责任公司成立后，应当向股东签发出资证明书，记载下列事项:（1）公司名称;（2）公司成立日期;（3）公司注册资本;（4）股东的姓名或者名称、认缴和实缴的出资额、出资方式和出资日期;（5）出资证明书的编号和核发日期。出资证明书由法定代表人签名，并由公司盖章。

《公司法》第五十六条规定，有限责任公司应当置备股东名册，记载下列事项:（1）股东的姓名或者名称及住所;（2）股东认缴和实缴的出资额、出资方式和出资日期;（3）出资证明书编号;（4）取得和丧失股东资格的日期。记载于股东名册的股东，可以依股东名册主张行使股东权利。

9. 股东的查阅、复制权利

《公司法》第五十七条规定，股东有权查阅、复制公司章程、股东名册、股东会会议记录、董事会会议决议、监事会会议决议和财务会计报告。股东可以要求查阅公司会计账簿、会计凭证。股东要求查阅公司会计账簿、会计凭证的，应当向公司提出书面请求，说明目的。公司有合理根据认为股东查阅会计账簿、会计凭证有不正当目的，可能损害公司合法利益的，可以拒绝提供查阅，并应当自股东提出书面请求之日起十五日内书面答复股东并说明理由。公司拒绝提供查阅的，股东可以向人民法院提起诉讼。股东查阅前款规定的材料，可以委托会计师事务所、律师事务所等中介机构进行。股东及其委托的会计师事务所、律师事务所等中介机构查阅、复制有关材料，应当遵守有关保护国家秘密、商业秘密、个人隐私、个人信息等法律、行政法规的规定。股东要求查阅、复制公司全资子公司相关材料的，适用前四款的规定。

（二）股份有限公司的设立规定

根据 2023 年修订的《公司法》的有关规定，设立股份有限公司的规定与设立有限责任公司的规定有大量不同的地方，下面主要介绍设立股份有限公司的特别规定：

1. 设立方式符合法律规定

《公司法》第九十一条规定，设立股份有限公司，可以采取发起设立或者募集设立的方式。发起设立，是指由发起人认购设立公司时应发行的全部股份而设立公司。募集设立，是指由发起人认购设立公司时应发行股份的一部分，其余股份向特定对象募集或者向社会公开募集而设立公司。

2. 发起人符合法律规定

《公司法》第九十二条规定，设立股份有限公司，应当有一人以上二百人以下为发起人，其中应当有半数以上的发起人在中华人民共和国境内有住所。

3. 应当签订发起人协议，共同制订公司章程

《公司法》第九十三条规定，股份有限公司发起人承担公司筹办事务。发起人应当签订发起人协议，明确各自在公司设立过程中的权利和义务。《公司法》第九十四条规定，设立股份有限公司，应当由发起人共同制订公司章程。

4. 发起人应当缴足股款

《公司法》第九十六条规定，股份有限公司的注册资本为在公司登记机关登记的已发行股份的股本总额。在发起人认购的股份缴足前，不得向他人募集股份。法律、行政法规以及国务院决定对股份有限公司注册资本最低限额另有规定的，从其规定。《公司法》第九十七条规定，以发起设立方式设立股份有限公司的，发起人应当认足公司章程规定的公司设立时应发行的股份。以募集设立方式设立股份有限公司的，发起人认购的股份不得少于公司章程规定的公司设立时应发行股份总数的百分之三十五；但是，法律、行政法规另有规定的，从其规定。

股份有限公司发起人的出资形式与有限责任公司股东的出资形式相同。《公司法》第九十八条规定，发起人应当在公司成立前按照其认购的股份全额缴纳股款。发起人的出资，适用本法第四十八条、第四十九条第二款关于有限责任公司股东出资的规定。

《公司法》第一百条规定，发起人向社会公开募集股份，应当公告招股说明书，并制作认股书。认股书应当载明本法第一百五十四条第二款、第三款所列事项，由认股人填写认购的股份数、金额、住所，并签名或者盖章。认股人应当按照所认购股份足额缴纳股款。

5. 未按照规定足额缴纳股款的连带责任

《公司法》第九十九条规定，发起人不按照其认购的股份缴纳股款，或者作为出资的非货币财产的实际价额显著低于所认购的股份的，其他发起人与该发起人在出资不足的范围内承担连带责任。《公司法》第一百零一条规定，向社会公开募集股份的股款缴足后，应当经依法设立的验资机构验资并出具证明。

6. 公司文件符合法律规定

《公司法》第一百零二条规定，股份有限公司应当制作股东名册并置备于公司。股东名册应当记载下列事项：（1）股东的姓名或者名称及住所；（2）各股东所认购的股份种类及

股份数；（3）发行纸面形式的股票的，股票的编号；（4）各股东取得股份的日期。《公司法》第一百零九条规定，股份有限公司应当将公司章程、股东名册、股东会会议记录、董事会会议记录、监事会会议记录、财务会计报告、债券持有人名册置备于本公司。

7. 按时召开公司成立大会

发起设立股份有限公司的，无须召开公司成立大会；募集设立股份有限公司的发起人应当按时召开公司成立大会。《公司法》第一百零三条规定，募集设立股份有限公司的发起人应当自公司设立时应发行股份的股款缴足之日起三十日内召开公司成立大会。发起人应当在成立大会召开十五日前将会议日期通知各认股人或者予以公告。成立大会应当有持有表决权过半数的认股人出席，方可举行。以发起设立方式设立股份有限公司成立大会的召开和表决程序由公司章程或者发起人协议规定。

股份未募足、未及时召开成立大会的法律后果。《公司法》第一百零五条规定，公司设立时应发行的股份未募足，或者发行股份的股款缴足后，发起人在三十日内未召开成立大会的，认股人可以按照所缴股款并加算银行同期存款利息，要求发起人返还。发起人、认股人缴纳股款或者交付非货币财产出资后，除未按期募足股份、发起人未按期召开成立大会或者成立大会决议不设立公司的情形外，不得抽回其股本。

8. 股东的查阅、复制权

《公司法》第一百一十条规定，股东有权查阅、复制公司章程、股东名册、股东会会议记录、董事会会议决议、监事会会议决议、财务会计报告，对公司的经营提出建议或者质询。连续一百八十日以上单独或者合计持有公司百分之三以上股份的股东要求查阅公司的会计账簿、会计凭证的，适用本法第五十七条第二款、第三款、第四款的规定。公司章程对持股比例有较低规定的，从其规定。股东要求查阅、复制公司全资子公司相关材料的，适用前两款的规定。上市公司股东查阅、复制相关材料的，应当遵守《中华人民共和国证券法》等法律、行政法规的规定。

四、公司章程

（一）有限责任公司章程

1. 章程应当记载的内容

设立公司应当依法制定公司章程。《公司法》第三十条规定，申请设立公司，应当提交设立登记申请书、公司章程等文件，提交的相关材料应当真实、合法和有效。申请材料不齐全或者不符合法定形式的，公司登记机关应当一次性告知需要补正的材料。《公司法》第四十六条规定，有限责任公司章程应当载明下列事项：

（1）公司名称和住所；（2）公司经营范围；（3）公司注册资本；（4）股东的姓名或者名称；（5）股东的出资额、出资方式和出资日期；（6）公司的机构及其产生办法、职权、议事规则；（7）公司法定代表人的产生、变更办法；（8）股东会认为需要规定的其他事项。

股东应当在公司章程上签名或者盖章。

2. 章程的制定、生效和修改

(1)《公司法》第四十五条规定，设立有限责任公司，应当由股东共同制定公司章程。《公司法》第四十六条最后一款规定，股东应当在公司章程上签名或者盖章。在实务中，有限责任公司的章程模板一般源于当地市场监督管理局提供的参考文本，公司自行起草或其他的文本可能会被要求修改。

(2) 公司成立时，章程自公司成立时生效。《公司法》第三十三条第一款规定，依法设立的公司，由公司登记机关发给公司营业执照。公司营业执照签发日期为公司成立日期。

(3) 公司成立后，修改章程的，公司应申请变更登记，不登记不得对抗善意相对人，此时修改章程无须登记生效。《公司法》第六十六条第三款规定，股东会作出修改公司章程、增加或者减少注册资本的决议，以及公司合并、分立、解散或者变更公司形式的决议，应当经代表三分之二以上表决权的股东通过。《公司法》第三十四条规定，公司登记事项发生变更的，应当依法办理变更登记。公司登记事项未经登记或者未经变更登记，不得对抗善意相对人。《公司法》第三十五条第二款规定，公司变更登记事项涉及修改公司章程的，应当提交修改后的公司章程。

3. 章程的效力

(1) 章程的对内效力。《公司法》第五条规定，设立公司应当依法制定公司章程。公司章程对公司、股东、董事、监事、高级管理人员具有约束力。既包括设立时的股东、董事等，也包括公司成立后新加入公司的上述主体，无论参与公司章程制定与否。需要注意的是，公司章程对公司债权人、公司劳动者无约束力。债权人与公司依据民事法律关系确定合同效力等，劳动者与公司依据劳动合同确定法律关系。

(2) 章程的对外效力。《公司法》第十一条第二款规定，公司章程或者股东会对法定代表人职权的限制，不得对抗善意相对人。《公司法》第六十七条最后一款规定，公司章程对董事会职权的限制不得对抗善意相对人。《公司法》第十五条第一款规定，公司向其他企业投资或者为他人提供担保，按照公司章程的规定，由董事会或者股东会决议；公司章程对投资或者担保的总额及单项投资或者担保的数额有限额规定的，不得超过规定的限额。

此外，公司超越章程而从事的经营活动，只要该行为未违反法律、行政法规的规定，则该行为有效。

(二) 股份有限公司章程

1. 章程应当记载的内容

股份有限公司相比于有限责任公司，章程应当记载的内容更多。《公司法》第九十五条规定，股份有限公司章程应当载明下列事项：(1) 公司名称和住所；(2) 公司经营范围；(3) 公司设立方式；(4) 公司注册资本、已发行的股份数和设立时发行的股份数，面额股的每股金额；(5) 发行类别股的，每一类别股的股份数及其权利和义务；(6) 发起人的姓名或者名称、认购的股份数、出资方式；(7) 董事会的组成、职权和议事规则；(8) 公司法定代表人的产生、变更办法；(9) 监事会的组成、职权和议事规则；(10) 公司利润分配办法；(11) 公司的解散事由与清算办法；(12) 公司的通知和公告办法；(13) 股东会认为需要规定的其他事项。具体比较如表 2-2 所示。

表 2-2　有限责任公司和股份有限公司

	有限责任公司	股份有限公司
(一)	公司名称和住所	公司名称和住所
(二)	公司经营范围	公司经营范围
(三)	公司注册资本	公司股份总数、每股金额和注册资本
(四)	股东的姓名或者名称	发起人的姓名或者名称、认购的股份数、出资方式
(五)	股东的出资方式、出资额和出资时间	类别股的股份数及其权利和义务
(六)	公司的机构及其产生办法、职权、议事规则	董事会的组成、职权和议事规则
(七)	公司法定代表人的产生、变更办法	公司法定代表人的产生、变更办法
(八)	股东会认为需要规定的其他事项	股东会认为需要规定的其他事项
(九)		公司设立方式
(十)		监事会的组成、职权和议事规则
(十一)		公司利润分配办法
(十二)		公司的解散事由与清算办法
(十三)		公司的通知和公告办法

2. 章程的制订、生效和修改

(1) 公司章程的制订。《公司法》第九十四条规定，设立股份有限公司，应当由发起人共同制订公司章程。需要注意的是,《公司法》中有限责任公司章程是“制定”，股份有限公司章程是“制订”，区别在于股份有限公司章程由发起人“制订”后还需要公司成立大会表决通过。

(2) 公司章程的生效。股份有限公司章程经公司成立大会表决通过生效。《公司法》第一百零四条规定，公司成立大会行使下列职权：① 审议发起人关于公司筹办情况的报告；② 通过公司章程；③ 选举董事、监事；④ 对公司的设立费用进行审核；⑤ 对发起人非货币财产出资的作价进行审核；⑥ 发生不可抗力或者经营条件发生重大变化直接影响公司设立的，可以作出不设立公司的决议。成立大会对前款所列事项作出决议，应当经出席会议的认股人所持表决权过半数通过。

(3) 公司章程的修改。《公司法》第一百一十六条第三款规定，股东会作出修改公司章程、增加或者减少注册资本的决议，以及公司合并、分立、解散或者变更公司形式的决议，应当经出席会议的股东所持表决权的三分之二以上通过。

3. 章程的效力

(1) 章程的对内效力。与有限责任公司相同，此处不再赘述。

(2) 章程的对外效力。《公司法》第十一条第二款规定，公司章程或者股东会对法定代表人职权的限制，不得对抗善意相对人。《公司法》第十五条第一款规定，公司向其他企业投资或者为他人提供担保，按照公司章程的规定，由董事会或者股东会决议；公司章程对投资或者担保的总额及单项投资或者担保的数额有限额规定的，不得超过规定的限额。

五、公司登记

物流公司作为市场主体应当依法办理登记，未经登记，不得以市场主体名义从事经营活动，法律、行政法规规定无须办理登记的除外。2023 年修订的《公司法》对公司登记进行了专章规定。2021 年 7 月 27 日，国务院公布的《市场主体登记管理条例》规定，2022 年 3 月 1 日，国家市场监督管理总局公布的《市场主体登记管理条例实施细则》对市场主体登记进一步细化规定。

（一）设立登记

1. 登记机关

《公司法》第二十九条规定，设立公司，应当依法向公司登记机关申请设立登记。法律、行政法规规定设立公司必须报经批准的，应当在公司登记前依法办理批准手续。《中华人民共和国市场主体登记管理条例》（简称《市场主体登记管理条例》）第五条规定，国务院市场监督管理部门主管全国市场主体登记管理工作。县级以上地方人民政府市场监督管理部门主管本辖区市场主体登记管理工作，加强统筹指导和监督管理。

2. 申请材料

物流公司申请登记，应当按照要求提交材料。《公司法》第三十条规定，申请设立公司，应当提交设立登记申请书、公司章程等文件，提交的相关材料应当真实、合法和有效。申请材料不齐全或者不符合法定形式的，公司登记机关应当一次性告知需要补正的材料。

3. 登记的类型

《公司法》第三十一条规定，申请设立公司，符合本法规定的设立条件的，由公司登记机关分别登记为有限责任公司或者股份有限公司；不符合本法规定的设立条件的，不得登记为有限责任公司或者股份有限公司。

4. 分公司的登记

微课：
分公司和子公司的区别

物流公司设立分公司也应当依法申请登记。《公司法》第三十八条规定，公司设立分公司，应当向公司登记机关申请登记，领取营业执照。

（二）变更登记

物流公司登记事项发生变更，公司应当安排相关人员及时办理变更登记，否则将给公司带来法律风险。《公司法》第三十四条规定，公司登记事项发生变更的，应当依法办理变更登记。公司登记事项未经登记或者未经变更登记，不得对抗善意相对人。

物流公司申请变更登记，应当提交规定的材料。《公司法》第三十五条规定，公司申请变更登记，应当向公司登记机关提交公司法定代表人签署的变更登记申请书、依法作出的变更决议或者决定等文件。公司变更登记事项涉及修改公司章程的，应当提交修改后的公司章程。公司变更法定代表人的，变更登记申请书由变更后的法定代表人签署。《公司法》第三十六条规定，公司营业执照记载的事项发生变更的，公司办理变更登记后，由公司登记机关换发营业执照。

（三）注销登记

《公司法》第三十七条规定，公司因解散、被宣告破产或者其他法定事由需要终止的，应当依法向公司登记机关申请注销登记，由公司登记机关公告公司终止。

（四）登记规范

1. 登记事项

《公司法》第三十二条规定，公司登记事项包括：（1）名称；（2）住所；（3）注册资本；（4）经营范围；（5）法定代表人的姓名；（6）有限责任公司股东、股份有限公司发起人的姓名或者名称。公司登记机关应当将前款规定的公司登记事项通过国家企业信用信息公示系统向社会公示。

2. 登记的法律效力

《公司法》第三十三条规定，依法设立的公司，由公司登记机关发给公司营业执照。公司营业执照签发日期为公司成立日期。公司营业执照应当载明公司的名称、住所、注册资本、经营范围、法定代表人姓名等事项。公司登记机关可以发给电子营业执照。电子营业执照与纸质营业执照具有同等法律效力。

3. 虚假登记的法律后果

《公司法》第三十九条规定，虚报注册资本、提交虚假材料或者采取其他欺诈手段隐瞒重要事实取得公司设立登记的，公司登记机关应当依照法律、行政法规的规定予以撤销。

（五）公示事项

《公司法》第四十条规定，公司应当按照规定通过国家企业信用信息公示系统公示下列事项：(1）有限责任公司股东认缴和实缴的出资额、出资方式和出资日期，股份有限公司发起人认购的股份数；(2）有限责任公司股东、股份有限公司发起人的股权、股份变更信息；(3）行政许可取得、变更、注销等信息；(4）法律、行政法规规定的其他信息。公司应当确保前款公示信息真实、准确、完整。

六、企业名称的登记管理和使用

企业应当依法选择自己的名称，并依法进行申报登记。关于企业名称登记的法律规定主要是国务院 2021 年 3 月 1 日起施行的《企业名称登记管理规定》，国家市场监督管理总局 2023 年 10 月 1 日起施行的《企业名称登记管理规定实施办法》。

微课：如何申请企业名称

（一）企业名称登记

在中国境内依法需要办理登记的公司、非公司企业法人、合伙企业、个人独资企业和上述企业分支机构，以及外国公司分支机构等企业，只能登记一个企业名称，企业名称受法律保护。

我国企业名称登记实行分级管理。《企业名称登记管理规定实施办法》第四条规定，国家市场监督管理总局主管全国企业名称登记管理工作，负责制定企业名称禁限用规则、相同相近比对规则等企业名称登记管理的具体规范；负责建立、管理和维护全国企业名称规范管理系统和国家市场监督管理总局企业名称申报系统。

《企业名称登记管理规定实施办法》第十四条规定，企业名称冠以“中国”“中华”“中央”“全国”“国家”等字词的，国家市场监督管理总局应当按照法律法规相关规定从严审核，提出审核意见并报国务院批准。企业名称中间含有“中国”“中华”“全国”“国家”等字词的，该字词应当是行业限定语。

《企业名称登记管理规定实施办法》第五条规定，各省、自治区、直辖市人民政府市场监督管理部门（以下统称省级企业登记机关）负责建立、管理和维护本行政区域内的企业名称申报系统，并与全国企业名称规范管理系统、国家市场监督管理总局企业名称申报系统对接。县级以上地方企业登记机关负责本行政区域内的企业名称登记管理工作，处理企业名称争议，规范企业名称登记管理秩序。

（二）企业名称规范

1. 企业名称应当使用规范汉字

民族自治地方的企业名称可以同时使用本民族自治地方通用的民族文字。《企业名称登记管理规定实施办法》第七条规定，企业名称应当使用规范汉字。企业需将企业名称译成外文使用的，应当依据相关外文翻译原则进行翻译使用，不得违反法律法规规定。

2. 企业名称组成

《企业名称登记管理规定》第六条规定，企业名称由行政区划名称、字号、行业或者经营特点、组织形式组成。跨省、自治区、直辖市经营的企业，其名称可以不含行政区划名称；跨行业综合经营的企业，其名称可以不含行业或者经营特点。

（1）行政区划。《企业名称登记管理规定实施办法》第九条规定，企业名称中的行政区划名称应当是企业所在地的县级以上地方行政区划名称。根据商业惯例等实际需要，企业名称中的行政区划名称置于字号之后、组织形式之前的，应当加注括号。

《企业名称登记管理规定》第六条规定，市辖区名称在企业名称中使用时应当同时冠以其所属的设区的市的行政区划名称。开发区、垦区等区域名称在企业名称中使用时应当与行政区划名称连用，不得单独使用。

（2）字号。企业名称中的字号应当由两个以上汉字组成。县级以上地方行政区划名称、行业或者经营特点不得作为字号，另有含义的除外。自然人投资人的姓名可以作为字号。

（3）行业或者经营特点。企业名称中的行业或者经营特点应当根据企业的主营业务和国民经济行业分类标准标明。国民经济行业分类标准中没有规定的，可以参照行业习惯或者专业文献等表述。

（4）组织形式。《企业名称登记管理规定实施办法》第十二条规定，企业应当依法在名称中标明与组织结构或者责任形式一致的组织形式用语，不得使用可能使公众误以为是其他组织形式的字样。

① 公司应当在名称中标明“有限责任公司”“有限公司”或者“股份有限公司”“股份公司”字样；

② 合伙企业应当在名称中标明“（普通合伙）”“（特殊普通合伙）”“（有限合伙）”字样；

③ 个人独资企业应当在名称中标明“（个人独资）”字样。

3. 企业名称的禁止性规定

《企业名称登记管理规定》第十一条规定，企业名称不得有下列情形：

（1）损害国家尊严或者利益；

（2）损害社会公共利益或者妨碍社会公共秩序；

（3）使用或者变相使用政党、党政军机关、群团组织名称及其简称、特定称谓和部队番号；

（4）使用外国国家（地区）、国际组织名称及其通用简称、特定称谓；

（5）含有淫秽、色情、赌博、迷信、恐怖、暴力的内容；

（6）含有民族、种族、宗教、性别歧视的内容；

（7）违背公序良俗或者可能有其他不良影响；

（8）可能使公众受骗或者产生误解；

（9）法律、行政法规以及国家规定禁止的其他情形。

此外，《企业名称登记管理规定实施办法》第十六条规定，企业名称应当符合《企业名称登记管理规定》第十一条规定，不得存在下列情形：

（1）使用与国家重大战略政策相关的文字，使公众误认为与国家出资、政府信用等有关联关系；

（2）使用“国家级”“最高级”“最佳”等带有误导性的文字；

（3）使用与同行业在先有一定影响的他人名称（包括简称、字号等）相同或者近似的文字；

（4）使用明示或者暗示为非营利性组织的文字；

（5）法律、行政法规和本办法禁止的其他情形。

4. 外商投资企业的名称

《企业名称登记管理规定》第十二条第三款规定，使用外国投资者字号的外商独资或者控股的外商投资企业，企业名称中可以含有“（中国）”字样。《企业名称登记管理规定实施办法》第十五条规定，外商投资企业名称中含有“（中国）”字样的，其字号应当与企业的外国投资者名称或者字号翻译内容保持一致，并符合法律法规规定。

5. 企业分支机构名称

《企业名称登记管理规定实施办法》第十三条规定，企业分支机构名称应当冠以其所从属企业的名称，缀以“分公司”“分厂”“分店”等字词，并在名称中标明该分支机构的行业和所在地行政区划名称或者地名等，其行业或者所在地行政区划名称与所从属企业一致的，可以不再标明。《企业名称登记管理规定》第十三条规定，企业分支机构名称应当冠以其所从属企业的名称，并缀以“分公司”“分厂”“分店”等字词。境外企业分支机构还应当在名称中标明该企业的国籍及责任形式。

6. 企业集团名称

《企业名称登记管理规定》第十四条规定，企业集团名称应当与控股企业名称的行政区划名称、字号、行业或者经营特点一致。控股企业可以在其名称的组织形式之前使用“集团”或者“（集团）”字样。

《企业名称登记管理规定实施办法》第十七条规定，已经登记的企业法人控股3家以上企业法人的，可以在企业名称的组织形式之前使用“集团”或者“（集团）”字样。企业集团名称应当在企业集团母公司办理变更登记时一并提出。

7. 名称的授权使用

《企业名称登记管理规定》第十五条规定，有投资关系或者经过授权的企业，其名称中可以含有另一个企业的名称或者其他法人、非法人组织的名称。

（三）企业名称自主申报服务

1. 申报主体、申报方式和提交材料

《企业名称登记管理规定实施办法》第二十一条第一款和第二款规定，企业名称由申请人自主申报。申请人可以通过企业名称申报系统或者在企业登记机关服务窗口提交有关信息和材料，包括全体投资人确认的企业名称、住所、投资人名称或者姓名等。申请人应当对提交材料的真实性、合法性和有效性负责。

2. 企业名称比对和筛选

《企业名称登记管理规定实施办法》第二十一条第三款规定，企业名称申报系统对申请人提交的企业名称进行自动比对，依据企业名称禁限用规则、相同相近比对规则等作出禁限用说明或者风险提示。企业名称不含行政区划名称以及属于《企业名称登记管理规定》第十二条规定情形的，申请人应当同时在国家市场监督管理总局企业名称申报系统和企业名称数据库中进行查询、比对和筛选。

《企业名称登记管理规定实施办法》第二十二条规定，申请人根据查询、比对和筛选的结果，选取符合要求的企业名称，并承诺因其企业名称与他人企业名称近似侵犯他人合法权益的，依法承担法律责任。

3. 企业登记机关登记保留

《企业名称登记管理规定实施办法》第二十五条规定，企业登记机关对通过企业名称申报系统提交完成的企业名称予以保留，保留期为 2 个月。设立企业依法应当报经批准或者企业经营范围中有在登记前须经批准的项目的，保留期为 1 年。企业登记机关可以依申请向申请人出具名称保留告知书。申请人应当在保留期届满前办理企业登记。保留期内的企业名称不得用于经营活动。

（四）企业名称的使用

1. 企业名称使用应当规范

《企业名称登记管理规定实施办法》第二十八条规定，企业的印章、银行账户等所使用的企业名称，应当与其营业执照上的企业名称相同。法律文书使用企业名称，应当与该企业营业执照上的企业名称相同。

2. 企业名称可以依法转让、授权使用

《企业名称登记管理规定实施办法》第二十九条规定，企业名称可以依法转让。企业名称的转让方与受让方应当签订书面合同，依法向企业登记机关办理企业名称变更登记，并由企业登记机关通过国家企业信用信息公示系统向社会公示企业名称转让信息。《企业名称登记管理规定实施办法》第三十条规定，企业授权使用企业名称的，不得损害他人合法权益。企业名称的授权方与使用方应当分别将企业名称授权使用信息通过国家企业信用信息公示系统向社会公示。

【法律实践】

一、实践任务

1. 给新物流企业起名。
2. 起草本企业的《合伙协议书》或者是《公司章程》。
3. 完成新企业设立的相关手续。
4. 进行企业路演。

二、实践目标

1. 通过实践充分了解物流企业的设立流程，尤其是网上申报流程。

2. 通过法律实践，加强对相关法律法规的强化理解，培养责任担当意识，尤其是企业设立后应履行的法律责任，以及作为社会基本单位、生产方式的具体承担者所肩负的社会责任。

三、实践步骤

1. 学习《个人独资企业法》《合伙企业法》《公司法》，了解物流企业设立的条件。

2. 学习《企业名称登记管理规定》和《企业名称登记管理规定实施办法》，掌握企业起名相关规定。

3. 起草本企业的《合伙协议书》或者是《公司章程》。

4. 注册、登录省政务服务网，完成企业名称申报工作。

5. 准备企业设立相关材料，完成企业创办等相关工作。

6. 印制物流企业标牌。牌子大小合适，适合摆放在桌子上。质量稳定，适合在公司存续期间长期挂牌服务。

7. 企业路演。企业合伙人或企业代表进行路演，展现企业自身优势。企业路演的内容主要有：企业简介、所处物流细分行业、核心产品、核心优势、未来规划及融资需求等。介绍合伙人或股东的分工情况。要求本团队全体合伙人见证。

8. 举行物流企业成立揭牌仪式。

四、考核要点

1. 团队成员的爱岗敬业精神、集体主义精神、团队协作精神。
2. 对物流企业设立相关法律法规掌握的熟练程度。

3. 物流企业法律法规使用的准确性，路演内容的完整性和正确性。

4. 物流企业路演和成立大会上团队成员的精神面貌。

德法兼修

合规经营保障物流企业稳健前行

在快速发展的物流行业中，合规经营是物流企业发展的先决条件。它不仅是遵守法律法规的基本要求，而且是企业可持续发展、提高市场竞争力和企业形象的重要策略。深入学习物流企业合规经营的保障措施，通过一系列具体实践举措，有利于帮助新晋管理者理解并掌握合规经营的关键要素。

1. 合规经营的核心价值

合规经营在物流行业中的核心价值主要体现在两个方面：其一，它能够帮助企业避免因违反法律法规而带来的高额罚款和不良记录，确保企业的正常运营；其二，通过建立良好的合规管理体系，企业可以提高内部管理效率和服务质量，从而增强客户信任和市场竞争力。

2. 全流程优化物流业务合规流程

物流业务合规流程涉及多个环节，包括货物采购、存储、配送等。企业需要在以下三个层面进行努力：一是预防层面。通过风险评估和预防措施，降低违规发生的风险。二是制度层面。制定一套全面的合规管理制度和操作流程，确保所有员工都能遵循。三是监督层面。实施定期的合规审计和监督，确保合规措施得到有效执行。

3. 企业合规经营的有效措施

（1）加强合规经营培训。合规经营培训对于提升员工的合规意识和能力至关重要。企业应定期举办合规培训课程，内容包括学习最新的法律法规、企业合规政策及其实施方法等。通过培训，员工能够更好地理解合规经营的重要性，学会如何在日常工作中避免合规风险。

（2）提高物流企业合规经营能力。企业合规经营能力不仅体现在遵守法律法规上，而且体现在将合规文化融入企业运营的各个方面。这包括建立一个开放的沟通环境，鼓励员工报告潜在的合规风险问题，以及通过不断学习和改进，提高企业对新兴合规风险的应对能力。

（3）跟踪评估，强化合规经营成效。为了确保合规措施的有效性，企业需要建立一套系统的合规成效评估机制。这包括定期进行合规审计、风险评估，以及收集员工和客户的反馈。通过这些方法，企业可以及时发现和解决合规管理中的问题，不断优化合规策略。

【案例启示】物流企业的合规经营是一项复杂而必不可少的任务。《公司法》第十九条规定，公司从事经营活动，应当遵守法律法规，遵守社会公德、商业道德，诚实守信，接受政府和社会公众的监督。

物流企业应当通过建立专业的合规管理团队，优化合规流程，加强员工培训学习，提升合规经营能力，并建立有效的评估机制，在激烈的市场竞争中保持竞争力，实现可持续发展。需要注意的是，合规经营不仅是遵守规则的问题，而且是物流企业文化的体现，是物流企业长期成功的关键。在变幻莫测的市场环境中，合规经营是物流企业稳健前行的不变法则。

法案直击

2020年8月12日，A物流有限公司（简称“A公司”）设立，股东为B集团有限公司（简称“B公司”），设立时注册资本为2亿元，实缴资本为零，认缴期限为2044年5月28日之前。2023年2月23日，B公司将其在A公司中的100%股权（计贰亿元）零对价转让给C燃料有限公司（以下简称“C公司”），并进行了股权变更。B公司与C公司均未向A公司缴纳注册资本。另查明，在案涉股权转让之前，A公司另涉三个票据请求权纠纷案件，法院分别判决A公司应向甲公司、乙公司支付票据款50万元及利息，判决A公司应向丙经营部支付票据款100万元及利息。

判决生效后，A公司未能按判决履行付款义务。进入执行后，这三起执行案件皆因未发现A公司有可供执行的财产、A公司不能清偿到期债务且明显无清偿能力而由申请执行人申请终结本次执行。其中，乙公司向一审法院申请A公司破产，一审法院经审查后，于2023年9月5日作出受理裁定。上述债务截至破产受理时合计2 160 164.5元。

A公司向法院起诉，请求判令B公司立即补缴注册资本2 160 164.5元，判令C公司对B公司的上述债务承担连带责任，判令B公司、C公司承担本案诉讼费用。一审法院经审理认为，B公司在未履行出资义务的情况下即向C公司转让股权，C公司对此知情且未支付对价。现一审法院已裁定受理对A公司的破产清算申请，故A公司有权要求B公司履行出资义务，C公司对此应当承担连带责任。遂判决B公司应于本判决发生法律效力之日起10日内向A公司缴纳出资款2 160 164.5元；C公司对B公司的上述债务承担连带清偿责任。宣判后，B公司不服一审判决，上诉至二审法院。二审法院经审理后驳回上诉，维持原判。

案例分析：

根据《最高人民法院关于适用〈中华人民共和国公司法〉若干问题的规定（三）》第十八条第一款的规定，有限责任公司的股东未履行或者未全面履行出资义务即转让股权，受让人对此知道或者应当知道，公司请求该股东履行出资义务、受让人对此承担连带责任的，人民法院应予支持；公司债权人依照本规定第十三条第二款向股东提起诉讼，同时请求前述受让人对此承担连带责任的，人民法院应予支持。

诚实守信是市场经济的内在要求，经济社会发展要与道德进步相一致。我国正处于社会转型加速期，既面临着社会体制转换和机制转轨、社会结构调整的风险，也面临着社会价值观念转变和行为准则形成的社会意识内化和外化的风险。在经营活动中，诚实守信显得尤为重要。本案中，如果物流公司在设立和经营过程中违背诚实守信原则，就应当承担应有责任，否则就要付出相应代价。

知识与技能训练

一、选择题

1. 《公司法》规定，有限责任公司的股东个数上限是（　　）。

A. 50 个　　B. 100 个

C. 200 个　　D. 无上限

2. 《公司法》规定，有限责任公司的注册资本为在公司登记机关登记的全体股东认缴的出资额。全体股东认缴的出资额由股东按照公司章程的规定自公司成立之日起（　　）年内缴足。

A. 一　　B. 二

C. 三　　D. 五

3. 《公司法》规定，以募集设立方式设立股份有限公司的，发起人认购的股份不得少于公司章程规定的公司设立时应发行股份总数的百分之（　　）；但是，法律、行政法规另有规定的，从其规定。

A. 三十三　　B. 三十五

C. 五十　　D. 六十六

4. 《公司法》规定，有限责任公司设立时，股东实际出资的非货币财产的实际价额显著低于所认缴的出资额的，设立时的其他股东与该股东在出资不足的范围内承担（　　）。

A. 连带责任　　B. 按份责任

C. 补充责任　　D. 全部责任

5. 《公司法》第一百一十六条第三款规定，股东会作出修改公司章程、增加或者减少注册资本的决议，以及公司合并、分立、解散或者变更公司形式的决议，应当经出席会议的股东所持表决权的（　　）通过。

A. 超过半数　　B. 50% 以上

C. 三分之二以上　　D. 四分之三以上

二、判断题

1. 股份有限公司的发起人应当自公司设立时应发行股份的股款缴足之日起三十日内召开公司成立大会。（　　）

2. 有限责任公司股东要求查阅公司会计账簿、会计凭证的，可以口头向公司提出申请，说明目的，公司应当允许查阅。（　　）

3. 根据《公司法》规定，设立股份有限公司，应当由发起人共同制定公司章程。（　　）

4. 根据《公司法》规定，依法设立的公司，由公司登记机关发给公司营业执照，公司营业执照签发日期为公司的成立日期。（　　）

5. 企业名称中可以使用与同行业在先有一定影响的他人名称相同或者近似的文字。（　　）

调查研究与善作善成

智慧物流企业数据安全与保护调研

一、调研背景

随着互联网、大数据、人工智能等技术的飞速发展，我国物流行业正逐步向智慧物流转型升级。智慧物流企业通过高效的信息处理和资源整合，大幅提升了物流效率，降低了运营成本。然而，在享受科技带来的便利的同时，数据安全问题也日益凸显。近年来，物流企业数据泄露事件频发，给企业带来了严重的经济损失和声誉损害。为了加强智慧物流企业的数据安全，提高企业的风险防范能力，本次调研旨在深入了解我国智慧物流企业的数据安全现状，为企业提供有针对性的数据安全保护建议。

二、调研目标

（1）了解我国智慧物流企业的数据安全现状，分析存在的问题和不足。

（2）探究智慧物流企业数据安全的风险因素，为制定防范措施提供依据。

（3）总结智慧物流企业数据安全保护的成功案例，提炼可借鉴的经验。

（4）提出针对智慧物流企业数据安全的政策建议，促进企业健康发展。

三、调研步骤

1. 调研准备

（1）确定调研团队与分工。

（2）明确调研时间表和关键环节。

（3）设计调研问卷和访谈提纲。

（4）选择调研对象，包括不同规模的智慧物流企业、数据安全解决方案提供商、行业专家等。

2. 资料收集

（1）收集国内外关于智慧物流企业数据安全与保护的研究成果、政策法规、标准、行业报告等资料。

（2）通过问卷调查、深度访谈、座谈会等方式，收集企业数据安全与保护的现状及问题，涵盖企业基本信息、数据安全管理制度、数据安全防护措施、数据安全风险认知等方面。

（3）收集国内外智慧物流企业的数据安全案例。

3. 实地调研

（1）选取具有代表性的智慧物流企业进行实地走访，实地考察数据安全管理的实际情况。

（2）与企业负责人、信息安全部门人员进行深入交流，了解企业的数据安全现状、存在的问题及需求。

（3）观察并记录企业数据安全的实际操作流程。

4. 数据分析

（1）对收集到的问卷数据和实地走访资料进行整理、分析，找出智慧物流企业数据安全风险的主要因素，识别数据安全的风险点和薄弱环节，为制定政策建议提供依据。

（2）挑选若干家在数据安全保护方面取得显著成果的智慧物流企业，进行案例分析，对比不同企业的数据安全措施，总结其成功经验和可借鉴的做法。

5. 调研报告撰写

（1）根据调研成果，撰写《智慧物流企业数据安全与保护调研报告》，为政府相关部门、行业协会和企业提供参考。

（2）结合调研成果，从政策法规、技术创新、企业管理等多个层面，提出加强智慧物流企业数据安全与保护的政策建议。

03 项目三

Chapter

物流行业劳动用工相关法律事务

素养目标

- 培养创新型人力资源管理团队规范、严谨、良好的团队精神
- 充分认知物流企业劳动关系的重要性，提高物流企业人力资源管理能力
- 引导学生积极践行社会主义核心价值观
- 与时俱进，提升创新思维，建立个人与企业之间良好的新型劳动关系

知识目标

- 了解我国物流行业劳动用工法律法规的相关规定
- 熟悉企业劳动合同的具体内容、签订流程，以及劳动纠纷处理方面的法律法规
- 掌握物流企业新就业形态下的用工特点和职业道德素养要求

技能目标

- 能够独立组织并完成员工招聘，起草员工劳动合同并成功签订
- 能够利用物流企业用工相关法律法规，合理处理劳动纠纷
- 能够适应物流企业新就业形态和数字化转型下所需要的工作能力

思维导图

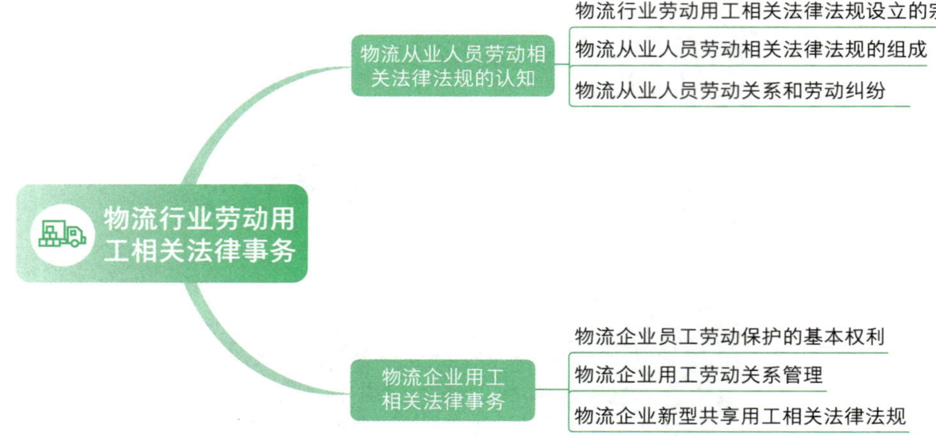

任务发布

人力资源部组织员工招聘，签订劳动合同，完成新员工培养

你和同学毕业进入了一家物流企业，为了完成人力资源部组织员工招聘、签订劳动合同、完成新员工培养的任务，需要学习国家关于物流企业劳动关系的相关法律法规，主要有《劳动法》《劳动合同法》《中华人民共和国劳动保障监察条例》（简称《劳动保障监察条例》）、《中华人民共和国劳动合同法实施条例》（简称《劳动合同法实施条例》）、《中华人民共和国劳动争议调解仲裁法》（简称《劳动争议调解仲裁法》）等，严格按照法律法规要求组织员工招聘以及劳动合同的拟定和签订，完成新员工培养的任务。

任务执行部门

物流企业人力资源部

任务引导

1. 请在本物流企业组建人力资源部，互相协助配合，共同完成本课程布置的各项任务。如需调整，需要参照人事调整流程，提交人事调整报告。

2. 通过对本公司以及社会需求的调研，制订招聘计划。

3. 核定招聘的职位、名额、能力要求、基本工资和预算。

4. 制定和发布招聘需求资料，准备公司的宣传资料。

5. 安排面试时间、场地和方式。

6. 确定录用人员，办理试用期入职手续，试用期合格办理转正手续。

7. 签订合同并存档。

8. 对企业员工进行职业道德培训。

引导案例

完善适配新就业形态的社会保险体系，为物流行业劳动者兜底

2023年11月，人力资源和社会保障部发布了《新就业形态劳动者休息和劳动报酬权益保障指引》《新就业形态劳动者劳动规则公示指引》《新就业形态劳动者权益维护服务指南》，指导企业依法规范用工、新就业形态劳动者依法维权，切实维护好新就业形态下劳动者的基本权益。

中国物流与采购联合会的数据显示，2023年我国物流从业人员总数已达到5 500多万人。在新业态新模式下，"网约配送员""供应链管理师"等新岗位的从业人数超过了1 000多万人。《中华人民共和国劳动法》(简称《劳动法》)规定"用人单位和劳动者必须依法参加社会保险，缴纳社会保险费"，与企业签订正式劳动合同并形成劳动关系的劳动者能得到较大保障。但是，在现实情况中，大部分新就业形态的劳动者因游离于正规劳动关系之外而无法被当前的社会保障体系所覆盖。只有建立适配新就业形态的社会保险体系和劳动法律制度，才能更好地保障新就业形态就业人员的劳动权益。

针对新就业形态劳动者，可以构建多层次社保体系，包括基本保险与补充保险，满足多样化需求；实施弹性参保方式，按月、季、年缴费，适应灵活就业特性；探索"五险一金"分解机制，允许劳动者自选险种组合，优先保障关键险种；建立职业伤害保障制度，为新就业形态下的劳动者专门设计，增强保障水平；探索具体可行的办法，明确新就业形态下从业人员的劳动关系与劳动者的合法身份。把新就业形态下的劳动者作为特定职业类型纳入《劳动法》和《中华人民共和国劳动合同法》(简称《劳动合同法》)保护范畴，尽快修订《中华人民共和国就业促进法》(简称《就业促进法》)、《劳动合同法》《失业保险条例》和《工伤保险条例》等法律法规，规范和调整包括新就业形态在内的各类劳动法律关系。

持续加强对新就业形态劳动者的法律保护，建立完善适配新就业形态的社会保险体系，才能更好地为物流行业的劳动者兜底，支持新就业形态健康有序的发展。

引思明理

党的二十届三中全会提出：在发展中保障和改善民生是中国式现代化的重大任务。必须坚持尽力而为、量力而行，完善基本公共服务制度体系，加强普惠性、基础性、兜底性民生建设，

解决好人民最关心最直接最现实的利益问题，不断满足人民对美好生活的向往。要完善收入分配制度，完善就业优先政策，健全社会保障体系，深化医药卫生体制改革，健全人口发展支持和服务体系。

数字经济时代，物流行业的劳动形态也正在发生根本性变革，物流行业的劳动关系呈现出模糊化、隐蔽化和去保障化的特征，这些特征给传统劳动模式和劳动法律框架带来了挑战。

任务一 物流从业人员劳动相关法律法规的认知

【法学课堂】

一、物流行业劳动用工相关法律法规设立的宗旨

我国物流行业有较多“小、少、弱、散”的企业，普遍存在经营规模小、市场份额少、服务功能少、高素质人才少，竞争力弱、融资能力弱，结构单一，缺乏网络或网络分散，经营秩序不规范等问题。要想改变物流管理体制机制障碍、法律环境不健全、人才稀缺的不足，重视和建立物流企业劳动关系相关法律法规是至关重要的，其建立的宗旨是保护劳动者的合法权益，调整劳动关系，建立和维护适应社会主义市场经济的劳动制度，促进经济发展和社会进步。

二、物流从业人员劳动相关法律法规的组成

物流作为现代服务业的重要组成部分，涉及广泛的劳动法律关系。我国劳动法律法规体系主要包括《劳动法》《劳动合同法》《劳动保障监察条例》《劳动合同法实施条例》《劳动争议调解仲裁法》，以及配套法律法规。这些法律法规旨在保障劳动者的合法权益，促进劳动关系的和谐稳定。物流从业人员对于相关法律法规的认知是确保物流行业规范而健康发展的重要因素。

（一）《劳动法》

《劳动法》是为了保护劳动者的合法权益，调整劳动关系，建立和维护适应社会主义

市场经济的劳动制度，促进经济发展和社会进步，根据宪法而制定的重要法律。《劳动法》于 1994 年 7 月 5 日由第八届全国人民代表大会常务委员会第八次会议通过，自 1995 年 1 月 1 日起施行，经过 2009 年和 2018 年两次修正。《劳动法》共分为十三章一百零七条，包括总则、促进就业、劳动合同和集体合同、工作时间和休息休假、工资、劳动安全卫生、女职工和未成年工特殊保护、职业培训、社会保险和福利、劳动争议、监督检查、法律责任和附则等内容。《劳动法》是我国历史上第一部系统、完备的劳动法典。

（二）《劳动合同法》

《劳动合同法》是为了完善劳动合同制度，明确劳动合同双方当事人的权利和义务，保护劳动者的合法权益，构建和发展和谐稳定的劳动关系而制定的法律，是规范市场交易的法律，是民事主体进行经济活动所遵循的主要法律。2007 年 6 月 29 日由第十届全国人民代表大会常务委员会第二十八次会议通过，2008 年1月1日起施行，2012 年12月修正。《劳动合同法》共分为八章 98 条，包括总则、劳动合同的订立、劳动合同的履行和变更、劳动合同的解除和终止、特别规定、监督检查、法律责任和附则。《劳动合同法》是规范劳动关系的一部重要法律，在中国特色社会主义法律体系中属于社会法。

（三）《劳动保障监察条例》

《劳动保障监察条例》是为了贯彻实施劳动和社会保障法律、法规和规章，规范劳动保障监察工作，维护劳动者的合法权益，根据《劳动法》和有关法律制定的行政法规。《劳动保障监察条例》于 2004 年 10 月 26 日国务院第 68 次常务会议通过，2004 年 12 月 1 日起施行。《劳动保障监察条例》共分为五章三十六条，包括总则、劳动保障监察职责、劳动保障监察的实施、法律责任、附则。

（四）《劳动合同法实施条例》

随着劳动关系的日益复杂和多样化，为了进一步明确《劳动合同法》的相关规定，保护劳动者的合法权益，促进劳动关系的和谐稳定，国务院于 2008 年 9 月 3 日通过了《劳动合同法实施条例》，并于 2008 年 9 月 18 日发布并施行。《劳动合同法实施条例》共分为六章三十八条，包括总则、劳动合同的订立、劳动合同的解除和终止、劳务派遣特别规定、法律责任、附则。

（五）《劳动争议调解仲裁法》

《劳动争议调解仲裁法》的制定是为了公正及时地解决劳动争议，保护当事人的合法权益，促进劳动关系的和谐稳定，由中华人民共和国第十届全国人民代表大会常务委员会第三十一次会议于 2007 年 12 月 29 日通过，自 2008 年 5 月 1 日起施行。中华人民共和国境内的用人单位与劳动者发生的以下六个方面劳动争议时，可适用该法律。

(1) 因确认劳动关系发生的争议;

(2) 因订立、履行、变更、解除和终止劳动合同发生的争议;

(3) 因除名、辞退和辞职、离职发生的争议;

(4) 因工作时间、休息休假、社会保险、福利、培训, 以及劳动保护发生的争议;

(5) 因劳动报酬、工伤医疗费、经济补偿或者赔偿金等发生的争议;

(6) 法律、法规规定的其他劳动争议。

(六) 配套法律法规

物流从业人员除应对以上五部法律法规熟悉外, 还需要了解相关配套法律法规, 主要包括国家法律、国家标准、国务院规范性文件、行政法规、部门规章、部门规范性文件、司法解释、公约、议定书等。如《民法典》《最高人民法院关于适用〈中华人民共和国民法典〉合同编通则若干问题的解释》《中华人民共和国安全生产法》(简称《安全生产法》)、《中华人民共和国社会保险法》(简称《社会保险法》)、《社会保险经办条例》《社会保险费征缴暂行条例》《工伤保险条例》《国务院办公厅关于印发机关事业单位职业年金办法的通知》《住房公积金管理条例》等。

三、物流从业人员劳动关系和劳动纠纷

(一) 劳动关系的概念

劳动者和所在单位之间在劳动过程中发生的关系, 这种关系主要体现在责、权、利的关系。《劳动合同法》第五条规定: "县级以上人民政府劳动行政部门会同工会和企业方面代表, 建立健全协调劳动关系三方机制, 共同研究解决有关劳动关系的重大问题。" 为支持和规范发展新就业形态, 加强新就业形态下劳动者的权益保障, 更好地对新就业形态下劳动关系问题进行指导, 人力资源和社会保障部 2023 年 11 月发布了《新就业形态劳动者休息和劳动报酬权益保障指引》《新就业形态劳动者劳动规则公示指引》《新就业形态劳动者权益维护服务指南》。

(二) 劳动关系的现状

劳动关系主要以法律契约为主, 心理契约为辅。新就业形态打破了传统劳动关系模式和管理方式, 对现有劳动法律体系、劳动监察、就业服务管理、社会保障政策等都形成巨大冲击。新就业形态下的劳动关系难以依据现行劳动法律体系进行规范和调整。

(1) 法律契约。将劳动规定、劳动时间、劳动安全等用法律形式确定下来的劳动执行准则。

(2) 心理契约。根据单位和员工双方的责任和义务, 符合期待而制定的劳动执行准则。劳动执行准则由单位和员工双方共同制定。

（3）新就业形态因其灵活就业的内在属性，有别于传统的“企业＋雇员”模式，导致其难以纳入现行的劳动法律法规保障范围。面对新业态复杂多样、持续变化的发展态势，早在2019年，国务院办公厅印发的《关于促进平台经济规范健康发展的指导意见》就明确了“分类量身定制适当的监管模式，避免用老办法管理新业态”。人力资源和社会保障部等8部门于2021年印发的《关于维护新就业形态劳动者劳动保障权益的指导意见》突破了传统“劳动关系—民事关系”二分法，创造性地引入“不完全符合确立劳动关系的情形”，开启了具有中国特色的劳动三分法治理模式。

（三）改善劳动关系的途径

（1）依法制定相应的劳动关系管理规章制度，进行法治宣传教育；明确全体员工的责、权、利。

（2）培训经营管理人员。提高其业务知识与法律意识，树立良好的管理作风，增强经营管理人员的劳动关系管理意识，掌握相关的原则与技巧。

（3）提高员工的工作生活质量，进行员工职业生涯设计，使其价值观与企业的价值观重合，这是改善劳动关系的根本途径。

（4）员工参与民主管理。企业的重大决策，尤其涉及员工切身利益的决定，在员工的参与下，可以更好地兼顾员工的利益。

（5）发挥工会、职代会及企业党组织的积极作用。通过这些组织协调企业与员工之间的关系，避免矛盾激化。

（四）物流企业员工劳动纠纷处理的原则

人社部等6部门2024年1月联合印发《关于加强新就业形态劳动纠纷一站式调解工作的通知》，探索构建新就业形态劳动纠纷一站式多元联合调解工作模式，明确了新工作模式下的任务目标、职责分工和机制流程，补足新就业形态劳动风险管控和劳动权益保障的制度短板，全面提升此类劳动纠纷调解的便捷性、及时性和有效性。物流企业员工的劳动纠纷处理原则如下：

动画：物流企业员工劳动纠纷处理全解析

1. 调解原则

根据调解原则，劳动争议应优先采用调解方式解决。

当事人应当在发生争议后先向企业劳动争议调解委员会申请调解，在互谅互让的基础上达成协议，并认真遵守履行，只有在调解无效时，才由仲裁机构和法院来解决。

用人单位建立、健全调解组织及制度，组建相对独立的劳动争议调解委员会，一般将其设在企业的工会或法务部门。劳动争议调解委员会应充分发挥调解作用，认真做好调解工作，使争议尽量调解解决。调解工作不仅调解委员会可以进行，在争议的仲裁、诉讼过程中也可以进行。调解在仲裁程序中表现为仲裁委员会受理争议案件后先进行调解，在调解不成的情况下尽快裁决，在裁决作出前的任何阶段都可以进行调解。仲裁程序上的调解与裁决具有同等法律效力。

调解在诉讼程序中表现为人民法院在不同的审判阶段可以先进行调解，在调解不成的情况下应尽快作出判决。在人民法院的主持下达成的调解协议，与判决具有同等法律效力。调解是在自愿平等的原则下，尽量调解解决劳动争议，不能强制调解。调解与自愿原则密不可分，当事人是否申请调解委员会调解，当事人是否接受调解建议，是否达成调解协议完全出于自愿，不得强迫。调解协议的内容必须符合有关法律法规，否则自愿达成的协议无效。在调解中要注意防止久调不决的现象，即能够调解的就调解，不能够调解的就尽快进入裁决或者判决。

2. 及时处理原则

及时处理原则要求劳动争议当事人、劳动争议调解委员会、劳动争议仲裁委员会及人民法院在劳动争议案件处理过程中，必须按照法律规定及时行使权利，履行职责。当事人应及时申请调解或仲裁，超过法定时间将不予受理。当事人应及时参加调解、仲裁活动，否则调解无法进行，仲裁可能被视为撤诉或被缺席仲裁。当事人不服仲裁起诉的要及时，不服一审判决上诉的也要及时，否则就会失去起诉权和上诉权，合法权益将得不到保障，调解委员会调解争议要及时，不能超过 30 天；仲裁委员会受理争议案件要及时，不应超过 5 天；仲裁要及时，不能超过 60 天；人民法院审判要及时，审判不应超过 6 个月，否则应承担相应的法律责任。及时处理原则有助于维护双方当事人的合法权益，稳定劳动关系，使劳动者与用人单位生活、生产秩序正常化，保障社会秩序稳定。

3. 以事实为依据，以法律为准绳原则

以事实为依据，以法律为准绳是我国法制的基本原则，在处理劳动争议时，要求调解委员会、仲裁委员会及人民法院都必须对争议的事实进行深入、细致、客观的调查和分析，查明事实真相，这是准确适用法律、公正处理争议的基础。在查清事实的基础上，应当依照法律规定依法进行调解、仲裁和审判。处理劳动争议是一项政策性很强的工作，既不能主观臆断，也不能徇私枉法。以法律为准绳要求处理劳动争议，判断是非、责任要以劳动法律法规为依据；处理争议的程序要依法；处理的结果要合法，不得侵犯社会公共利益和他人利益。

4. 当事人在适用法律上一律平等原则

动画：
平等就业，
你我同行

依法维护劳动争议双方当事人的合法权益体现了当事人适用法律一律平等的原则。这一原则要求调解委员会、仲裁委员会、人民法院在处理劳动争议案件时，对劳动争议的任何一方当事人都应同等对待，其法律地位完全平等，法律赋予双方当事人的权利义务，双方当事人应平等地享有和承担，不应因身份、地位的不同而采取不同的标准对待。用人单位与劳动者在申请调解、仲裁和诉讼时，在参加调解、仲裁、诉讼活动时都享有同等的权利，时效一样，陈述事实、进行辩论和举证、申请回避、是否达成调解协议、不服仲裁裁决是否向法院起诉等方面权利是同等的，承担的义务也是同等的，不能使矛盾升级。协商解决不了问题，要及时运用法律手段解决问题，不能因为自己是劳动者就忽略权益保护。

法案直击

王某与某物流供应链公司签订了为期两年的劳动合同，时间从2023年3月1日起至2025年3月1日止，双方约定王某的工作试用期为6个月。2023年7月18日，王某无故向公司提出解除劳动合同，但是公司认为王某没有提出解除合同的正当理由，并且解除合同也没有征求公司的意见，未经双方协商，不同意解除合同，并提出如果王某一定要解除合同，公司将要求王某赔偿用人单位的损失，即在试用期内培训王某的费用。

请问：王某是否需要赔偿用人单位的培训费用？

案例分析：

根据《劳动合同法》第二十二条规定：用人单位为劳动者提供专项培训费用，对其进行专业技术培训的，可以与该劳动者订立协议，约定服务期。

劳动者违反服务期约定的，应当按照约定向用人单位支付违约金。违约金的数额不得超过用人单位提供的培训费用。用人单位要求劳动者支付的违约金不得超过服务期尚未履行部分所应分摊的培训费用。

用人单位与劳动者约定服务期的，不影响按照正常的工资调整机制提高劳动者在服务期期间的劳动报酬。

《劳动合同法实施条例》第十六条规定：劳动合同法第二十二条第二款规定的培训费用，包括用人单位为了对劳动者进行专业技术培训而支付的有凭证的培训费用、培训期间的差旅费用以及因培训产生的用于该劳动者的其他直接费用。

在本案例中，要明确王某是否需要赔偿用人单位的培训费用，要看以下几个方面：

（1）专项培训费用的数额是否较大。

（2）对王某的培训是否是专业技术培训。

（3）是否与王某订立了约定服务期协议。

从本案例给出的条件看，双方未提及就培训订立过约定服务期协议，而王某单方面解除劳动合同，只需要按照《劳动合同法》第三十七条的规定，劳动者提前三十日以书面形式通知用人单位，可以解除劳动合同。劳动者在试用期内提前三日通知用人单位，可以解除劳动合同。因此，王某无须赔偿用人单位的培训费用。

法案直击

林某入职某仓储物流供应链管理公司，月工资为6 000元。后期，林某因个人原因提出解除劳动合同，并向劳动人事争议仲裁委员会（简称“仲裁委员会”）申请仲裁。林某主张其工作期间每周工作6天，并提交了某App的打卡记录（显示林某及该仓储物流供应链管理公司均为实名认证，林某每周一至周六打卡；每天打卡两次，第一次打卡时间为早9时左右，第二次打卡时间为下午6时左右；打卡地点均为某仓储物流供应链管理公司所在位置，存在个别日期未打卡情形）和工资支付记录打印件（显示曾因事假扣发工资，扣发日期及天数与打卡记录一致，未显示加班费支付情况）。该公司不认可上述证据的真实性，主张林某每周工作5天，但未提交考勤记录和工资支付记录。林某请求该仓储物流供应链管理公司支付加班费。

案例分析：

本案的争议焦点是如何分配林某与某仓储物流供应链管理公司的举证责任。在加班费争议处理中，要充分考虑劳动者举证能力不足的实际情况，根据“谁主张谁举证”原则证明妨碍规则，结合具体案情合理分配用人单位与劳动者的举证责任。

根据《中华人民共和国劳动争议调解仲裁法》第六条规定：“发生劳动争议，当事人对自己提出的主张，有责任提供证据。与争议事项有关的证据属于用人单位掌握管理的，用人单位应当提供；用人单位不提供的，应当承担不利后果。”《最高人民法院关于审理劳动争议案件适用法律问题的解释（一）》（法释〔2020〕26号）第四十二条规定：“劳动者主张加班费的，应当就加班事实的存在承担举证责任。但劳动者有证据证明用人单位掌握加班事实存在的证据，用人单位不提供的，由用人单位承担不利后果。”

本案中，虽然林某提交的工资支付记录为打印件，但与实名认证的App打卡记录互相印证，能够证明该公司掌握加班事实存在的证据。某仓储物流供应链管理公司虽然不认可上述证据的真实性，但未提交反证或者作出合理解释，应承担不利后果。故仲裁委员会依法裁决某仓储物流供应链管理公司支付林某加班费。

【法律实践】

一、实践任务

1. 请同学们根据本物流公司的经营情况，组建物流企业人力资源部。
2. 互相协助配合，通过对本物流公司以及社会需求的调研，制订招聘计划。
3. 安排面试时间。
4. 帮助新员工办理试用期入职手续，合格录用转正手续。
5. 签订合同并存档。
6. 培养物流企业员工的职业道德。

二、实践目标

1. 通过实践认知物流从业人员劳动相关法律法规；

2. 通过实践培养团队精神，深化大局意识、协作意识、服务意识，协同合作，统一个人利益和集体利益，保证企业高效率运营。

三、实践步骤

1. 按照价值观相同、目标一致、能力互补、自愿组合原则组建企业人力资源部，人数根据企业人力资源相关法律法规执行。

2. 学习《劳动法》《劳动合同法》《劳动保障监察条例》，结合本团队的优势，研究确定符合本物流企业发展的招聘计划。

3. 学习物流企业劳动关系相关法律知识，了解人才招聘、合同签订的基本原则，结合本团队的技术优势和人脉优势，思考拟定招聘计划的具体内容。

四、考核要点

1. 敬业精神。团队成员是否敬业，是否真正在为物流企业的长远发展着想。

2. 团队协作精神。是否有好的管理团队，团队成员之间是否价值观相同，能力互补，分工合理，相处友善。

3. 对物流从业人员劳动相关法律法规的学习热情和掌握的熟练程度。

任务二　物流企业用工相关法律事务

【法学课堂】

物流企业用工相关法律事务主要涉及《劳动法》《劳动合同法》等相关法律法规的遵守与执行。涵盖物流企业员工劳动保护的基本权利、物流企业用工劳动关系管理、物流企业新型共享用工相关法律法规等。

一、物流企业员工劳动保护的基本权利

物流企业员工劳动保护的基本权利主要依据《中华人民共和国劳动法》以及其他相关法律法规界定。

《劳动法》第三条规定，劳动者享有平等就业和选择职业的权利、取得劳动报酬的权利、休息休假的权利、获得劳动安全卫生保护的权利、接受职业技能培训的权利、享受社会保险和福利的权利、提请劳动争议处理的权利以及法律规定的其他劳动权利。

《劳动法》第七十七条规定，用人单位与劳动者发生劳动争议，当事人可以依法申请调解、仲裁、提起诉讼，也可以协商解决。第七十九条规定，劳动争议发生后，当事人可以向本单位劳动争议调解委员会申请调解；调解不成，当事人一方要求仲裁的，可以向劳动争议仲裁委员会申请仲裁。当事人一方也可以直接向劳动争议仲裁委员会申请仲裁。对仲裁裁决不服的，可以向人民法院提起诉讼。

劳动者应当完成劳动任务，提高职业技能，执行劳动安全卫生规程，遵守劳动纪律和职业道德。

2024 年 3 月 1 日起施行的《快递市场管理办法》第三十一条第一款规定，经营快递业务的企业应当建立健全安全生产责任制，加强从业人员安全生产教育和培训，履行法律、法规、规章规定的有关安全生产义务。

《劳动合同法》第四条第一款规定，用人单位应当依法建立和完善劳动规章制度，保障劳动者享有劳动权利、履行劳动义务。

人力资源和社会保障部等八部门于 2021 年印发的《关于维护新就业形态劳动者劳动保障权益的指导意见》规定，强化职业伤害保障，以出行、外卖、即时配送、同城货运等行业的平台企业为重点，组织开展平台灵活就业人员职业伤害保障试点，平台企业应当按规定参加。

党的二十届三中全会通过的《中共中央关于进一步全面深化改革、推进中国式现代化的决定》（简称《决定》）共提出 300 多项重要改革举措，都是涉及体制、机制、制度层面的内容，其中强调要健全保障和改善民生制度体系。

二、物流企业用工劳动关系管理

物流企业用工劳动关系管理是一个复杂而重要的领域，涉及企业与员工之间的权益保障、合同订立、用工模式选择等多个方面。劳动关系在常规的法律定义中，特指劳动者（自然人）与用人单位之间，在劳动过程中发生的社会关系。这种关系具有明确的法律特征和要素，包括劳动力的使用、工资的支付、劳动关系的建立与解除等，这些都受到《劳动法》的调整。单位之间（如企业之间）的关系通常被视为业务关系、合作关系或合同关系，而非劳动关系。同样，自然人之间（如个人与个人之间）一般也不存在劳动关系，除非在特定的家庭雇佣等情境下，但这种关系通常不被视为典型的劳动关系。

在实际操作中，劳动关系可能涉及多个主体（如劳务派遣中的三方关系），但劳动关系的核心仍然是劳动者与用人单位之间的二元关系。其他主体可能承担辅助或连带责任，但并不改变劳动关系的本质。

物流企业用工劳动关系管理主要有以下内容：

（一）总则

（1）本流程旨在规范和明确劳动合同的签订及职责，促使劳动关系的动态管理。

（2）本流程为业务指导规范，若有新的制度管理办法从其规定。

（3）《劳动合同法》第三条规定，订立劳动合同，应当遵循合法、公平、平等自愿、协商一致、诚实信用的原则。依法订立的劳动合同具有约束力，用人单位与劳动者应当履行劳动合同约定的义务。

（二）相关职责

（1）人力资源部作为劳动关系的职能管理部门，负责劳动合同签订流程的制定和规范，同时负责总部员工劳动关系的管理。

（2）人力资源部指导和监督各下属公司的劳动关系管理，促使劳动关系及时更新。

（3）各下属公司办公室负责本公司的劳动关系管理：劳动合同签订、续签手续办理、劳动合同续签。

（三）劳动合同签订

（1）劳动合同应在新员工报到后一个月内订立书面劳动合同。首次签订劳动合同者，试用期要求应该遵照《劳动合同法》第十九条执行。《劳动合同法》第十九条规定，劳动合同期限三个月以上不满一年的，试用期不得超过一个月；劳动合同期限一年以上不满三年的，试用期不得超过二个月；三年以上固定期限和无固定期限的劳动合同，试用期不得超过六个月。

动画：合同之锁——开启物流行业和谐用工新篇章

同一用人单位与同一劳动者只能约定一次试用期。

以完成一定工作任务为期限的劳动合同或者劳动合同期限不满三个月的，不得约定试用期。

试用期包含在劳动合同期限内。劳动合同仅约定试用期的，试用期不成立，该期限为劳动合同期限。

《劳动合同法》第七条规定，用人单位自用工之日起即与劳动者建立劳动关系。用人单位应当建立职工名册备查。第十条要求，建立劳动关系，应当订立书面劳动合同。已建立劳动关系，未同时订立书面劳动合同的，应当自用工之日起一个月内订立书面劳动合同。用人单位与劳动者在用工前订立劳动合同的，劳动关系自用工之日起建立。

（2）劳动合同至少一式两份：公司和员工应各执一份。

（3）各下属公司办公室根据到期合同人员情况填写“续签劳动合同意向表”确定公司续签意向，明确续签的向员工发“续签劳动合同意向书”；不续签的发“不续签劳动合同书”。

（4）员工收到“续签劳动合同意向书”后，应该在一周内将是否续签的意向通知公司，逾期未通知的视为同意续签。

（5）劳动合同双方确定的续签劳动合同，合同届满的应在届满前 30 日内确定续签意向。

（6）根据《劳动合同法》第十七条规定，劳动合同应当具备以下条款：

① 用人单位的名称、住所和法定代表人或者主要负责人；

② 劳动者的姓名、住址和居民身份证或者其他有效身份证件号码；

③ 劳动合同期限；

④ 工作内容和工作地点；

⑤ 工作时间和休息休假；

⑥ 劳动报酬;

⑦ 社会保险;

⑧ 劳动保护、劳动条件和职业危害防护;

⑨ 法律、法规规定应当纳入劳动合同的其他事项。

劳动合同除前款规定的必备条款外，用人单位与劳动者可以约定试用期、培训、保守秘密、补充保险和福利待遇等其他事项。

三、物流企业新型共享用工相关法律法规

党的二十届三中全会通过的《决定》指出，高质量发展是全面建设社会主义现代化国家的首要任务。对经济和民生领域改革作出全面部署。要扎实推动人民群众和企业可感可及的改革，坚持老百姓关心什么、期盼什么，改革就抓住什么、推进什么。要健全高质量充分就业促进机制。健全灵活就业人员、农民工、新就业形态人员社保制度。促进优质医疗资源扩容下沉和区域均衡布局。

共享用工作为一种灵活用工方式，近年来在解决企业用工余缺矛盾、提升人力资源配置效率等方面发挥了重要作用。然而，共享用工也涉及一系列法律事务，需要企业和劳动者共同关注。如《人力资源社会保障部办公厅关于做好共享用工指导和服务的通知》（人社厅发〔2020〕98 号）指出，为用人单位和劳动者提供共享用工指导和服务指引，这些举措的落实见效，必将进一步增强人民群众的获得感、幸福感、安全感。

以下是对共享用工法律事务的有关说明:

（一）共享用工的定义与特点

共享用工是指企业之间进行用工余缺调剂合作的一种有效方式，是“员工富余企业”（以下简称“原企业”）与劳动合同制劳动者协商一致，在一定期限内将劳动者调剂到“缺工企业”工作，不改变原企业与劳动者之间劳动关系的合作用工模式。共享用工的本质是不转移劳动者的劳动关系，即劳动者前往新的单位工作，但劳动关系仍在原单位不变。

（二）共享用工的法律关系

在共享用工模式下，涉及的法律关系主要包括原企业与劳动者之间的劳动关系，以及原企业与缺工企业之间的民事合作关系。

1. 劳动关系

劳动者与原企业之间的劳动关系保持不变，双方应继续履行劳动合同约定的权利和义务。原企业有责任按时足额向劳动者支付劳动报酬，并为其缴纳社会保险费。

2. 民事合作关系

原企业与缺工企业之间通过签订合作协议明确双方的权利义务关系。合作协议应明

确调剂劳动者的数量、时间、工作地点、工作内容、劳动报酬标准、支付方式与支付时间等关键条款。

（三）共享用工的法律风险与防范

1. 劳动关系认定风险

如果缺工企业对共享员工进行了过多的管理和控制，可能会被视为与共享员工建立了新的劳动关系，从而引发劳动纠纷。因此，原企业和缺工企业应在合作协议中明确双方的管理权限和责任划分。

2. 工伤责任风险

劳动者在缺工企业工作期间发生工伤事故的，原企业应承担工伤保险责任。为了避免争议，双方可在合作协议中约定具体的补偿办法和责任划分。

3. 劳动报酬支付风险

缺工企业应及时将劳动者的劳动报酬结算给原企业，原企业再按时足额支付给劳动者。双方应确保劳动报酬的支付流程清晰且透明。

法案直击

李某应聘到某物流公司工作，双方签订了为期 2 年的劳动合同，约定每月工资为 1 800 元。在合同期内，该公司以效益不好为由单方面解除了劳动合同。在双方的协商过程中，李某认为自己在公司上班无任何过错，公司单方解除劳动合同属于违法解除，应支付其赔偿金 3 600 元及经济补偿 1 800 元。公司表示愿意支付违法解除劳动合同赔偿金 3 600 元，但认为李某提出支付经济补偿 1 800 元没有法律依据。协商无果后，李某向当地劳动人事争议仲裁委员会提出仲裁申请。

案例分析：

《劳动合同法》第八十七条规定，用人单位违反本法规定解除或者终止劳动合同的，应当依照本法第四十七条规定的经济补偿标准二倍向劳动者支付赔偿金。同时，《劳动合同法实施条例》第二十五条规定，用人单位违反劳动合同法的规定解除或者终止劳动合同，依照劳动合同法第八十七条的规定支付了赔偿金的，不再支付经济补偿。赔偿金的计算年限自用工之日起计算。根据以上规定，仲裁委员会裁决公司支付李某赔偿金 3 600 元，而对李某要求公司支付经济补偿 1 800 元的请求不予支持。

【法律实践】

一、实践任务

1. 请同学们自由组合，选择伙伴，组建物流企业人力资源部。

2. 互相协助配合，根据对本物流公司以及社会需求的调研，制订招聘计划。

3. 安排面试时间。

二、实践目标

1. 通过实践充分了解员工劳动合同的拟定要点和签订流程，尤其是熟悉劳动合同的具体内容。

2. 通过实践明晰员工劳动保护的基本权利。

3. 通过实践熟悉更多新就业形态下劳动关系的处理方式，用创新思维改善员工和企业之间的劳动关系。

三、实践步骤

1. 认真研究本团队资源和当前社会就业需求，做好充分就业市场调研工作，做出相应的招聘计划。

2. 认真学习劳动合同相关法律法规，熟悉员工劳动合同的具体内容，以及劳动合同签订的流程，完成相关劳动合同和协议的拟定和签订工作。

3. 分析员工劳动保护的基本权利，熟悉员工权利的基本内容。

四、考核要点

1. 敬业精神，团队协作精神，态度友善；

2. 对员工劳动合同相关法律法规掌握的熟练程度；

3. 对员工劳动合同签订内容的熟练程度；

4. 是否能够处理和改善员工和企业之间的新型劳动关系。

德法兼修

“数字机器人”解决物流企业用工难

在物流行业中，劳动力不足问题尤为突出，为解决这一难题，很多物流企业正在试点各类物流机器人。

例如，在物流货代行业中，日常工作很多都是重复性高、标准性高的批量工作，这些工作内容虽然简单，但却是物流企业生存和发展的基础，货代机器人应运而生。货代机器人是一种融合数字机器人、AI、大数据等技术的数字产品，也是一种虚拟的数字劳动力，可以模拟人机互动操作，协助人工完成有既定规则和逻辑的重复工作，比如复制粘贴、录入信息、统计数据等，这不仅能够解决企业的用工难题，而且能为企业降本增效，对物流行业具有一定贡献。例如，某物流企业，每日需要至少10名操作员录入上游供应商的订单信息，租用外部车辆时，还需要登记相关证件信息，人工录入错误率达到5%。试点货代机器人后，只需要1个操作员和1个机器人，准确率达到100%，每年至少节约成本50万元。除了货代机器人，物流机器人也广泛应用于仓储、配送、装卸等各个物流业务场景。例如，仓储机器人在大型仓库中自主导航，快速寻货并搬运；配送机器人代替人工完成最后一公里的配送等工作。

物流机器人的智慧化极大地提升了物流行业生产作业的效率，降低了人工作业强度，但是物流机器人存在的法律风险不容忽视。为实现智能化作业，物流机器人通常会搭载摄像头、传感器、麦克风等设备，收集个人及企业大量的敏感数据，可能引发包括物流订单信息、配送路径、客户隐私等数据的安全风险；网络攻击和恶意软件也可能导致数据泄露，威胁供应链安全和客户信任；机器人与人类在人机交互和协作过程中的不确定性，也可能带来人身伤害及环境风险。

物流机器人作为智慧物流的重要组成部分，在提高物流效率、降低物流成本、提高准确性等方面为物流行业带来了显著利益。然而，它们在技术限制、人性化交互、安全风险和物流法律法规风险等方面的问题也值得高度关注。在实施数字化转型，数字技术赋能企业高质量发展，促进数字经济和实体经济深度融合的发展过程中，需要不断完善法律法规和标准规范，提升技术性能，保障物流机器人的功能、性能和安全性，实现物流机器人的可持续发展。

【案例启示】党的二十届三中全会《决定》强调，健全促进实体经济和数字经济深度融合制度。加快发展现代服务业，加强现代化基础设施建设，提升产业链供应链韧性和安全水平，这些都是高质量发展的内在要求。随着机器人在物流行业中的推广应用，越来越多的企业意识到数字机器人不仅可以解决行业用工难题，而且能够通过采用先进的数字技术为物流企业提供多元化、系统化、智能化的服务，降低物流成本，提高物流管理效率，使物流企业加速进入数字化时代。

基于物流行业的数字化转型，要求劳动者与时俱进，遵纪守法，不断学习新技术、新技能、新标准、新规范，具备物流企业新就业形态和数字化转型所必备的职业能力。

法案直击

鲍某在微信朋友圈中发布招聘广告，招聘投递人员，可缴社保，有工作经验者优先，需自带车辆。陈某通过广告应聘从事快递投递业务，未签订书面合同，但明确了负责投递的片区、派件数量、报酬方式等，从事投递快递的交通工具自备，自担经营风险。陈某工作一段时间后，公司迟迟未兑现应缴纳的社会保险，陈某多次与鲍某沟通无果。同年8月，陈某得知某快递公司与某物流公司签订了《业务外包合同》，将部分区域的邮件揽投业务外包给某物流公司，合同第11条第2项乙方（某物流公司）收件人为鲍某。陈某向劳动人事争议仲裁委员会申请仲裁，要求该物流公司支付当年未签订劳动合同的实际工作期间双倍的工资50 000.00元，并按照社保规定补缴本年度未签订劳动合同的实际工作期间的各项社会保险费。该物流公司认为其与陈某未建立劳动关系，双方因此产生了争议。

案例分析：

案例中的争议焦点是陈某与该物流公司是否存在劳动关系。劳动关系的确定是劳动者与用人单位之间为实现劳动过程而发生的劳动力与生产资料相结合的社会关系，具有组织、业务和经济上的从属性。具备以上劳动关系的属性，才能确认劳动关系。

案例中涉及的鲍某代表该物流公司招聘快递员并承诺办理社保，陈某应聘入职，双方虽未签订书面劳动合同，但鲍某作为该物流公司的管理人员，其招聘行为是职务行为，代表公司意愿。陈某工作受公司管理，报酬与工作量挂钩，具有劳动关系的从属性、人身性和财产性等特征。因此，可以认定双方为劳动关系，非承揽关系。

根据《劳动合同法》第八十二条规定："用人单位自用工之日起超过一个月不满一年未与劳动者订立劳动合同的，应当向劳动者每月支付二倍的工资。用人单位违反本法规定不与劳动者订立无固定期限劳动合同的，自应当订立无固定期限劳动合同之日起向劳动者每月支付二倍的工资。"《中华人民共和国劳动合同法实施条例》第七条规定："用人单位自用工之日起满一年未与劳动者订立书面劳动合同的，自用工之日起满一个月的次日至满一年的前一日应当依照劳动合同法第八十二条的规定向劳动者每月支付两倍的工资，并视为自用工之日起满一年的当日已经与劳动者订立无固定期限劳动合同，应当立即与劳动者补订书面劳动合同。"物流公司未签订书面合同，依法应支付未签订劳动合同而实际工作期间的双倍工资差额，按当地月平均工资计算。物流公司辩称承揽关系不成立，应履行招聘时的承诺。

【知识与技能训练】

一、选择题

1. 《劳动合同法实施条例》是为了进一步明确（ ）的相关规定，保护劳动者的合法权益，促进劳动关系的和谐稳定而制定的。

   A.《中华人民共和国劳动法》　　B.《中华人民共和国劳动合同法》

   C.《劳动保障监察条例》　　D.《劳动争议调解仲裁法》

2. 物流企业员工劳动纠纷处理的原则有（ ）。

   A. 调解原则

   B. 及时处理原则

   C. 以事实为依据，以法律为准绳原则

   D. 当事人在适用法律上一律平等原则

3. 关于物流企业新型共享用工的相关法律法规，以下选项描述正确的是（ ）。

   A. 物流企业通过共享用工模式，可以任意解除与劳动者的劳动关系，无须承担任何法律责任

   B. 在共享用工期间，劳动者的劳动关系仍保留在原用人单位，但工资和社会保险费用由借调企业承担

   C. 物流企业与其他企业开展共享用工合作时，必须签订书面协议，明确双方及劳动者的权利义务，且不改变原劳动关系

   D. 劳动者在共享用工期间发生工伤事故，由借调企业承担全部工伤保险责任，与原用人单位无关

二、判断题

1. 未依法为劳动者缴纳社会保险的，劳动者可以解除劳动合同。（ ）
2. 双方签字或者盖章生效后的劳动合同文本由用人单位保管。（ ）
3. 劳动合同被确认无效，劳动者虽然已付出劳动，用人单位可以不向劳动者支付劳动报酬。（ ）
4. 劳动合同可以约定试用期，试用期最长不得超过 12 个月。（ ）
5. 在新就业形态下，劳动者在灵活就业中劳动关系更为复杂，劳动关系不限于自然人与用人单位之间，还可以是单位与单位之间、自然人与自然人之间，并且可能是两个主体以上。（ ）

三、技能训练

为了加强对共享用工的指导和服务，促进共享用工的有序开展，着力打造良好的用工氛围和营商环境，全国各地城市不断出台企业共享用工指导和服务指引的有关法规政策。结合物流行业的特点，要求：（1）请同学们对有关企业共享用工的实际情况进行资料搜索和案例整理，编制典型的物流企业共享用工案例；（2）尝试草拟出物流企业共享用工合作协议（合作企业）和物流企业共享用工补充协议（原企业与劳动者）各一份。

物流从业者劳动权益保障相关法律法规与政策规范的调研

一、调研背景

随着物流行业数字化、智能化的快速发展，劳动者权益保障的需求不断增长，物流行业劳动用工保障等复杂问题日益凸显，成为制约物流行业健康发展的重要因素。近年来，国家及相关部门出台了一系列法律法规和政策要求，旨在加强引导物流行业规范用工行为和保障劳动者合法权益。然而，由于物流行业的复杂性和多样性，特别是处于新就业形态下，物流法律法规和政策要求呈现出多样化和灵活化的特点。因此，建立和完善与物流从业者劳动权益保障相适配的法律法规与政策规范，加强劳动保障监察力度，对于保障劳动者权益、促进行业健康发展具有重要意义。因此，有必要对物流从业者劳动权益保障相关的法律法规和政策要求进行系统调研和分析，从而指导物流企业的规范用工行为及管理工作。

二、调研目标

1. 全面了解物流行业从业者劳动权益保障相关法律法规和政策要求

梳理国家及地方层面关于社会保险体系，劳动者权益保护的法律法规、政策文件和标准规范等，明确其适用范围、主要内容及实施要求。

2. 分析物流行业从业者劳动权益保障法律法规、政策要求和劳动保障监察制度的实施情况

通过实地调研、访谈等方式，了解物流企业在执行相关法律法规和政策要求方面的实际情况，评估其实施效果。

3. 识别物流行业劳动用工管理和从业者劳动权益保障中存在的问题与不足

基于调研结果，分析物流企业在劳动权益保障方面存在的问题与不足，为提出改进措施提供依据。

4. 提出加强物流从业者劳动权益保障的对策建议

针对调研发现的问题与不足，结合国内外先进经验，提出加强物流行业劳动用工管理和完善物流从业者劳动权益保障的对策建议，为落实物流从业者劳动权益保障的实施做出合理参考。

三、调研步骤

1. 调研准备

明确调研目的和范围，组建调研团队，制订调研计划，确定调研方法、调研对象、调研时间、调研地点等。

2. 资料收集

（1）查阅文献资料。收集国家及地方层面关于社会保险体系、劳动者权益保护、劳动保障监察的法律法规、政策文件、标准规范等文献资料。

（2）网络搜索。利用互联网搜索相关领域的最新政策动态、研究成果及案例分析。

（3）专家咨询。向物流、法律、社保、劳资等领域的专家咨询，获取专业意见和建议。

3. 实地调研

（1）企业访谈。选取具有代表性的物流企业进行实地访谈，了解其在社会保险体系、劳动者权益保护、劳动保障监察方面的实际情况、存在的问题及改进措施。

（2）现场观察。对物流企业的仓储、运输、配送等环节进行现场观察，了解社会保险体系、劳动者权益保护措施的实施情况。

（3）问卷调查。设计并发放问卷，收集物流企业对相关法律法规和政策要求的认知度、执行情况及建议。

4. 数据分析

（1）数据整理。对收集到的文献资料、访谈记录、问卷数据等进行整理和分析。

（2）问题归纳。基于数据分析结果，归纳社会保险体系、劳动者权益保护中存在的问题与不足。

（3）对策建议。针对存在的问题与不足，结合国内外先进经验，提出加强社会保险体系、劳动者权益保护的对策建议。

5. 调研报告撰写

（1）撰写调研报告。根据调研结果和分析结论，撰写社会保险体系、劳动者权益保护相关法律法规和政策要求的调研报告。

（2）报告评审。邀请专家对调研报告进行评审，提出修改意见和建议。

（3）报告完善。根据专家评审意见，对调研报告进行修改和完善。

（4）后续跟踪。对调研成果的应用情况进行跟踪和评估，为调研工作改进提升提供参考。

04 项目四

Chapter

物流企业合同管理相关法律事务

素养目标

- 遇事理性思考，凡事讲究证据，不说不存在或没有依据的话
- 从法律案例中学习法律知识，提升法律思维，深化对物流法律法规的认识
- 培养诚信意识和守法经营意识，并能用法律维护公司和自己的合法权益

知识目标

- 掌握物流合同的种类、形式、主要内容和签订过程
- 掌握物流企业合同范本的形式和内容
- 熟悉物流合同的履行、变更和终止流程
- 熟悉物流企业合同的风险

技能目标

- 能够运用物流法律法规，签订合同
- 能够正确分辨和处理物流合同中的违约责任
- 能够对物流服务项目进行风险测评并对物流合同进行风险防范
- 能够依法维护自身合法权益

思维导图

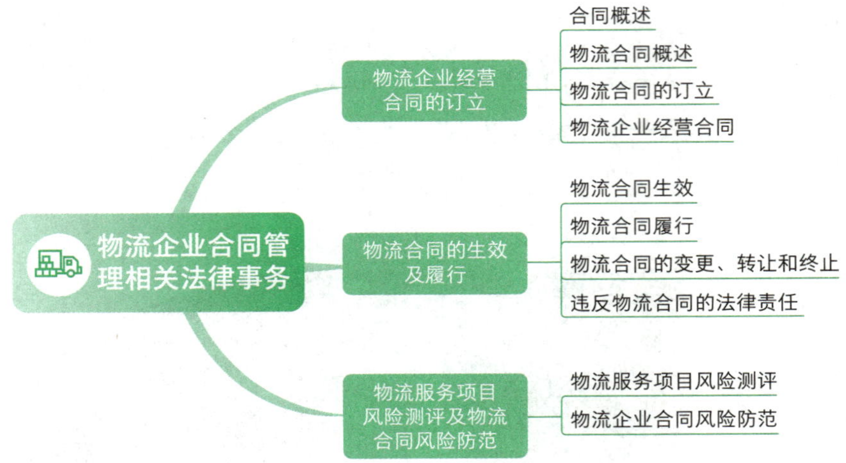

任务发布

签订一份物流企业经营合同

学习关于物流企业经营合同的相关法律法规。物流企业经营合同中产生的各类法律关系相关的法律法规主要有《民法典》《公路法》《铁路法》《民用航空法》《中华人民共和国海商法》(简称《海商法》)、《中华人民共和国道路运输条例》(简称《道路运输条例》)、《中华人民共和国国际海运条例》(简称《国际海运条例》)等，严格按照法律法规要求准备物流企业经营合同签订的合同条款，按照物流企业经营合同的签订过程，完成签订一份物流企业经营合同的任务。

任务执行部门

物流企业业务部门或法务部

任务引导

1. 自愿组合形成合作团队，创建物流企业的一个业务部门。该团队在本课程学习期间续存，团队成员互相协助配合，共同完成本课程布置的各项任务。如需调整，参照公司变更进行相关登记备案。

2. 通过对本团队优势的研判，确定本业务部门物流服务功能定位。

3. 根据本部门的物流服务功能，确定拟签订物流企业经营合同的类型。

4. 参考物流企业经营合同范本及本企业的业务范畴与客户进行业务细节的沟通协商。

5. 起草《物流企业运输合同》或《仓储合同》条款。

6. 完成物流企业经营合同签订的相关手续。

7. 进行物流企业经营合同的签订工作。

引导案例

铁路提单助力互联互通　探索构建中欧班列陆上贸易新规则

随着“一带一路”倡议的实施，陆上贸易迎来了新的发展机遇。截至2024年7月，中欧班列已通达欧洲25个国家224个城市，连接11个亚洲国家100多个城市，累计开行超过9万列，中国境内已铺画时速120千米的固定中欧班列运行线91条，联通中国境内61个城市，运输的货物品类为53大类5万余种，综合重箱率稳定在100%。促进了沿线经济贸易的发展，对亚欧大陆的运输和物流产生着重要影响。

中欧班列途经多国，沿途各国分属《国际铁路货物联运协定》和《国际铁路货物运输公约》缔约国，适用国际规则较为复杂。且两大公约均以铁路运单作为基础。运单是货运单据，仅是运输证明，提单则是具有法律效力的单据，是货物的所有权凭证。铁路运单只能由收货人凭身份提货而不能凭单提货，没有实现货物和权利的分离，不便于转卖和融资。为了快速实现在途运输货物转卖和资金回笼，满足轻资产企业通过在途货物进行融资，扩大商业规模的需求，需要一种能够代表货物而又与货物相分离的运输单证。在实际操作中，铁路提单作为货物运输合同的证明和货物收据，同样具有法律效力。

根据《中华人民共和国海商法》第七十一条规定，提单，是指用以证明海上货物运输合同和货物已经由承运人接收或者装船，以及承运人保证据以交付货物的单证。提单中载明的向记名人交付货物，或者按照指示人的指示交付货物，或者向提单持有人交付货物的条款，构成承运人据以交付货物的保证。铁路提单，作为铁路运输合同的证明和货物收据，同样具有证明货物已经由承运人接管的作用。

国家出台了各项政策，鼓励开展铁路运输单证物权化探索。重庆作为中欧班列始发站，积极探索陆上贸易规则，在中欧班列的运行过程中率先使用铁路提单。市场主体约定使用与货物相分离的铁路提单，并利用铁路提单进行货物转让和质押，形成了陆上国际贸易的新型经营模式，打破了国际贸易领域只有海运提单而没有陆运提单的格局，改变了国际陆上贸易的融资方式。

同时，为积极落实习近平总书记关于“提升科技创新，深化数字经济合作”的倡议，在普通铁路提单的基础上，运用区块链技术不可篡改、可追溯和可信任的优势，开发了“铁路多式联运提单数字化平台”。铁路电子提单及配套金融服务的创新不仅是对高效率、易周转的铁路运输物权凭证的有效探索，也是凭借电子提单项下货物作为贸易企业的增信手段以改善铁路运输企业融资难等痛点问题的有益尝试。由于政策支持和法规保障，铁路提单应用量逐年大幅上升。

在国内国际双循环的背景下，产生于中欧班列运行过程中的铁路提单必将迎来新的发展机遇，有利于推动陆上国际贸易规则的建立，促进中欧班列规范有序地运行，助推“一带一路”倡议的实施。

引思明理

自习近平总书记提出共建“一带一路”倡议以来，我国始终坚持以开放通道为媒介，以开放平台为载体，聚焦产业发展、经济建设，加强与共建国家和地区的交流与合作。创设具有物权凭证功能的铁路提单，是打造安全高效的陆上贸易规则，推动“一带一路”互联互通建设的重要抓手。铁路提单权利质押既符合权利质押的实质要件，也满足权利质押的形式要件，契合对物权法定原则的司法立场，推广铁路提单既需要实践认可，也需要法律支持。铁路提单对营造国际化、法治化、便利化的多边贸易营商环境有重大的法治规则意义。

任务一　物流企业经营合同的订立

【法学课堂】

一、合同概述

（一）合同的概念

《民法典》第四百六十四条规定：合同是民事主体之间设立、变更、终止民事法律关系的协议。婚姻、收养、监护等有关身份关系的协议，适用有关该身份关系的法律规定；没有规定的，可以根据其性质参照适用本编规定。

（二）合同的形式

合同的形式，是指合同当事人达成的协议表现形式。当事人签订合同可以有三种形式：书面形式、口头形式及其他形式。

1. 书面形式

书面形式是合同书、信件、电报、电传、传真等可以有形地表现所载内容的形式。以电子数据交换、电子邮件等方式能够有形地表现所载内容，并可以随时调取查用的数据电文，也视为书面形式。在实践中，书面形式是普遍采用的一种合同约定形式。

2. 口头形式

口头形式是指当事人各方就合同内容通过语言方式达成一致，而不用文字表达协议内容的形式。口头形式简便易行，在日常生活中经常被采用，其缺点是发生合同纠纷时难以取证，不易分清责任，发生争议时当事人必须举证，证明合同的存在及合同关系的内容。所以，对于不能即时清结的合同和标的数额较大的合同，不宜采用这种形式。

3. 其他形式

其他形式是指当事人未用语言、文字表达其意思表示，根据当事人的行为或者特定情形推定成立的合同，也称为默示合同。即当事人既没有书面签字同意，又没有明白地口头表示同意，但通过行动、表情已暗示许可。

二、物流合同概述

（一）物流合同的概念

根据《物流术语》（GB/T 18354−2021），物流合同（logistics contract）是指物流企业与客户之间达成的物流相关服务协议。具体来说就是物流服务提供者与接受者之间就运输、储存、装卸搬运、包装、流通加工、配送、信息处理等一项或几项基本物流活动达成的协议。

动画：合同是万能的吗

（二）物流合同的法律特征

（1）物流合同是平等的物流服务提供者与接受者之间实施的一种民事法律行为。

（2）物流合同以设立、变更或终止债权债务关系为目的和宗旨。

（3）物流合同是物流服务提供者与接受者之间意思表示一致的协议。

（三）物流合同的法律属性

1. 物流合同是双务、有偿合同

物流合同中一方当事人提供物流服务，另一方当事人应当付给报酬或费用，双方当事人相互享有权利和义务。物流服务提供方按照合同要求向对方当事人提供相应服务，对方当事人则有因享受服务而支付对应报酬的义务，因此物流合同是典型的双务、有偿合同。

2. 物流合同是要式合同

物流合同涵盖的内容极广，一般涉及运输、仓储、加工等内容，运输又可能包括远洋运输、公路运输、铁路运输、航空运输、多式联运、大陆桥运输等，双方的权利、义务关系复杂，只有具备一定形式（如书面形式），才能使物流合同得以更好地履行，从而更好地保护合同当事人的合法权益。

3. 物流合同是诺成合同

物流合同应当是一种诺成合同，这是由物流合同的性质决定的。在物流标的物交付之前，物流服务需求方和物流服务企业可能已经为履行合同进行了准备，支出了成本。前者签订货物转卖合同，制订生产计划等；后者腾空仓位，安排车辆，并且还可能因为自身规模能力拒绝与其他客户签订合同。因此，在物流合同中，只要经过物流服务需求方要约和物流服务企业承诺，即宣告合同成立。

（四）物流合同的主要条款

1. 物流合同的一般条款

合同条款是当事人达成一致的具体内容，包含双方约定享有的权利和义务，双方当事人订立的物流合同条款包括：

（1）当事人的名称（姓名）和住所。当事人是合同权利和合同义务的承受者，没有当事人，合同就没有存在的意义，给付和受领给付也无从谈起。在签订物流合同时，双方要有合法有效的法律名称，住所一般是当事人的注册地址或经营场所所在地。

（2）标的。标的是合同权利义务指向的对象。合同不规定标的，合同关系就无法建立。可见，标的是一切合同的主要条款。通常的合同标的有物和行为两大类，包括有形财产、无形财产、劳务等；物流合同标的一般指的是物流提供方的物流服务，可能涉及如下内容：物流单证设计、物流业务管理、货物运输服务、物流信息咨询、综合物流业务等。

（3）质量和数量。标的（物）的质量和数量是确定合同标的具体条件，是这一标的（物）区别于同类另一标的（物）的具体特征。数量是以计量单位和数字来衡量标的的尺度，质量是指标的具体特征，如规格、型号和技术标准等。国家有强制性标准的，必须按照规定的标准执行；有多重质量标准的，应尽可能约定其适用的标准。

（4）价款或酬金。价款或酬金是有偿合同的条款。价款是取得标的（物）所支付的代价，如采购合同的货款、租赁合同的租金等。酬金是获得服务所应支付的代价，如保管合同的保管费、仓储合同的仓储费、运输合同的运费等。价款通常指标的物本身的价款，但因物流商的大宗买卖一般是异地交货，可能产生运费、保险费、装卸费、保管费、报关费等一系列额外费用。

（5）履行期限。履行期限直接关系到合同义务的完成时间，涉及当事人利益，也是确定违约与否的因素之一，是重要条款之一。履行期限既可以规定为即时履行，也可以规定为定时履行，还可以规定为在一定期限内履行。

（6）履行地点和方式。履行地点是确定验收地点的依据，是确定运输费用由谁负担、风险由谁承受的依据，有时也是确定标的物所有权是否移转、何时移转的依据，是确定管辖的依据之一。对于涉外合同，这是确定法律适用的一项依据，十分重要。履行方式是指合同当事人履行合同义务的具体做法。不同种类的物流合同有着不同的履行方式。例如，买卖合同是通过转移一定财产的方式履行；运输合同是通过提供运输劳务的方式履行；承揽加工合同是以交付一定成果的方式履行。

（7）违约责任。违约责任是指合同当事人不履行或不完全履行合同义务时，按照合同约定或是法律规定应当承担的法律责任。它是促使当事人履行债务，使守约方免受或少受损失的法律措施，对当事人的利益关系重大，合同对此应予以明确。

（8）解决争议的方法。解决争议的方法是指合同当事人对合同履行发生争议时解决的途径和方法，包括运用什么程序、适用何种法律、选择哪家检验或者鉴定机构等内容。当事人双方在合同中约定的仲裁条款、选择诉讼法院的条款、选择检验或者鉴定机构的条款、涉外合同中的法律适用条款、协商解决争议的条款等，均属于解决争议的方法条款。

2. 物流合同的格式条款

格式条款是指当事人为了重复使用而预先拟定，在订立合同时未与对方协商的条款，它有以下几个明显特征：

（1）对象广泛性。广泛性指的是格式条款适用范围的无限性，针对的合同对象一般是不特定多数的任何人，只要同意条款就可以签订合同。

（2）预先拟定性。预先拟定性是指格式条款并非是经过双方协商一致达成的，而是在订约时就已经由合同提供方制定出来或者采用第三方制定好的，反映了提供方在合同订立时的单方意志，更改了合同条款的双方合意性。

（3）内容持久性。格式条款一般是经过认真研究拟定的，在一个相当长的时期内不会改变，被合同提供方经常反复使用。

（4）地位不平等性。采用格式条款订立合同的一方在经济方面具有绝对的优势地位，使其可以将预定的格式条款强加于对方，从而排除双方就格式条款进行协商的可能性。

三、物流合同的订立

物流合同的订立是指物流服务活动中两个或两个以上的当事人，依法就合同的主要条款经过协商一致达成协议的法律行为。合同的签订过程就是双方当事人为设立、变更、终止彼此的权利义务关系的协商过程。

微课：情况说明是合同吗?

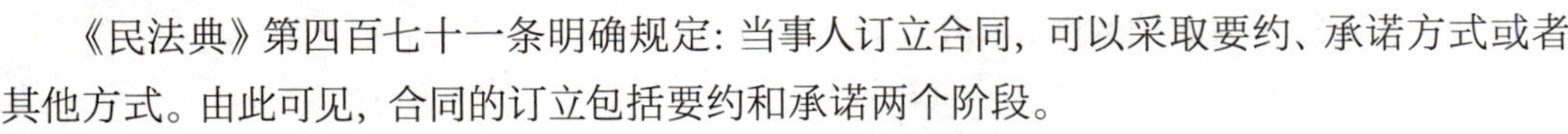

《民法典》第四百七十一条明确规定：当事人订立合同，可以采取要约、承诺方式或者其他方式。由此可见，合同的订立包括要约和承诺两个阶段。

（一）要约

1. 要约的概念

《民法典》第四百七十二条规定：要约是希望与他人订立合同的意思表示，该意思表示应当符合下列条件：

（1）内容具体确定；

（2）表明经受要约人承诺，要约人即受该意思表示约束。

2. 要约邀请

《民法典》第四百七十三条规定：要约邀请是希望他人向自己发出要约的表示。拍卖公告、招标公告、招股说明书、债券募集办法、基金招募说明书、商业广告和宣传、寄送的价目表等为要约邀请。商业广告和宣传的内容符合要约条件的，构成要约。

3. 要约的法律效力

要约生效需符合《民法典》第一百三十七条规定：以对话方式作出的意思表示，相对人知道其内容时生效。

以非对话方式作出的意思表示，到达相对人时生效。以非对话方式作出的采用数据电文形式的意思表示，相对人指定特定系统接收数据电文的，该数据电文进入该特定系统时生效；未指定特定系统的，相对人知道或者应当知道该数据电文进入其系统时生效。当事人对采用数据电文形式的意思表示的生效时间另有约定的，按照其约定。

4. 要约的撤回和撤销

要约的撤回需符合以下规定：

《民法典》第一百四十一条规定：行为人可以撤回意思表示。撤回意思表示的通知应当在意思表示到达相对人前或者与意思表示同时到达相对人。

《民法典》第四百七十六条规定：要约可以撤销，但是有下列情形之一的除外：

（1）要约人以确定承诺期限或者其他形式明示要约不可撤销；

（2）受要约人有理由认为要约是不可撤销的，并已经为履行合同做了合理准备工作。

《民法典》第四百七十七条规定：撤销要约的意思表示以对话方式作出的，该意思表示的内容应当在受要约人作出承诺之前为受要约人所知道；撤销要约的意思表示以非对话方式作出的，应当在受要约人作出承诺之前到达受要约人。

5. 要约的失效

《民法典》第四百七十八条规定：有下列情形之一的，要约失效：

（1）要约被拒绝；

（2）要约被依法撤销；

（3）承诺期限届满，受要约人未作出承诺；

（4）受要约人对要约的内容作出实质性变更。

（二）承诺

1. 承诺的概念和要件

《民法典》第四百七十九条规定：承诺是受要约人同意要约的意思表示。

承诺须注意的法律要件如下：

（1）承诺方式。《民法典》第四百八十条规定：承诺应当以通知的方式作出；但是，根据交易习惯或者要约表明可以通过行为作出承诺的除外。

（2）承诺期计算。《民法典》第四百八十一条规定：承诺应当在要约确定的期限内到达要约人。

要约没有确定承诺期限的，承诺应当依照下列规定到达：

① 要约以对话方式作出的，应当即时作出承诺；

② 要约以非对话方式作出的，承诺应当在合理期限内到达。

《民法典》第四百八十二条规定：要约以信件或者电报作出的，承诺期限自信件载明的日期或者电报交发之日开始计算。信件未载明日期的，自投寄该信件的邮戳日期开始计算。要约以电话、传真、电子邮件等快速通讯方式作出的，承诺期限自要约到达受要约人时开始计算。

（3）承诺内容。《民法典》第四百八十八条规定：承诺的内容应当与要约的内容一致。受要约人对要约的内容作出实质性变更的，为新要约。有关合同标的、数量、质量、价款或者报酬、履行期限、履行地点和方式、违约责任和解决争议方法等的变更，是对要约内容的实质性变更。

2. 承诺的法律效力

承诺的法律效力即承诺所产生的法律效果，表现为承诺生效时合同成立。

《民法典》第四百八十四条规定：以通知方式作出的承诺，生效的时间适用本法第一百三十七条的规定。

承诺不需要通知的，根据交易习惯或者要约的要求作出承诺的行为时生效。

3. 承诺的撤回

承诺的撤回，是指受要约人在其作出的承诺生效之前将其撤回的行为。

《民法典》第四百八十五条规定：承诺可以撤回。承诺的撤回适用本法第一百四十一条的规定。

（三）合同成立的时间、地点

1. 合同成立的时间

《民法典》第四百八十三条规定：承诺生效时合同成立，但是法律另有规定或者当事人另有约定的除外。

2. 合同成立的地点

《民法典》第四百九十二条规定：承诺生效的地点为合同成立的地点。

采用数据电文形式订立合同的，收件人的主营业地为合同成立的地点；没有主营业地的，其住所地为合同成立的地点。当事人另有约定的，按照其约定。

四、物流企业经营合同

物流企业经营合同是指物流服务需求方与第三方物流经营人订立的，约定由物流经营人为物流服务需求方完成一定的物流行为，物流服务需求方支付相应报酬。它是物流行为当事人双方签订的合同的统称，如加工过程的加工承揽合同，储存过程中的仓储合同和租赁合同，运输过程的运输合同。

物流企业在经营过程中有七个主要环节：运输、储存、装卸搬运、包装、流通加工、配送、信息处理，本书选取物流企业经营合同的典型代表物流运输合同、仓储合同、装卸搬运合同、流通加工合同来分别介绍物流企业经营合同范本。

（一）物流运输合同

物流运输是整个物流系统中一个极为重要的环节，在物流活动中处于中心地位。物流中的运输是指用设备和工具，将物品从一个地点向另一个地点运送的物流活动，其中包括集货、分配、搬运、中转、装入、卸下、分散等一系列操作。

物流企业从生产企业采购产品进行仓储或是将仓储物资转移到消费者手中，都离不开运输。运输方式是指各种运输要素的结合方式，特别是运输通路和运输工具相结合的方式。物流企业常用的运输方式有公路运输、铁路运输、水路运输、航空运输和多式联运。

物流运输合同中涉及各类法律关系的法律法规主要有《民法典》《公路法》《铁路法》《民用航空法》《海商法》《道路运输条例》《国际海运条例》等。不同的运输方式对应的物流运输合同也不同。

1. 海上货物运输合同

海上货物运输根据运输方式的不同分为班轮运输和租船运输。班轮运输通常以提单作为运输合同的证明。租船运输合同通常使用航次租船合同。

2. 航空货物运输合同

航空货物运输合同的主要形式有航空货运单和包机、包舱协议两种。

（1）航空货运单。航空货运单是指由航空承运人提供的具有航空货物运输合同基本内容的运输单证。由航空承运人制定，托运人在托运货物时要按照承运人的要求填制，经航空承运人确认后，合同即告成立。航空货运单是航空货物运输合同订立和运输条件以及承运人接收货物的初步证据。

（2）包机、包舱协议。包机、包舱协议是指航空公司按照约定的条件把整架飞机或飞机的部分舱位租给包机人，把货物运输到指定目的地，并由包机人支付约定费用的合同。申请包机凭单位介绍信或个人有效身份证件与承运人联系协商包机运输条件，双方同意后签订包机合同。包机人与承运人应当履行包机合同规定的各自承担的责任和义务。包机人和承运人执行包机合同时，每架次货物包机应当填制托运书和货运单，作为包机的运输凭证。包机人和承运人可视货物的性质确定押运员，押运员凭包机合同办理机票并按规定办理乘机手续。

包机、包舱协议的内容主要包括：① 包机、包舱单位名称、地址、联系人；② 包机、包舱飞行日期；③ 航程起飞站、途经站、到达站；④ 货物名称；⑤ 货物单件重量、体积；⑥ 货物总件数、总重量；⑦ 包机、包舱原因；⑧ 储运注意事项；⑨ 包机、包舱费用；⑩ 违约责任；⑪ 不可抗力及免责条件；⑫ 争议解决的方式；⑬ 双方约定的其他事项。

3. 公路货物运输合同和铁路货物运输合同

公路货物运输合同是指我国国内经营公路货物运输的企业与其他企业、农村经济组织、国家机关、事业单位、社会团体等法人之间签订的公路货物运输合同。

铁路货物运输合同是指铁路运输部门与企业、农村经济组织、国家机关、事业单位、社会团体等法人之间，以及个体经营户、个人签订的货物运输合同。托运人利用铁路运输货物，应与承运人签订货物运输合同。

（二）仓储合同

仓储合同的主要条款是指存货人和保管人双方协商一致订立的规定双方所享有的主要权利和承担的主要义务的条款，是检验合同合法性和有效性的重要依据。仓储合同为不要式合同，没有严格的条款规定。当事人根据需要商定合同事项，且由双方协议采用合同的形式。

（三）装卸搬运合同

搬运装卸就是指在某一物流节点范围内进行的，以改变物料的存放状态和空间位置为主要内容和目的的活动。其中装卸（loading and unloading）是指物品在指定地点进行的以垂直运动为主的物流作业。搬运（handing/carrying）是指在同一场所内将物品进行的以水平移动为主的物流作业。有时候或在特定场合，单称“装卸”或单称“搬运”，也包含了“搬运装卸”的完整含义。

在企业的整个物流供应链中，装卸活动是不断出现和反复进行的，它是发生频率最高的一项作业，当发生商品运输或商品储存等作业的时候，商品装卸作业就会发生。因此，装卸的速度往往成为决定物流速度的关键。

（四）流通加工合同

流通加工是为了提高物流速度、物品利用率、降低生产及物流成本，在物品从生产领域向消费领域流通过程中，按照物流需要和客户要求对物品进行加工，使物品发生物理、化学或形状变化的过程。根据《物流术语》（GB/T 18354—2021）中的定义：流通加工（distribution processing）是指根据顾客的需要，在流通过程中对产品实施的简单加工作业活动的总称。流通加工可以由物流企业自己完成，也可以通过签订承揽合同，将部分或整个工作外包出去，由别的企业或个人完成。目前，世界上许多国家和地区的物流中心或仓库经营中都大量存在流通加工业务。

关于流通加工的立法主要表现在加工承揽合同上。就我国现有的法律而言，与其他物流法律法规一样，目前我国没有单独的流通加工法律法规，《民法典》及关于加工承揽合同的具体规定可适用于流通加工。

法案直击

2024年8月，一家外贸企业的顾问单位因运费争议与货代公司发生纠纷。货代公司为取得运费，扣留了承运人签发的提单，致使作为卖方的外贸公司无法向收货人交付提单。货物运抵目的港后，收货人因未取得正本提单而无法提货，使货物滞留目的港逾10天。更为糟糕的是，由于货物本身的特殊属性，若长期滞留港口，会变质、毁损。

案例分析：

货代公司为了保障自身的合法权益，有时会在货运代理合同中明确约定：在委托人未支付运费的情况下，有权扣单。在这种情况下，货代的扣单行为不属于违法行为。但需要指出的是，合同中针对“扣单”的范围必须明确约定。最高人民法院司法解释对此有过明确规定：货代扣留委托人提单、海运单或其他运输单证的，必须明确约定。货代扣单的行为具有合法性，外贸公司应当按照合同约定付费赎单。

但是，本案不属于上述情形。在本案中，外贸公司与货代公司之间未签订书面合同，更不存在货代可以扣留运输单证的约定。此外，外贸公司还反映，在运费问题上，货代公司与其存在争议，且涉案货物的价值远大于货代公司主张的运费。此处虽然无法判断外贸公司与货代公司之间的运费纠纷孰是孰非，但是未在合同明确约定的情况下，可以断定货代公司的扣单行为属于违法行为，且货代公司违法扣单的行为若不及时得到纠正，还会造成外贸公司的损失不断扩大。

【法律实践】

一、实践任务

1. 自由组合组建物流企业的一个业务部门。

2. 根据各业务部门类型，结合本团队业务部门的优势及特点讨论本团队拟签订物流企业经营合同的类型，如运输合同、仓储合同、装卸合同、加工合同等。

二、实践目标

1. 通过实践培养团队的法律意识，明确物流企业经营合同的签订在物流企业经营中的重要作用和地位，掌握物流企业经营合同的签订过程。

2. 通过实践认知不同物流企业经营合同的业务范畴、客户服务对象特点、法律规范、法律责任、具体的条款要素等。

三、实践步骤

1. 按照团结协作、目标一致、能力互补、自愿组合原则，组建物流企业业务部门团队，人数根据建立企业部门的业务特点确定。

2. 学习《民法典》，掌握合同的要素和原则，熟悉物流合同的内容及物流合同的签订过程。

3. 学习物流企业经营合同的相关知识，了解不同类型物流企业经营合同的特点，结合本团队的优势，研究本团队拟签订物流企业经营合同的范本。

四、考核要点

1. 创业精神。团队成员是否有一致的创业目标。

2. 团队协作精神。是否有好的团队领袖，团队成员之间是否价值趋向相同，能力互补，分工合理，相处友善。

3. 法律意识。是否掌握物流合同的要素及条款。

4. 对物流企业经营合同范本的学习热情和掌握的熟练程度。

任务二　物流合同的生效及履行

【法学课堂】

一、物流合同生效

《民法典》第五百零二条规定: 依法成立的合同，自成立时生效，但是法律另有规定或者当事人另有约定的除外。

依照法律、行政法规的规定，合同应当办理批准等手续的，依照其规定。未办理批准等手续影响合同生效的，不影响合同中履行报批等义务条款以及相关条款的效力。应当办理申请批准等手续的当事人未履行义务的，对方可以请求其承担违反该义务的责任。

依照法律、行政法规的规定，合同的变更、转让、解除等情形应当办理批准等手续的，适用前款规定。

（一）有效合同

有效合同，是指依照法律规定成立并对双方当事人具有法律约束力的合同，必须具备

以下三个要件:

1. 当事人具有相应的民事行为能力

合同当事人只有具有相应的民事权利能力、民事行为能力，以及缔约能力，才能成为合格的合同主体。若主体不具有相应的民事行为能力，合同不能产生法律效力。

2. 当事人意思表示真实

当事人意思表示真实，是指行为人的意思表示应当真实反映其内心的意思，即双方当事人都是自愿真实地希望和对方签订合同。

3. 不违反法律和社会公共利益

合同不违反法律和社会公共利益，主要包括两层含义：一是合同的内容合法，即合同条款中约定的权利、义务及其标的，应符合法律规定和社会公共利益的要求，不能违背社会公德、扰乱社会公共秩序、损害社会公共利益；二是合同的目的合法，即当事人缔约的原因合法，不存在以合法的方式达到非法目的等规避法律的事实。

（二）无效合同

无效合同，是指虽已成立但因欠缺法定有效要件，不受法律承认和保护、不发生法律效力的合同。无效合同自始、当然、确定的无效。

《民法典》第五百零五条规定：当事人超越经营范围订立的合同的效力，应当依照本法第一编第六章第三节和本编的有关规定确定，不得仅以超越经营范围确认合同无效。

《民法典》第五百零六条规定，合同中的下列免责条款无效：① 造成对方人身损害的；② 因故意或者重大过失造成对方财产损失的。

（三）效力待定合同

效力待定合同，是指合同虽然已经成立，但因某些方面不完全符合合同生效的要件，其发生效力与否尚未确定，一般须经有权人表示承认或追认后才能生效的合同。依据《民法典》的规定，效力待定合同有以下几种情况：

1. 限制行为能力人订立的合同

《民法典》第一百四十五条规定：限制民事行为能力人实施的纯获利益的民事法律行为或者与其年龄、智力、精神健康状况相适应的民事法律行为有效；实施的其他民事法律行为经法定代理人同意或者追认后有效。

相对人可以催告法定代理人自收到通知之日起三十日内予以追认。法定代理人未作表示的，视为拒绝追认。民事法律行为被追认前，善意相对人有撤销的权利。撤销应当以通知的方式作出。

2. 无代理权人以被代理人名义订立的合同

《民法典》第五百零三条规定：无权代理人以被代理人的名义订立合同，被代理人已经开始履行合同义务或者接受相对人履行的，视为对合同的追认。

3. 无处分权人处分他人财产订立的合同

无权处分是指无处分权人以自己的名义擅自处分他人财产。

（四）可变更、可撤销合同

可变更、可撤销合同，是指合同成立后，因为某些法定事由，一方当事人可以依照自己的意思，请求人民法院或仲裁机构作出裁定，从而使合同的内容变更或者使合同的效力归于消灭的合同。

合同订立后，如果符合法律规定的条件，合同的一方当事人有权请求变更或者撤销合同。《民法典》规定的条件有以下三个:

1. 因重大误解订立的

重大误解是指行为人因对合同的重要内容产生错误认识而使意思与表示不一致。

根据《民法典》第一百四十七条规定: 基于重大误解实施的民事法律行为，行为人有权请求人民法院或者仲裁机构予以撤销。

2. 订立合同时显失公平的

显失公平是指一方当事人利用优势或者利用对方没有经验，致使双方的权利义务明显违反公平、等价、有偿原则的，可以认定为显失公平。

3. 在一方或第三人以欺诈、胁迫的手段或者乘人之危，使对方在违背真实意思的情况下订立的

欺诈是指一方当事人故意实施某种欺骗他人的行为，并使他人陷入错误而订立合同。

胁迫是指一方当事人直接以物质性强制或精神性强制迫使对方与己方订立合同。

《民法典》第一百五十条规定: 一方或者第三人以胁迫手段，使对方在违背真实意思的情况下实施的民事法律行为，受胁迫方有权请求人民法院或者仲裁机构予以撤销。

二、物流合同履行

（一）物流合同的履行原则

物流合同的履行，是指物流活动当事人双方按照合同规定的标的、数量和质量、价款、履行期限、履行地点和履行方式等，全面完成各自承担的义务和实现各自享受的权利，使双方当事人的合同目的得以实现的行为。

1. 实际履行原则

实际履行原则，是指当事人要严格按照物流合同规定的标的完成义务，不能用其他标的等代替约定标的；一方违约时也不能以偿付违约金、赔偿金的方式代替履约，对方要求继续履行物流合同的，仍应继续履行。

2. 全面履行原则

全面履行原则，又称适当履行原则或正确履行原则。《民法典》第五百零九条规定: 当

事人应当按照约定全面履行自己的义务。当事人应当遵循诚信原则，根据合同的性质、目的和交易习惯履行通知、协助、保密等义务。当事人在履行合同过程中，应当避免浪费资源、污染环境和破坏生态。

（二）物流合同的担保

物流合同的担保是指物流合同当事人双方根据相互约定或者法律规定，在债务人不履行债务的情况下，由担保人承担担保责任，以保证合同切实履行，债权人债权得以实现的一种法律制度。

合同的担保一般在订立合同的时候成立，可以是主合同中的担保条款，也可以是单独订立的担保合同。担保合同是主合同的从合同，主合同无效则担保合同亦无效。物流合同的担保主要有定金、保证、抵押、质押和留置五种方式。

1. 定金

定金是指物流合同当事人一方于合同成立后未履行前，在合同规定应给付的款额内，向对方给付一定数额的货币。

（1）定金具有预先给付的性质。在当事人双方约定以定金作担保时，交付定金的一方为债务人，收受定金的一方为债权人，给付定金在债务人未履行债务之前。当债务人履行债务之后，定金应当抵作价款或者收回，因此，定金具有预先给付的性质。

（2）定金具有证明合同成立的作用。定金是合同订立的证据。对于口头合同来说，尽管缺乏订立合同的其他证据，但交付定金这一事实就可以证明合同的成立。对于书面合同来说，交付定金也可以证实合同的存在。所以，合同当事人通过交付定金，可以证明和巩固合同关系。

2. 保证

保证是物流合同当事人一方与第三人达成担保另一方全面履行合同的约定，当债务人不履行债务时，保证人将按照约定履行债务或承担责任的行为。在保证合同中，保证人的义务是承担保证责任。

3. 抵押

抵押是指物流合同当事人一方或第三人向另一方提供一定的财产作为抵押，用以担保物流合同的履行。当事人一方不履行合同时，另一方依照法律规定，以抵押物折价或变卖抵押物优先得到偿还。其中，提供抵押财产的一方称为抵押人，对抵押财产享有抵押权的一方称为抵押权人，财产包括动产和不动产。

4. 质押

质押也称质权，包括动产质押和权利质押。动产质押就是债务人或第三人将其动产移交给债权人占有，将该动产作为债权的担保，当债务人不履行债务时，债务人有权依法以该财产折价或拍卖、变卖该财产的价款优先受偿。权利质押是指以汇票、支票、债券、仓单、提单，依法可以转让的股份、股票、商标权、专利权等权利作为标的物的担保。

5. 留置

留置是指债权人按照合同约定占有债务人的财产，债务人不按照合同期限履行债务的，债权人有权留置该财产，以该财产折价或拍卖、变卖该财产的价款优先得到偿还。

三、物流合同的变更、转让和终止

（一）物流合同的变更

物流合同的变更，是指物流合同生效后，尚未履行或者尚未完全履行之前，双方当事人根据客观情况的变化，依照法律规定对原合同进行修改或者补充。《民法典》第五百四十三条规定：当事人协商一致，可以变更合同。其他法律、行政法规规定变更合同应当办理批准、登记等手续的，依照其规定。

1. 合同变更的要件

（1）已存在有效的合同关系。合同的变更，是在原合同基础上进行的，没有原合同关系就没有有效的变更对象。所以，合同变更必须以已经存在的有效合同关系为前提。若原合同无效、被撤销，追认权人拒绝追认效力待定的合同，也无法进行变更。

（2）合同内容发生变化。合同内容的变化包括标的物数量的增减、标的物品质的改变、价款或者酬金的增减、履行期限的改变、履行地点的改变、履行方式的改变、结算方式的改变等。不涉及合同主体的改变。

（3）经当事人协商一致或依法律规定及法院裁决变更。合同变更通常是双方当事人协商一致的结果。此外，合同也可能基于法律规定或者法院的裁决而变更。

（4）必须遵守法律要求的方式。双方当事人在变更合同时，如果法律、行政法规规定应当办理批准、登记等手续的，还要依法办理相应手续。《民法典》第五百四十四条规定：当事人对合同变更的内容约定不明确的，推定为未变更。

2. 合同变更的效力

合同变更原则上将来发生效力，对已经按照原合同所作的履行无溯及力，已经履行的债务不因合同的变更而失去法律依据，未变更的权利和义务继续有效。

（二）物流合同的转让

物流合同的转让实质上是合同主体的变更，即合同权利义务的转让是指合同当事人一方依法将合同的权利义务全部或部分转让给第三人。合同的转让一般由当事人自主决定，但法律、行政法规规定转让权利或者转移义务应当办理批准、登记手续的，依照其规定。

1. 合同权利的转让

合同权利的转让，是指不改变合同的内容，债权人将其享有的债权转让给第三人享有。合同权利的转让可分为部分转让和全部转让。债权人转让权利，不需要经过债务人同意，但应当通知债务人。未经通过，该转让对债务人不发生效力。

合同权利转让的法律效力包括对内效力和对外效力。

(1) 对内效力。对内效力是指在让与人(原债权人)与受让人(第三人)之间发生的法律效力。主要体现在:

① 从属于主债权的从权利也随主债权的转让而转让;

② 让与人对转让的合同权利负瑕疵担保责任,让与人应保证其转让的权利有效存在且没有权利瑕疵;

③ 让与人将某项债权转让给他人后,不能对该项债权再次作出转让。

(2) 对外效力。对外效力是指在债务人与受让人(第三人)之间发生的法律效力。主要体现在:

① 债务人在接到债权让与通知后,应向受让人履行债务;

② 债务人向原债权人享有的一切抗辩权,在合同权利让与后可以向受让人主张;

③ 债务人对原债权人享有到期债权的,可以向受让人主张抵销权。

2. 合同义务的转让

合同义务的转让,是指在不改变合同义务的前提下,经债权人同意,债务人将合同的义务全部或者部分转移给第三人。未经债权人同意转让合同义务的行为对债权人不发生效力,债权人有权拒绝第三人向其履行义务。债权人有权要求债务人履行义务并承担不履行或者延迟履行合同义务的法律责任。

合同义务转让的法律效力包括:

(1) 新债务人成为合同一方当事人,如不履行或不适当履行合同义务,债权人可以向其请求履行债务或承担违约责任。

(2) 新债务人享有基于原合同关系的对抗债权人的抗辩权。

(3) 从属于主债务的从债务,随主债务的转移而转移。

(4) 原第三人向债权人提供的担保,若担保人未明确表示继续承担担保责任,则担保责任因债务转移而消灭。

3. 合同权利义务的概括转让

合同权利义务的概括转让又称概括承受,是指当事人一方经对方同意,将自己在合同中的权利和义务一并转让给第三人。合同权利义务的概括转让实质上是合同主体的变更,其法律效力包括:

(1) 让与人完全退出合同关系,受让人成为合同当事人,承受原有的全部权利义务。

(2) 受让人既享有主权利,也享有从权利,既要承担主债务,也要承担从债务。

(三) 物流合同的终止

物流合同的终止,是指由于一定法律事实的发生,使合同所设定的权利义务在客观上已经不存在,合同关系归于消灭。

根据《民法典》第五百五十七条规定:有下列情形之一的,债权债务终止:

① 债务已经履行; ② 债务相互抵销; ③ 债务人依法将标的物提存; ④ 债权人免除债务; ⑤ 债权债务同归于一人; ⑥ 法律规定或者当事人约定终止的其他情形。合同解除的，该合同的权利义务关系终止。

其中，履行是指物流合同的双方当事人为了一定的目的订立了合同，合同生效后，双方当事人都完全履行了自己的义务，实现了自己的权利，合同目的已经实现，那么合同确立的权利义务关系自然消失，合同终止。

债务抵销是指双方当事人互负到期债务，该债务的标的物种类、品质相同，双方可以各以其债权充当债务之清偿，而使互负债务在对等数额内相互消灭。

提存是指由于债权人的原因，债务人无法向其交付合同标的物而将该标的物交给提存机关，从而消灭债务、终止合同的行为。《民法典》第五百七十条规定: 有下列情形之一，难以履行债务的，债务人可以将标的物提存:

① 债权人无正当理由拒绝受领;

② 债权人下落不明;

③ 债权人死亡未确定继承人、遗产管理人或者丧失民事行为能力未确定监护人;

④ 法律规定的其他情形。

标的物不适于提存或者提存费用过高的，债务人依法可以拍卖或者变卖标的物，提存所得的价款。

标的物提存后，债务人应当及时通知债权人或者债权人的继承人、遗产管理人、监护人、财产代管人。

标的物提存后，毁损、灭失的风险由债权人承担。提存期间，标的物的孳息归债权人所有。提存费用由债权人负担。

《民法典》第五百六十三条规定: 有下列情形之一的，当事人可以解除合同:

(1) 因不可抗力致使不能实现合同目的;

(2) 在履行期限届满前，当事人一方明确表示或者以自己的行为表明不履行主要债务;

(3) 当事人一方迟延履行主要债务，经催告后在合理期限内仍未履行;

(4) 当事人一方迟延履行债务或者有其他违约行为致使不能实现合同目的;

(5) 法律规定的其他情形。

以持续履行的债务为内容的不定期合同，当事人可以随时解除合同，但是应当在合理期限之前通知对方。

四、违反物流合同的法律责任

(一) 违约责任的概念

违约责任是违反合同的民事责任的简称，是指合同当事人一方不履行合同义务或履行合同义务不符合合同约定所承担的民事责任。《民法典》第五百七十七条规定: 当事人一方不履行合同义务或者履行合同义务不符合约定的，应当承担继续履行、采取补救措施或者赔偿损失等违约责任。

违约责任具有以下法律特征：

（1）违约责任是一种民事责任。

（2）违约责任是违约的当事人一方对另一方承担的责任。

（3）违约责任是当事人不履行或不完全履行合同的责任。

（4）违约责任具有补偿性和一定的任意性。

（二）违约责任的形式

1. 继续履行

继续履行也称强制履行，是指违约方根据对方当事人的请求继续履行合同规定的义务的违约责任形式。其特征为：

（1）继续履行以违约为前提，体现了法的强制性。

（2）继续履行的内容表现为按合同约定的标的履行义务。

（3）继续履行以对方当事人请求为条件，法院不得迳行判决。

继续履行的构成要件：

（1）存在违约行为。

（2）须有守约方请求违约方继续履行合同债务的行为。

（3）须违约方继续履行合同。如果合同已经不能继续履行，无论是法律上不能履行还是事实上不能履行，都不可以再发生继续履行责任的承担。

2. 采取补救措施

采取补救措施是指矫正合同不适当履行、使履行缺陷得以消除的具体措施。这种责任形式，与继续履行和赔偿损失具有互补性。

根据《民法典》第五百八十二条规定：履行不符合约定的，应当按照当事人的约定承担违约责任。对违约责任没有约定或者约定不明确，依据本法第五百一十条的规定仍不能确定的，受损害方根据标的的性质以及损失的大小，可以合理选择请求对方承担修理、重作、更换、退货、减少价款或者报酬等违约责任。

3. 赔偿损失

赔偿损失也称违约损害赔偿，是指违约方以支付金钱的方式弥补受害方因违约行为所减少的财产或者所丧失的利益责任形式。赔偿损失具有如下法律特征：

（1）赔偿损失是最重要的违约责任形式。赔偿损失具有根本救济功能，任何其他责任形式都可以转化为损害赔偿。

（2）赔偿损失是以支付金钱的方式弥补损失。赔偿损失主要指金钱赔偿。但在特殊情况下，也可以以其他实物代替金钱作为赔偿。

（3）赔偿损失是由违约方赔偿守约方因违约所遭受的损失，是对守约方所遭受损失的一种补偿，而不是对违约行为的惩罚。

《民法典》第五百八十四条规定：当事人一方不履行合同义务或者履行合同义务不符合约定，造成对方损失的，损失赔偿额应当相当于因违约所造成的损失，包括合同履行后可以获得的利益；但是，不得超过违约一方订立合同时预见到或者应当预见到的因违约可能造成的损失。

4. 违约金责任

违约金是指当事人一方违反合同时应当向对方支付的一定数量的金钱或财物。违约金的设立，是为了保证债务的履行，即使对方没有遭受任何财产损失，也要按法律或合同的规定给付违约金。违约金的标准依照法定或双方在合同中的书面约定。

《民法典》第五百八十五条规定：当事人可以约定一方违约时应当根据违约情况向对方支付一定数额的违约金，也可以约定因违约产生的损失赔偿额的计算方法。

约定的违约金低于造成的损失的，人民法院或者仲裁机构可以根据当事人的请求予以增加；约定的违约金过分高于造成的损失的，人民法院或者仲裁机构可以根据当事人的请求予以适当减少。

当事人就迟延履行约定违约金的，违约方支付违约金后，还应当履行债务。

5. 定金责任

定金是指合同当事人为了确保合同的履行，根据双方约定，由一方按照合同标的额的一定比例预先给付对方的金钱或其他替代物。

《民法典》第五百八十七条规定：债务人履行债务的，定金应当抵作价款或者收回。给付定金的一方不履行债务或者履行债务不符合约定，致使不能实现合同目的的，无权请求返还定金；收受定金的一方不履行债务或者履行债务不符合约定，致使不能实现合同目的的，应当双倍返还定金。

《民法典》第五百八十六条规定：当事人可以约定一方向对方给付定金作为债权的担保。定金合同自实际交付定金时成立。定金的数额由当事人约定；但是，不得超过主合同标的额的百分之二十，超过部分不产生定金的效力。实际交付的定金数额多于或者少于约定数额的，视为变更约定的定金数额。

《民法典》第五百八十八条规定：当事人既约定违约金，又约定定金的，一方违约时，对方可以选择适用违约金或者定金条款。定金不足以弥补一方违约造成的损失的，对方可以请求赔偿超过定金数额的损失。

（三）违约责任的免责事由

免责事由也称免责条件，是指当事人即使违约也不承担责任的事由，包括法定免责事由与约定免责事由两种。法定免责事由主要是指不可抗力。约定免责事由是指当事人通过合同约定的免除承担违约责任的条款。

1. 不可抗力

不可抗力范围主要包括自然灾害、某些政府行为和社会异常事件。

不可抗力的免责效力体现在因不可抗力不能履行合同的，根据不可抗力的影响，部分或全部免除责任。但如下情况例外：

(1) 金钱债务的迟延责任不得因不可抗力而免除。

(2) 迟延履行期间发生的不可抗力不具有免责效力。

2. 免责条款

免责条款是指当事人在合同中约定免除将来可能发生的违约责任的条款，其所规定的免责事由即约定免责事由。免责条款不能排除当事人的基本义务，也不能排除故意或重大过失的责任。

法案直击

9月18日，上海A服装发展有限公司（简称“A公司”）与美国M国际贸易公司（简称“M公司”）、B公司三方签订一份协议书，B公司的代表徐某在该协议书上签字。该协议书详细约定了A公司出口销售给M公司服装的运输事宜，贸易方式为FOB上海，交货地为墨西哥。次年3月16日和3月22日，A公司收到B公司徐某的“配舱信息及进仓通知”两份传真件，均指令A公司将货物送至上海X国际集装箱修理储运有限公司（简称“X公司”）的仓库。A公司即按指令将出口服装送至X公司的仓库。上述货物由C公司代理报关，同年5月7日，C公司开具了以A公司为付款单位的运费发票。

A公司交付货物后，始终未收到B公司签发的提单。经A公司向徐某催讨后，徐某仍无法向A公司出具提单。同年9月3日，A公司以M公司实施诈骗为由向上海市南汇公安分局报案。经警方证实，徐某在安排A公司的货物出运时，正在办理从B公司至C公司的工作调动。关于此事，徐某及B公司并未告知A公司，其仍以B公司的名义通知A公司发货。该批货物不是运到墨西哥，而是运到美国洛杉矶，在目的港被擅自发放给了美国某公司。

A公司认为B公司、徐某和C公司均参与了货物运输，且三者之间的关系始终不明，故以承运人未签发提单而造成其货款损失为由对三者提起诉讼。

案例分析：

法院认为，A公司未能证明与三方被告或三方被告中的任何一方签订了货物运输合同，其要求三方被告签发提单没有法律依据，且A公司未收到货款与承运人无关。法院判决对A公司的诉讼请求不予支持。

本案例的启示是：

（1）合同签订前应审查承运人主体的运输资格和合同履行能力，包括运输资质、运输工具的安全、紧急突发情况处理方案、信誉等，了解这些情况有利于实现货运合同的目的，同时保障托运人的货物财产安全。

（2）合同订立的形式和内容规范

① 货物运输合同应当以书面形式明确各自的权利和义务，国家有统一货物运输合同文本的，应使用统

一的合同文本签订，避免出现被欺诈的情况。

② 双方当事人商定的合同条款内容只有具体、全面，才能避免因约定不明或无约定而出现不必要的麻烦。

【法律实践】

一、实践任务

1. 各团队讨论物流合同生效的条件。
2. 各团队讨论怎样可以避免违反物流合同。

二、实践目标

1. 通过实践明晰物流合同的效力和履行，尤其是物流合同变更、转让、终止的条件和法律效力。

2. 通过实践明确违反物流合同需要承担的责任，从而在签订物流合同时从多角度、多方面思考，从法律案例中学习法律知识，提升法律思维，深化对物流法律法规的认识。

三、实践步骤

1. 认真学习《民法典》《公路法》《铁路法》《民用航空法》《海商法》《道路运输条例》《国际海运条例》等法律法规。了解不同物流企业经营合同的特点、要素、注意事项。

2. 比较分析避免违反不同类型物流企业合同的条件。

四、考核要点

1. 法治思维，自觉学法用法。

2. 权利义务观念，知道哪些可以做，哪些不能做，一旦实施后自己要承担什么法律责任。

3. 运用法律武器，通过合同维护公司和自己的合法权益。

4. 判断物流合同是否有效。

任务三 物流服务项目风险测评及物流合同风险防范

【法学课堂】

一、物流服务项目风险测评

现代物流供应链不同于传统货运、货代业务，它不仅提供仓储和运输服务，而且提供集运、存货管理、分拨服务、属地交货、分类和包装等其他服务。现代物流商作为整个物流业务链的组织者与指挥者，必然要对全过程负责。物流过程中每个环节都可能存在特定风险，特别是仓储、运输、装卸，以及包装等注重实际操作的环节，其运营风险很大，存在着代理货物的丢失、损坏、雇员欺诈、经营监管疏忽，以及其他不确定风险。

（一）物流服务项目风险识别

风险识别是风险分析的前提，要根据物流服务项目的风险特征来识别风险因素，并进一步进行风险分析，进而找出关键风险因素，提出相应的风险对策。

（1）具有不确定性和可能造成损失是风险的基本特征，要从这个基本特征入手去识别风险因素。

（2）项目不同阶段存在的主要风险有所不同，风险识别应考虑其阶段性。

（3）不同项目的风险因素具有特殊性，因此，风险识别应注意针对性，强调具体项目具体分析。

（4）风险因素具有层次性，应层层剖析，尽可能深入到最基本的风险单元，以明确风险的根本来源。

（二）物流服务项目风险测评

物流服务项目在投资建设和劳动过程中，需要大量的资金投入，同时在项目建设完成后，企业也会面临各种各样的风险。投资者必须通过风险识别揭示产生风险的来源，判断风险程度，提出风险对策，避免因在制定决策中因忽视风险的存在而蒙受损失。根据物流服务项目的特点，物流服务项目开展过程中的风险主要有市场风险、管理风险、技术风险、金融风险、操作风险、环境风险等。

1. 物流服务项目初始投资阶段

物流服务项目初始投资阶段的风险主要是大量资金投入到基础设施和各种硬件设备的配备带来的。物流服务是一种综合性服务，提供物流服务的企业需要拥有雄厚的实力，能够提供包括仓储、运输等一系列综合服务，这种高标准的服务对物流企业的硬件资源提出了很高的要求，而且不同的客户对货物的仓储、运输有不同的个性化要求，在为某一特定大型生产企业进行物流服务时，物流企业需要事前根据货物的具体属性和要求，建造个性化的仓库，购置专用运输设备或对仓库和运输工具加以改造或改装。同时，由于物流服务要求的高效性、及时性等特点要求物流系统有较高的稳定性和准确性，同时配备与客户企业相适应的信息系统。整个硬件设备的配备将直接影响到日后物流服务开展的质量，同时物流服务项目初期面临的主要风险投资量大将是决策的关键，而且资金中的很大比例用于基础设施的投放建设和信息系统的构建，这笔巨额资金投放进行的建设具有很强的针对性，资金投入后，如果发生意外事件导致风险出现，企业进行资产变现的能力就会较差。

比如，某物流公司与一家大型轮胎生产厂商签订了轮胎销售物流服务合同，该企业根据客户要求，对公司现有的仓库进行翻新、改造，以及内部设备的配备，同时配备专门车队负责从工厂到仓库的短途运输，对车辆进行整改，以适应货物托运装卸的要求。由于该客户产量较大，所以仓库和车队的规模都必须与该工厂的生产能力相适应，进行该物流服务项目的投资高达上千万元，投资该项目建设，除了保证为客户提供高质量的物流服务，还必须具有大量资金投放和偿债的能力，并且愿意承担这种风险可能带来的损失。

2. 物流服务项目服务营运阶段

营运阶段的风险分为可控制的风险和不可控制的风险两种，可控制的风险是由于企业管理欠缺等原因造成的物流服务中出现的问题；不可控制的风险是指由于意外事故或者不可抗力等原因造成的无法预料的风险。本书只对可控制的风险进行分析。营运阶段从物流服务项目投产可以提供服务开始算起，到整个物流服务合同终止，这个阶段是物流服务项目投资成败的关键阶段。物流企业为客户提供物流服务的过程涉及很多环节，任何一个环节出现差错，都会直接影响整个物流系统的顺利运行。该阶段的风险主要表现在以下几个方面：

（1）客户方的原因带来的风险。在物流服务项目营运过程中，物流服务费用的获取是物流企业收入的唯一来源，因此，在物流服务项目开展过程中，客户信誉和经营状况直接影响项目的经济风险。如果客户中途取消合同或者出现其他致使合同无法履行的情况，为该客户进行专业化物流服务的前期投入不能及时收回，将给企业带来巨大的经济损失。

（2）硬件设备原因带来的风险。在物流服务过程中，完善的硬件设备是物流企业提供高效率、低成本物流服务的前提。在企业营运过程中，除了会出现一些经常发生的设备故障而带来的风险，还会出现不严格管理的风险，以及一些事先难以预料的风险，这些风险构成了营运过程中的重要风险。

（3）管理人员的原因带来的风险。在整个物流系统的运作过程中，各个环节之间的衔接都依靠物流企业的管理人员进行协调，如果管理人员在工作中存在疏忽和失职，就会导致服务效率的降低，甚至会出现造成生命、财产等重大损失的事故。这种风险在物流服务项目实施过程中产生的影响应给予足够重视，因此控制此类风险是整个物流系统顺利运行的保障。

3. 物流服务项目持续发展阶段

项目进入该阶段后的风险主要来自现有业务带来的财务风险。该阶段不需要大量资金投入，只要保证原有业务继续运行，就能够保证有比较稳定的收益，从财务角度来看，该阶段是项目盈利的重要阶段。

由于项目已进入稳定阶段，经营风险和管理风险已经较初期显著降低，但是由于客户的增加，财务风险也显著增加。对每个客户的个性化服务都会伴随新的资金投入，此时，客户自身的风险可能直接波及物流服务项目。另外，如果发生客户中途终止合同等情况，都会给企业带来很大的经济损失。

（三）物流服务项目风险防范策略

物流服务项目开展过程中会面临很多风险，这些风险都将直接或间接地威胁到项目营运的结果。在物流服务项目的建设和营运过程中，只要充分认识相关风险，并在实施过程中加以控制，大部分风险就是可以降低和防范的。

1. 深入调查，科学预测，建立科学有效的决策机制

物流服务项目一般投资大、周期长、风险多，因此要深入调查研究，分析市场需求，科学确定投资计划，对项目的各种可能方案进行可行性论证，评估方案风险发生的概率和损失程度，权衡利弊，选出最优投资方案。投资决策作为整个投资过程的起点，起着根本性的作用，大量失败的投资项目是由于投资决策的失误。因此，要提高决策者的决策能力，建立科学有效的决策机制，杜绝和减少决策失误。

2. 加强物流服务项目投资管理，增强抵御经营风险的能力

物流服务项目投资方案一经选用，就应付诸实施。项目经营风险的大小取决于项目获利能力和投资回收能力。防范项目经营风险，一是应加快项目建设进度，节约项目投资，优质高效地建好项目。二是加强项目经营管理，增强其投资回收能力。三是加强项目财务收支管理，增强其投资回收能力，通过增加财务收入，节约财务支出，实现经营现金净流量最大化，以达到尽快回收项目投资的目的，从而有利于防范经营风险。

3. 严格的制度管理

物流企业在营运过程中，通过严格的制度管理可以避免大部分风险。因此，要有严格的规章制度，将工作中出现的责任落实到个人，并结合相关奖惩机制，将人为原因造成的失误降到最低。对于可能出现问题的地方，应制定专门的审核制度，将操作流程进行标准化处理，对整个物流服务进行制度化管理，保证物流系统的顺畅营运。一方面要对信息系统和硬件设备进行专门的检修和保养，避免硬件故障造成物流服务环节中的差错；另一方面要使服务流程尽量标准化，做到有章可循，减少人为原因造成的风险。

4. 建立稳定的合作伙伴关系

物流服务项目开展初期，可以考虑强强联合，降低风险，与有丰富管理经验的大型物流企业或相关行业的大型企业合资或合伙投资建设物流服务项目，这样既可以降低投资风险，又能够在合作中学习大型企业的先进管理经验。

首先将原有的简单仓储或运输服务进行重组，形成一个有机整体，然后在稳定原有业务的基础上发展新业务，根据自身实业对目标客户进行定位，积极寻找物流服务需求企业，经过与合作企业的不断沟通，了解客户所需物流服务的具体内容以及对物流设施的要求，考察该企业的物流服务需求是否在项目的服务能力范围内。如果符合要求，结合实际为客户企业进行物流流程设计，并与企业进一步切磋，制定标准的服务流程后，签订长期物流服务合同，发展为稳定的合作伙伴关系，定期进行沟通，不断改进工作中存在的不足，提高物流服务质量，巩固合作模式的稳定性。

同时，可以考虑采取与合作伙伴利益一体化的方式保证客户的稳定性，密切关注客户的资信状况，对于资信状况好、发展能力强的客户，可以考虑通过合资、相互控股的方式将物流服务项目的发展与生产企业紧密联系起来，两者相互依存，共同发展。

二、物流企业合同风险防范

物流企业的大型综合化物流服务涉及多种服务类型的合同，包括运输、仓储、保管、委托、加工承揽、物流配送和保险等。这些合同除了具备合同的共同特征外，还具备其特殊性，如保管合同是以实践性履行为生效要件。基于此，物流企业须针对物流合同的不同特性，采用有效的管理方式，最大化地规避和减少物流合同引发的法律风险。

（一）物流企业合同面临的法律风险

1. 对物流服务行为性质辨别错误的风险

近年来，物流行业取得快速发展，不同的物流企业有不同的物流模式。

第一种是物流企业接受客户物流服务的委托，然后根据其指令来处理货物，其主要涉及运输、仓储合同的法律关系。

第二种是依托其他行业的发展模式，采用分销、代销、寄售、邮购等，如在仓库租赁合同中，双方还约定了装卸和搬运的劳务服务，则合同性质为租赁合同和劳务合同的综合。

第三种是物流企业为客户提供一体化的物流系统并负责其运营，而细化的物流服务由专业的运输、仓储企业来完成。此时，物流企业提供的高智力型服务归属于委托合同的法律性质关系。如在货物承运方办理了保险的情况下，还有可能遭受保险公司免赔额部分的损失，而根据保险原则，当发生不可抗力、第三方侵权等免责情况时，风险应由货物所有者承担，因为是货物所有者委托承运方投保，法律性质为委托代理关系，保险额之外的多余损失应由货物所有者而不是承运人来承担。因此，对物流服务行为权利与义务的界定不明确容易使物流企业遭受不必要的损失。

2. 源于电子合同的风险

电子合同是合同当事人借助网络信息技术，通过电子数据或电子邮件的交换订立的契约。

《民法典》第四百六十九条规定：当事人订立合同，可以采用书面形式、口头形式或者其他形式。

书面形式是合同书、信件、电报、电传、传真等可以有形地表现所载内容的形式。

以电子数据交换、电子邮件等方式能够有形地表现所载内容，并可以随时调取查用的数据电文，视为书面形式。

因此，电子合同属于书面形式的有效合同但又区别于传统纸质的书面形式，在合同订立过程中更容易出现各种风险。如电子合同的要约与承诺是通过虚拟的网络技术来完成的，身份认证是通过密码来确认的，合同的生效由数字签名代替，而电子数据又极容易修改且不留下任何痕迹，这些手段在带来便利的同时，也直接带来电子合同的安全法律风险。

3. 其他不同类型合同的风险

（1）运输合同风险。运输合同是承运人将货物从起运地点运输到约定地点，托运人或收货人支付运输费用的合同，而物流企业既可能是承运人也可能是托运人或者兼具双重身份。身份不同，承担的权利和义务也不尽相同，面临的法律责任风险也不同。

（2）物流企业协作的合同风险。物流服务的广泛性与深入性强化了物流企业之间的合作关系。在物流企业与分包商或信息系统服务商的合作关系中，当损失发生时，依据合同的对等原则，物流企业应先在第一时间承担赔偿责任，然后在内部再向过失方追偿。

（二）物流企业合同的风险防范途径

1. 物流合同的风险防范意识

物流合同的风险防范意识是物流企业规避和防范各种法律风险的前提。物流业务经营的广泛性与复杂性，要求物流企业在追求经济利润的过程中必须要考虑物流合同订立与履行过程中的各种法律风险，对一些大型综合物流服务项目进行前期的全面法律风险论证；另外，针对物流服务过程中的一些不确定性因素，物流企业可以通过投保事先做好风险防范，最大化控制法律风险发生的概率和分散风险，减少物流企业运营的法律成本。

2. 严格把握合同的订立条款

严格把握合同的订立条款是物流企业防范各种法律风险的关键。合同条款是双方当事人合意的具体内容，物流合同应详细规范地介绍包括物流标的、标的数量、标的质量、价款、履行期限、地点、违约责任、争议解决等内容，最大化明确合同双方的权利义务，这有助于在合同违约发生后，提高争议解决的效率，减少双方的时间成本。另外，在物流格式合同的使用过程中，提供格式合同的物流企业应当遵循公平原则确定当事人之间的权利与义务，并采取合理的方式提请对方注意免除或限制其责任条款。按照对方的要求，对该条款予以说明。

3. 运用免责条款来合理规避风险

运用免责条款来合理规避合同风险是物流企业防范风险的重要补充之一。免责条款是双方当事人在合同订立过程中事先约定限制和免除对方未来责任的合同条款。根据合同自由原则，当事人可以对合同中的权利分享与义务承担进行划分，免除当事人某些特定的权利与义务。对于物流企业而言，可以制定不可抗力、第三方侵权等免责条款来合理规避法律风险。

4. 使用担保制度

使用担保制度是物流企业防范风险的重要补充。担保制度是在债务人不履行或不能履行债务的情况下，担保人承担担保责任，以此保证合同债权实现的法律制度。担保方式主要有保证、抵押、质押、留置、定金。物流企业可以要求客户事先提供某种方式的担保，防范合同履行过程中可能产生的风险，减少物流企业可能的经济损失。

总之，物流企业应该全面管理物流合同，最大化规避物流合同可能引发的法律风险，减少企业运营过程中的法律成本，提升企业的核心竞争力，实现物流企业健康、稳定、可持续的发展。

【法律实践】

一、实践任务

1. 起草物流运输合同或仓储合同的条款。
2. 完成物流企业经营合同签订的相关手续。
3. 进行物流企业经营合同的签订工作。

二、实践目标

1. 通过实践充分了解物流企业签订合同的过程，尤其是物流企业的合同条款。
2. 通过法律实践，加强对物流企业合同的强化理解，签订合同时理性思考，通过物流企业合同的权利义务条款的签订培养责任担当意识，注意签订物流合同的风险防范。

三、实践步骤

1. 学习《民法典》，了解物流企业合同的权利义务。

2. 根据物流企业经营合同及本企业的业务范畴与客户进行业务细节的沟通协商。
3. 起草物流运输合同或仓储合同条款。
4. 完成物流企业经营合同签订的相关手续。
5. 进行物流企业经营合同的签订工作（合同条款严谨、合理）。
6. 印制物流企业合同（按照正式合同格式打印、装订，一式三份）。
7. 举行物流企业合同签订仪式。

四、考核要点

1. 爱岗敬业精神、集体主义精神、团队协作精神。
2. 对物流企业合同条款及相关法律法规掌握的熟练程度。
3. 物流企业合同的准确性、完整性、严谨性、合理性。
4. 物流企业合同签订仪式上团队成员的精神面貌和专业素养。

德法兼修

守合同重信用　树立诚信典范

2024年3月19日，广西南宁市市场监督管理局举行2022年度南宁市“守合同　重信用”公示企业授牌仪式，进一步鼓励南宁市企业加强合同和信用管理，倡导诚实守信社会风尚，促进南宁市社会信用体系建设。据悉，南宁市共有660家企业被公示为2022年度南宁市“守合同　重信用”企业。

“守合同　重信用”企业公示活动是市场监督管理部门通过对市场主体合同信用行为的正向激励，探索信用监管，落实宽进严管，促进社会信用体系建设的重要举措。自2018年开展“守合同　重信用”企业公示活动以来，南宁市有1 874户次企业被公示为南宁市“守合同　重信用”企业，获得公示的企业数量逐年递增，企业的诚实守信意识、合同履约水平越来越高。

在活动现场，南宁市市场监督管理局为获得2022年度南宁市“守合同　重信用”公示企业的代表授牌。企业代表纷纷表示，他们将以此为契机，牢固树立诚实守信的经营理念，进一步完善合同管理机制，用好南宁市“守合同　重信用”企业的金字招牌，把企业做大做强，助力南宁市经济社会高质量发展。

近年来，南宁市市场监督管理局深入开展“守合同　重信用”企业公示活动，引导企业诚信履约、守法经营，规范企业的合同行为，大力推进社会信用体系建设，不断壮大“守合同　重信用”的企业队伍，为全市企业树立诚信典范，营造公平竞争、诚实守信的市场环境。

【案例启示】物流企业应规范合同管理，明确运输、仓储等环节的权利和义务，严格按照合同履行货物安全运输、按时送达等责任。同时，要遵守法律法规，杜绝超载、虚假宣传等违规行为，以诚信经营树立良好信誉，助力行业健康发展。

知识与技能训练

一、选择题

1. 合同的订立包括（　　）两个阶段。

A. 起草和抄写　　B. 意思和表示

C. 要约和承诺　　D. 协商和谈判

2. 航空货运单是（　　）的初步证据。

A. 航空货物运输合同订立　　B. 运输条件

C. 承运人接受货物　　D. 预定航线

3. 履行地点是确定（　　）的依据。

A. 验收地点　　B. 界定运输费用承担和风险承受

C. 确定标的物所有权转移　　D. 管辖

4. 定金的数额由当事人约定；但是，不得超过主合同标的额的（　　），超过部分不产生定金的效力。

A. 百分之十　　B. 百分之二十

C. 百分之三十　　D. 百分之四十

5. 收受定金的一方不履行债务或者履行债务不符合约定，致使不能实现合同目的的，应当（　　）返还定金。

A. 双倍　　B. 三倍

C. 五倍　　D. 十倍

二、判断题

1. 对于不能即时清结的合同和标的数额较大的合同，比较适合使用书面形式合同。（　　）
2. 航空货运单是指由托运人提供的具有航空货物运输合同基本内容的运输单证。（　　）
3. 依法成立的合同，自成立时生效，但是法律另有规定或者当事人另有约定的除外。（　　）
4. 当事人对合同变更的内容约定不明确的，推定为未变更。（　　）
5. 不可抗力的免责效力体现在因不可抗力不能履行合同的，根据不可抗力的影响，全部免除责任。（　　）

三、技能训练

以业务部门为单位录制并剪辑一段本企业签订物流企业合同的视频，讲述物流企业合同签订阶段每个环节的法律故事，记录每位物流企业经营人的贡献，在课堂上分享，小组间相互评分。

物流企业合同管理相关法律法规与政策规范的调研

一、调研背景

在现代物流企业经营中，物流企业合同纠纷在《民法典》颁布以后占比较高。物流企业在经营过程中有七个主要环节，包括运输、储存、装卸搬运、包装、流通加工、配送、信息处理，由于环节多、过程复杂，与物流企业合同管理相关的法律法规和政策要求也呈现出多样化和细化的特点。因此，有必要对与物流企业合同管理的相关法律法规和政策要求进行系统调研和分析，从而指导物流企业的合同订立和履行等管理工作。

二、调研目标

1. 全面了解物流企业合同相关法律法规和政策要求

梳理国家及地方层面关于物流企业合同相关的法律法规、政策文件、标准规范等，明确其适用范围、主要内容及实施要求。

2. 分析与物流企业合同管理相关的法律法规和政策要求的实施情况

通过实地调研、访谈等形式，了解物流企业在执行相关法律法规和政策要求方面的实际情况，评估其实施效果。

3. 识别物流企业合同管理中存在的问题与不足

基于调研结果，分析物流企业在合同管理方面存在的问题与不足，为提出改进措施提供依据。

4. 提出加强物流企业合同管理的对策建议

结合国内外先进经验，针对调研发现的问题与不足，提出加强物流企业合同管理的对策建议，为物流企业合同的订立和履行提供参考。

三、调研步骤

1. 调研准备

明确调研目的和范围，组建调研团队，制订调研计划，确定调研方法、调研对象、调研时间、调研地点等。

2. 资料收集

（1）查阅文献资料。收集国家及地方层面关于物流企业合同的法律法规、政策文件、标准规范等文献资料。

（2）网络搜索。利用互联网搜索相关领域的最新政策动态、研究成果及案例分析。

（3）专家咨询。向物流、法律、安全等领域的专家进行咨询，获取专业意见和建议。

3. 实地调研

（1）企业访谈。选取具有代表性的物流企业进行实地访谈，了解其在合同管理方面的实际情况、存在的问题及改进措施。

（2）现场观察。现场观察物流企业的运输、储存、装卸搬运、包装、流通加工、配送、信息处理等环节的合同订立和履行等情况，了解合同管理措施的实施情况。

（3）问卷调查。设计并发放问卷，收集物流企业合同管理对相关法律法规和政策要求的认知度、执行情况及建议。

4. 数据分析

（1）数据整理。对收集到的文献资料、访谈记录、问卷数据等进行整理和分析。

（2）问题归纳。基于数据分析结果，归纳物流企业合同管理中存在的问题与不足。

（3）对策建议。针对存在的问题与不足，结合国内外先进经验，提出加强物流企业合同管理的对策建议。

5. 调研报告撰写

（1）撰写调研报告。根据调研结果和分析结论，撰写物流企业合同管理相关法律法规和政策要求的调研报告。

（2）报告评审。邀请专家对调研报告进行评审，提出修改意见和建议。

（3）报告完善。根据专家评审意见，对调研报告进行修改和完善。

（4）后续跟踪。对调研成果的应用情况进行跟踪和评估，为调研工作改进提升提供参考。

05 项目五

Chapter

物流企业风险控制相关法律事务

素养目标

- 培养学生的法律意识和风险意识，遵纪守法，自觉维护法律秩序，了解法律后果，抵制违法行为，规避法律风险
- 践行岗位职责，培养忠诚、责任、担当意识

知识目标

- 掌握物流企业经营、物流企业财务管理、物流企业员工职务犯罪等方面的法律法规及潜在法律风险
- 掌握不同法律风险的防范方法及应对方法
- 熟悉物流保险的相关险种、保险责任、保险条款

技能目标

- 能够形成法律意识，用法律维护企业权益
- 能够对物流企业的法律风险进行预判和防范
- 能够提升法律专业能力与素养
- 能够正确分辨和避免违法行为

思维导图

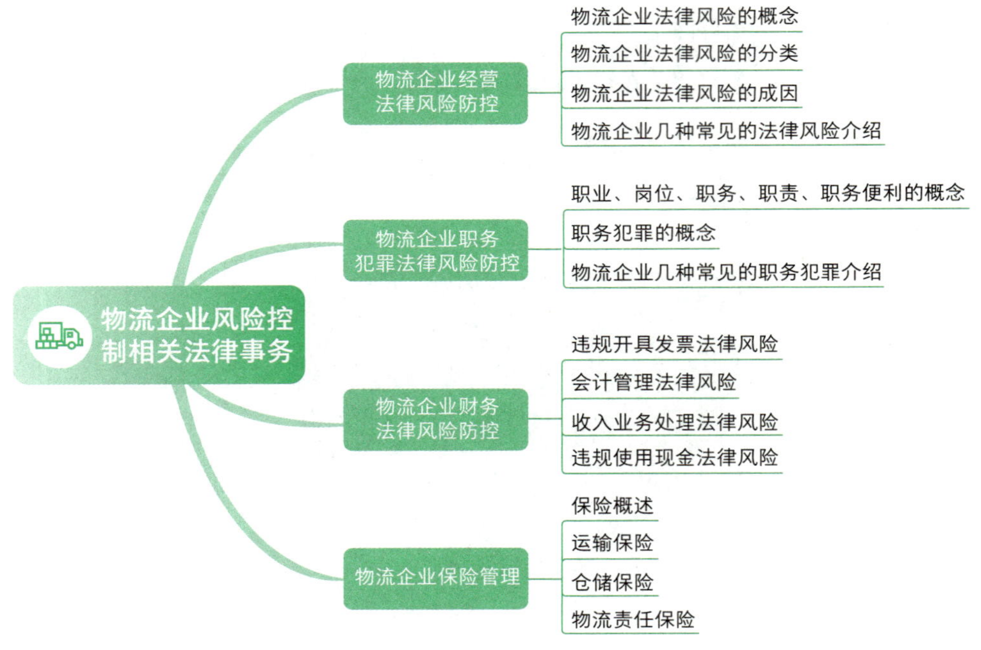

任务发布

起草物流企业重要岗位或高风险岗位的管理规程。

任务执行部门

物流企业法务部及人力资源培训部

任务引导

1. 以团队为单位分析所创建物流企业的组织结构，共同完成企业组织结构图及岗位设置图，并明晰各岗位的职能。

2. 分析各岗位可能出现的法律风险及容易出现的工作漏洞，并讨论分析不同岗位与员工的性格特点应该如何匹配。

3. 对照物流企业职务犯罪法律知识，分析不同物流企业可能出现的犯罪类型，尤其是本类型企业岗位的法律风险。

4. 以团队为单位搜集整理本类型物流企业的职务犯罪案例并进行分析研究，充分认识职务犯罪给企业及员工带来的危害，制作完成案例警示集。

5. 按照制约原则、规范原则、可操作执行原则，为本企业1～3个岗位起草制订风险防控及管理规范。

6. 完成一次与企业员工相关的法律培训。

引导案例

法院发出司法建议书防控风险　为网络货运平台合规经营开良方

网络货运是国家推动全社会物流效率提升、引导行业规范有序发展的重要举措。借助于网络货运平台，全面整合散乱的运力与货源，实现货主与司机一键匹配，同时通过平台的统一管理和调度，车辆利用率显著提高，使物流行业长期处于“散、小、乱”的局面得到了改善。

《网络平台道路货物运输经营管理暂行办法》规定了网络货运经营是承担承运人责任的道路货物运输经营活动，同时明确了网络货运经营不包括仅为托运人和实际承运人提供信息中介和交易撮合等服务的行为。但并未将众多货运平台纳入管理范畴，货运平台车辆和驾驶人准入条件、托运人与实际承运人、驾驶人身份信息核验以及投诉记录等相关信息保存平台和驾驶人劳务关系等方面也缺少具体规定。

在司法实践中，货运平台企业虽然不是运输合同的相对方，但网络货运行业矛盾纠纷的源头，往往与平台企业在是否合规准入、服务安全管理、平台纠纷解决体系等关键环节密切相关，以司法建议的方式，进行前置化提醒，帮助平台企业进行法律风险防控，可以促使其提升合规经营水平，补齐行业短板和漏洞，切实担起企业社会责任。

为充分保障货运行业各类主体的合法权益，有效预防和减少利用平台规则漏洞进行违法犯罪行为，促进网络货运行业有序发展，天津港中心法庭发出《司法建议书》，将网络货运平台综合治理关口前移。

《司法建议书》建议货运平台要强化合规，合理制定经营规则，完善监管体系，探索借助人工智能、大数据技术对货物运输全流程进行动态审核监管，强化人员和车辆资质审核，实时掌握驾驶人的身份信息、车辆运行轨迹，助推行业精细化管理。此外，要着重加强行业自律，杜绝恶意压价竞争、虚假运输、差异化派单等情况，确保行业稳定发展，同时，完善投诉举报客服处理机制，及时解决司机群体诉求，维护货运从业者的合法权益，营造货运行业的良好生态。

通过反馈回访把建议做到“有始有终”。要求货运平台企业高度重视，进行专题研究，针对司法建议内容，在严格司机准入、强化人脸识别、加大技术和资金投入、强制投保车辆运营险种等方面逐条反馈和整改。

天津港中心法庭通过做好“案例释法+风险提示+司法建议”一揽子配套服务，增强网络货运生态圈三大主体的法律意识和风险意识，与行业监督管理部门形成合力，做好法治“补救”与指引，使其在“突飞猛进”的发展中平稳安全，不脱离法治轨道。

引思明理

随着数字经济与货运物流行业的融合，天津港中心法庭将办案职能向社会治理领域延伸，增强行业内各类主体的法律意识，促进企业依法合规经营，实现良性互动，进而依法促进网络货运行业的健康发展。这种办案方法和效果，是深入贯彻以人民为中心的发展思想，抓牢源头性疏导、实质性化解、综合性治理的发力点，努力满足人民群众对新时代司法的新需求和新期待，为推动实现社会治理现代化，构建基层社会治理新格局发挥积极作用。

任务一　物流企业经营法律风险防控

【法学课堂】

2024 年我国社会物流总额 360.6 万亿元，物流行业从 20 世纪 80 年代发展至今，从传统的“储运”方式到今天的战略性新兴产业物流、金融物流、绿色物流、国际物流、供应链等多样化物流新业态出现，物流企业面临着前所未有的竞争、机遇与挑战。为获取竞争优势，物流企业对于经营管理水平、成本优化控制、核心竞争力提升等方面都有了更多关注，但是对于企业经营过程中形成的法律关系和出现的法律问题的关注度相对欠缺。法律意识的欠缺和企业规范的不完善，必将使得企业承担法律责任和经济损失，这些对企业的打击往往是巨大且致命的。因此，企业面对法律风险，要做的不仅是通过法律手段挽回各种损失，更重要的是加强事前的控制与防范，尽可能规避法律风险的出现。

一、物流企业法律风险的概念

物流企业法律风险是指物流企业在经营过程中，由于行为不规范或外部法律事件而造成的企业所需承担的预期与未来实际结果发生差异的法律责任。法律风险是物流企业商业风险中的重要部分，其风险的可能性和未知性会给企业带来负面影响和不良后果，导致企业收益减少、违规处罚、失去竞争机会，甚至会阻碍企业的规划与发展，导致企业破产倒闭。

二、物流企业法律风险的分类

物流企业经营过程中对内有部门管理、员工组织，对外有市场竞争、主体沟通，形成了纷繁复杂的法律关系，存在着不同程度的潜在法律风险，国家政策法规的制定与调整也会给物流企业经营带来影响。物流企业法律风险的分类如下:

1. 按照引发风险的来源分类

按照引发风险的来源不同，物流企业的法律风险可以分为内部法律风险和外部法律风险。内部法律风险一般侧重于企业内部组织管理、员工劳资等方面，如企业设立法律风险、企业治理法律风险、企业人力资源法律风险等。外部法律风险主要是企业对外形成的法律关系中所涉及的法律风险，一般是合同风险、业务处理风险、政商关系风险和政策性变化等方面的法律风险。

2. 按照引发风险的行为分类

按照引发风险的行为不同，物流企业的法律风险可以分为违规风险、违约风险、侵权风险、怠于行使权利风险、其他不当行为风险。违规风险是指企业因违反法律法规导致的风险，例如超范围经营。违约风险主要存在于合同中违反约定、不履行或不恰当履行合同导致的风险。侵权风险是指侵犯合法权益导致的风险，是多发生在知识产权等方面的侵权行为引发的风险。怠于行使权利风险是指未及时或未适当行使法定权利或约定权利导致的风险，例如商标管理、清欠账款等怠于行使法律权利导致的不利后果就属于该类法律风险。

3. 按照风险结果是否单一分类

按照法律风险所产生的结果是否单一，可以分为纯粹法律风险和投机法律风险。纯粹法律风险是指只产生法律意义的违法风险，其结果只有不利一种情况；投机法律风险在法律意义上会产生非单一结果，其结果有可能是合法，也有可能是违法。因此，产生的结果有可能是有利的，也有可能是不利的。投机法律风险不能完全否定，要充分评估否定性影响和风险规避预案，特别值得注意的是，投机法律风险必须是合法条件下的法律风险，如果不满足该条件，企业以违法行为获取收益，无论短时间内是否被发现，都属于纯粹法律风险。

4. 按照承担的法律责任不同分类

按照承担的法律责任不同，可以分为民事法律风险和刑事法律风险。民事法律风险主要体现在一些法律关系的纠纷上，例如，企业在签订和履行合同中产生的经济纠纷等。刑事法律风险主要体现在违法方面，例如，违法经营，生产、销售伪劣及违禁产品，合同诈骗、票据诈骗，进出口中走私行为等，均属于刑事法律风险。刑事法律风险对企业的危害最为严重，甚至是毁灭性的。

三、物流企业法律风险的成因

现代物流以综合体为主，在运输、仓储、配送、流通加工、包装、装卸搬运等环节会产生较复杂的法律关系，物流企业法律风险也随之增多和复杂，企业在设立、经营、发展、合同、人事、保险等流程中都会产生多种多样的法律风险。归纳起来，物流企业法律风险的成因有以下几点:

1. 企业员工的不法行为造成的法律风险

在企业经营过程中，如果疏忽对员工行为的规范和法律意识的培养，出现挪用资金、职务侵占、行贿受贿等不法行为，将会给公司带来较大的法律风险，使企业利润受损、商誉受损，还会面临行政处罚和刑事处罚。

2. 法律政策调整与变更造成的法律风险

法律政策调整与变更会给物流企业带来一定的法律风险，需要企业及时关注其行为的合法性，以及可能形成的法律风险。例如，2020 年 4 月 25 日，商务部、海关总署和国家市场监督管理总局联合发布了《关于进一步加强防疫物资出口质量监管的公告》，对已取得国外标准认证或注册的医用物资调整报关流程，并对口罩医用、非医用的出口手续作出新的规定。这些政策法规的变动，对进出口物流企业，尤其是物流报关及代理企业至关重要。

《道路运输条例》《民用航空法》《道路危险货物运输管理规定》《国内水路运输管理条例》《快递市场管理办法》《商贸物流高质量发展专项行动计划（2021—2025 年）》《深入推进快递包装绿色转型行动方案》《“十四五”现代物流发展规划》等，都是与物流行业相关的法律法规和产业发展政策。

3. 法律本身的不确定性造成的法律风险

物流企业对应的法律关系较为复杂，法律概念难以全面覆盖，行业发展与变化也使得法律的不确定性较为突出，法律的适用及案件的性质确定及判罚不确定性也给物流企业带来较大的法律风险。因此，物流企业在行为规范、合同管理等方面的条款应该更加细致严谨，这将有效地降低该因素带来的法律风险。

4. 行政机关职责不明确造成的法律风险

行政机关及工作人员应该充分履职，积极实施行政行为，但是由于各种原因，其不作为或错误执法也会导致物流企业的法律风险。例如，公司依法进行变更申请，市场监督管理部门未充分履行监管职责，有可能会引发企业经济纠纷、经营损失、超经营范围等法律风险。特别是物流行业由于其功能较为繁杂，目前缺乏一个独立的物流主管部门，是按照业务形态进行的分类管理，行政机关履职方面容易形成推诿、扯皮、滞后等问题，这些也导致了物流企业的法律风险。企业面对这些问题首先可以申请相关行政机关履行其法定职责，一般情况下，行政机关在收到申请两个月内应该履职，依然不履职的，企业可以选择行政复议或向人民法院提请行政诉讼。

四、物流企业几种常见的法律风险介绍

1. 物流企业设立法律风险

物流企业在公司设立过程中，往往关注于公司设立的市场准入以及公司在市场监督管理部门的注册登记流程，认为取得营业执照是设立中最重要的法律问题，但是对于公司性质的法律风险以及公司章程、设立协议、股东退出与吸纳、出资等方面的法律风险较为忽视，因此，容易造成因企业设立而出现的各种法律纠纷。不利于公司的运营管理，也不能很好地保护公司和股东的正当合法权益。

（1）公司类型选择的法律风险。企业的类型多种多样，不同类型的公司所产生的法律风险点各有不同，其形成的债务法律风险及防范如表 5–1 所示。

表 5–1　不同类型公司形成的债务法律风险及防范

公司类型	法律风险点	风险防范	法规参考
个人独资企业	个人独资企业不具备法人资格，个人对企业债务承担无限责任	个人注册时要注意个人财产与家庭财产的区分和明确	《民法典》《个人独资企业法》
有限责任公司	有限责任公司具有法人资格。公司以其全部财产对公司的债务承担责任。股东以其认缴的出资额为限对公司承担责任	股东仅以出资额为限承担有限责任，但是如果股东有损害公司利益的行为，需承担连带责任	《公司法》
一人有限责任公司	一人有限责任公司按有限责任公司的原则处理债务，但是股东无法证明公司财产独立于股东自己的财产的，应对公司债务承担连带责任	股东要特别注意个人财产与公司财产的区分和独立，要注意财物账目的记载，不能出现混同问题	《公司法》
合伙企业	普通合伙企业由普通合伙人组成，合伙人对合伙企业的债务承担无限连带责任。有限合伙企业由普通合伙人和有限合伙人组成，普通合伙人对合伙企业的债务承担无限连带责任，有限合伙人以其认缴的出资额为限对合伙企业的债务承担责任	有限合伙企业中至少要有一个普通合伙人，普通合伙人必须是具有完全民事行为能力的人，但是有限合伙人不局限于这个要求，普通合伙人转变为有限合伙人对其转变前的债务承担无限责任，有限合伙人转变为普通合伙人对其转变前和转变后的债务均承担无限连带责任，如果有约定的，先进行债务清偿，再进行债务追偿	《合伙企业法》
分公司与子公司	子公司具有法人资格，依法独立承担民事责任。分公司不具有法人资格，其民事责任由公司承担	分公司是总公司的分支机构或单位，不具备独立性，分公司无力承担数额较大的债务，总公司需承担连带责任。同理，总公司无力承担的债务，债权人可以申请分公司承担	《公司法》

(2) 公司设立协议与公司章程的法律风险。在公司设立中，很多公司对于公司章程和设立协议的法律认识较为不足，简单地认为仅仅是注册所需提供的一份文件而已，往往直接采用市场监督管理部门提供的公司章程模板，忽略了物流企业经营的多样化及企业自身的独特性，使其公司章程不具备实用性和可操作性，形同虚设，在公司决策、公司治理中存在着严重的法律风险。

《公司法》第五条规定，设立公司应当依法制定公司章程。公司章程对公司、股东、董事、监事、高级管理人员具有约束力。

公司章程的法律风险主要体现在以下几个方面:

① 组织条款方面。公司股东会、董事会的议事方式和表决程序; 董事长、副董事长的产生; 股东会的召开等重大决策及事项均需依照公司章程进行，如果公司章程约定不明确，公司具体操作容易陷入混乱，形成法律危机。

② 无效条款方面。公司章程是公司自己的规则，体现股东自治，只要不违反国家法律的强制性规定，就属于股东个人真实意愿的表达，可以进行自由约定。但是缺乏法律依据的公司章程内容将被认定为无效条款，对于其构成的法律风险应给予高度重视。例如，公司除名规则、约定对股东的罚款、限制股权转让等，这些方面一定要与《公司法》高度契合，否则将成为无效条款，其合法性不被法律认可。

③ 内容缺失方面。公司设立协议缺失或约定内容不当会直接关系到公司是否可以合法设立、规范经营。物流企业设立协议应具有同业竞争、竞业禁止、保密条款、费用分担、违约责任、权利义务、风险控制等内容，如果缺乏明确约定和争议解决机制，则公司有可能需要通过诉讼解决投资人之间的纷争，同时也极易产生违约和侵权责任。

(3) 公司出资的法律风险。根据《公司法》第四十八条规定，股东可以用货币出资，也可以用实物、知识产权、土地使用权、股权、债权等可以用货币估价并可以依法转让的非货币财产作价出资; 但是，法律、行政法规规定不得作为出资的财产除外。对作为出资的非货币财产应当评估作价，核实财产，不得高估或者低估作价。法律、行政法规对评估作价有规定的，从其规定。公司出资方面的法律风险主要体现在以下几个方面:

① 非货币出资的法律风险。非货币出资其资产的价值、所有权、市场因素价值等方面都极易发生法律风险。因此，出资人以非货币财产出资，应当依法评估作价，股东协商自行评估作价的非货币出资行为是无效出资。公司、其他股东或者公司债权人请求认定出资人未履行出资义务的，人民法院应当委托具有合法资格的评估机构对该财产评估作价，出资评估不实，将追究其违约责任和连带责任。评估确定的价额显著低于公司章程所定价额的，人民法院应当认定出资人未依法全面履行出资义务。同时，要特别注意的是，知识产权可以估价转让实现出资，劳动技能不能作为出资方式。

② 虚假出资、抽逃出资的法律风险。虚假出资和抽逃出资将减少公司财产，降低公司偿债能力，会损害公司、股东及公司债权人等相关权利人的权益。《公司法》第二百五十二条规定，公司的发起人、股东虚假出资，未交付或者未按期交付作为出资的货币或者非货

币财产的，由公司登记机关责令改正，可以处以五万元以上二十万元以下的罚款；情节严重的，处以虚假出资或者未出资金额百分之五以上百分之十五以下的罚款；对直接负责的主管人员和其他直接责任人员处以一万元以上十万元以下的罚款。第二百五十三条规定，公司的发起人、股东在公司成立后，抽逃其出资的，由公司登记机关责令改正，处以所抽逃出资金额百分之五以上百分之十五以下的罚款；对直接负责的主管人员和其他直接责任人员处以三万元以上三十万元以下的罚款。

超过法定出资期限，《公司法》第四十七条第一款规定，有限责任公司的注册资本为在公司登记机关登记的全体股东认缴的出资额。全体股东认缴的出资额由股东按照公司章程的规定自公司成立之日起五年内缴足。第五十三条规定，公司成立后，股东不得抽逃出资。违反前款规定的，股东应当返还抽逃的出资；给公司造成损失的，负有责任的董事、监事、高级管理人员应当与该股东承担连带赔偿责任。

虚假出资、抽逃出资的发生主要还是发起人和股东对公司法人地位缺乏认知，对于公司财物和个人财产没有明晰界定，以为自己出资的公司其公司财物就是个人资产，可以任意使用和拿取，导致触碰法律红线。

（4）股权结构法律风险。公司股权结构存在的问题一般有均衡型股权结构、集中型股权结构、分散型股权结构。这几种股权结构存在僵持不下，难以形成有效决议，容易引发控制权争夺；某方持股比例太高，董事会、监事会、股东会形同虚设，人治代替法治，大股东行为缺乏约束；缺乏控股股东，企业决策困难等法律风险。股权占比意义如下：67% 以上代表绝对控股权，享有公司重大决策决定权；51% 代表实际控制权，大股东掌控相对控制权；34% 享有表决权和行使否决权；10% 可以召开股东会；5% 为重大股东变动警示线。虽然股东占公司股权在法律上没有强制性禁止规定，但是为保障公司稳定经营，公司设立之初，要全面考虑股权架构，要重视股权占比数据。一般来说，2 人持股比例避免 50%∶50%，3 人持股比例避免 33%∶33%∶34%。

2. 物流企业合同法律风险

合同是企业从事经济活动取得的经济效益，明确相互权利义务的法律协议，但是如果忽视合同的预见性、可执行性和条款的严密性，极易引发合同纠纷、违约责任等法律风险，物流合同风险也是物流企业法律风险中的常见内容，主要包括以下内容：

（1）订立合同法律风险。

① 合同签订前未核实签订方是否具有主体资格以及履约能力，未审核合同方资质，例如营业执照、业务许可文件等，委托他人签订合同，未审核代理人权限，未对合同订立方信用进行审查。

② 未按规范流程履行合同签订手续，先履行后补签甚至不签，先签章后填写合同内容等，加盖不符合规定效力的合同章，签约方名称与实际签章不符，未写明签约日期。

③ 合同内容缺乏完整性，双方的权利义务约定不明晰，对于违约责任、争议解决等

未做约定；责任条款不合理，明显有失公允；形式内容违反法律规定，致使合同条款无效或部分无效，严重时会涉及合同诈骗等刑事责任。

④ 合同订立超越企业经营范围未予以变更的，该行为将受到行政处罚，但是企业超经营范围所订立的合同，如果没有违反国家限制经营、特许经营，以及法律、行政法规禁止经营规定的，不因此认定合同无效。

⑤ 口头合同虽然也是合同的一种，但是缺乏有效载体，不利于双方权利义务和责任的界定，所以建议物流企业尽量订立书面合同，能更有效地规避法律风险。如果是传真件，需查看传真件上是否显示对方公司名称和电话号码及发送时间；如果是复印件，除非对方承认，否则法院将不予采用。

（2）履行合同法律风险。

① 延迟履约法律风险。合同一般会约定履约期限，延迟履约将产生违约责任。如果合同约定了，按照合同约定支付违约金及履行违约责任；如果合同未约定，由承担违约责任方承担损失，严重时可能会导致合同解除。

《民法典》第五百六十三条规定，有下列情形之一的，当事人可以解除合同：

a. 因不可抗力致使不能实现合同目的；

b. 在履行期限届满前，当事人一方明确表示或者以自己的行为表明不履行主要债务；

c. 当事人一方迟延履行主要债务，经催告后在合理期限内仍未履行；

d. 当事人一方迟延履行债务或者有其他违约行为致使不能实现合同目的；

e. 法律规定的其他情形。

以持续履行的债务为内容的不定期合同，当事人可以随时解除合同，但是应当在合理期限之前通知对方。

② 瑕疵履约法律风险。合同履行应全面完整，双方按照约定完成责任义务，但是对于提供货品不符合或不完全符合合同约定的属于瑕疵履约。

《民法典》第五百八十二条规定，履行不符合约定的，应当按照当事人的约定承担违约责任。对违约责任没有约定或者约定不明确，依据本法第五百一十条的规定仍不能确定的，受损害方根据标的的性质以及损失的大小，可以合理选择请求对方承担修理、重作、更换、退货、减少价款或者报酬等违约责任。

③ 不能履约法律风险。不能履约一般有：因己方过失造成损失无法履约，因不可抗力导致无法履约，法定条件或对方违约可能损害己方利益停止履约三种情况。

《民法典》第五百八十三条规定，当事人一方不履行合同义务或者履行合同义务不符合约定的，在履行义务或者采取补救措施后，对方还有其他损失的，应当赔偿损失。

《民法典》第五百八十四条规定，当事人一方不履行合同义务或者履行合同义务不符合约定，造成对方损失的，损失赔偿额应当相当于因违约所成的损失，包括合同履行后可以获得的利益；但是，不得超过违约一方订立合同时预见到或者应当预见到的因违约可能造成的损失。

不可抗力通常是指由自然原因（如地震、台风、大雪等）或由社会原因（如战争、动乱、疫情等）在合同订立时无法预见、无法避免、无法克服的客观情况。《民法典》第五百九十条规定，当事人一方因不可抗力不能履行合同的，根据不可抗力的影响，部分或者全部免除责任，但是法律另有规定的除外。因不可抗力不能履行合同的，应当及时通知对方，以减轻可能给对方造成的损失，并应当在合理期限内提供证明。当事人迟延履行后发生不可抗力的，不免除其违约责任。

《民法典》第五百二十七条规定，应当先履行债务的当事人，有确切证据证明对方有下列情形之一的，可以中止履行：① 经营状况严重恶化；② 转移财产、抽逃资金，以逃避债务；③ 丧失商业信誉；④ 有丧失或者可能丧失履行债务能力的其他情形。当事人没有确切证据中止履行的，应当承担违约责任。

3. 物流企业融资法律风险

融资是指企业在发展过程中，由于自身经营情况、资金情况、扩张拓展等原因，以企业资产、权益、预期收益为基础，筹集资金的行为与过程。融资一般采用债权融资、股权融资、上市融资和其他融资四种方式。在企业面临融资困难，缺乏正规、有效融资渠道的情况下，往往通过民间借贷、非法集资、违规借贷、高利贷等方式进行筹资，这些行为势必形成较高的法律风险。有的企业骗取贷款，立案为贷款诈骗罪。下面对融资法律风险做如下介绍。

（1）债权融资法律风险。债权融资是指企业通过借钱的方式进行融资，企业除了承担到期偿付本金的义务，还需要承担资金的利息。企业要注意债务承担能力，避免因无力偿债产生法律纠纷。同时根据其融资对象和方式的不同，债权融资分为企业借贷、民间借贷、贷款融资、融资租赁、企业债券等几种方式。

债权融资对于借贷边界的把握处理不当，极易产生非法集资的法律风险。特别要注意以下几点：

① 集资对象应严格控制在本单位内部职工，不包括为了非法吸收公众存款而通过招聘吸纳为公司员工的人员，不向社会公开，也不包括职工的亲朋好友或其他关系人，同时应明确集资用途和投入项目，不得违反约定另做他用。

② 集资利率应该合理，根据《最高人民法院关于修改〈关于审理民间借贷案件适用法律若干问题的规定〉的决定》，对第二十六条的修改，出借人请求借款人按照合同约定利率支付利息的，人民法院应予支持，但是双方约定的利率超过合同成立时一年期贷款市场报价利率四倍的除外。前款所称“一年期贷款市场报价利率”，是指中国人民银行授权全国银行间同业拆借中心自 2019 年 8 月 20 日起每月发布的一年期贷款市场报价利率。

③ 以向其他企业借贷或者向本单位职工集资取得的资金又转贷给借款人牟利，且借款人事先知道或者应当知道的，则相应借贷行为应当被认定为无效。

《中华人民共和国刑法》（简称《刑法》）第一百七十六条规定，非法吸收公众存款或者变相吸收公众存款，扰乱金融秩序的，处三年以下有期徒刑或者拘役，并处或者单处罚金；数额巨大或者有其他严重情节的，处三年以上十年以下有期徒刑，并处罚金；数额特别巨大或者有其他特别严重情节的，处十年以上有期徒刑，并处罚金。

单位犯前款罪的，对单位判处罚金，并对其直接负责的主管人员和其他直接责任人员，依照前款的规定处罚。

有前两款行为，在提起公诉前积极退赃退赔，减少损害结果发生的，可以从轻或者减轻处罚。

（2）股权融资法律风险。股权融资是指企业股东愿意出让部分企业股权，不通过金融中介机构，通过增加股本引进新股东，资金供给者作为所有者享有对企业控制权的融资方式。股权融资方式所获资金，企业无须偿还，且具有长期性、不可逆性和无负担性。股权融资可以采用基金组织、银行承兑、股权质押、资本募集等方式进行。股权融资需要注意的法律风险有如下几点：

① 因为需要引进新股东，需要介绍企业经营情况和财务状况，企业商业秘密存在泄露的风险。

② 在增资扩股或引资过程中，容易出现股权比例不当，企业实际控制权稀释或转移他人的法律风险。

《公司法》第八十四条规定，有限责任公司的股东之间可以相互转让其全部或者部分股权。股东向股东以外的人转让股权的，应当将股权转让的数量、价格、支付方式和期限等事项书面通知其他股东，其他股东在同等条件下有优先购买权。股东自接到书面通知之日起三十日内未答复的，视为放弃优先购买权。两个以上股东行使优先购买权的，协商确定各自的购买比例；协商不成的，按照转让时各自的出资比例行使优先购买权。公司章程对股权转让另有规定的，从其规定。

③ 资本募集中私募股权融资也是一种比较常见的融资方式。根据国家发展改革委办公厅下发的《关于促进股权投资企业规范发展的通知》，股权投资企业的资本只能以私募方式，向特定的具有风险识别能力和风险承受能力的合格投资者募集，不得通过在媒体（包括各类网站）发布公告、在社区张贴布告、向社会散发传单、向公众发送手机短信或通过举办研讨会、讲座及其他公开或变相公开方式（包括在商业银行、证券公司、信托投资公司等机构的柜台投放招募说明书等），直接或间接向不特定或非合格投资者进行推介。股权投资企业的资本募集人须向投资者充分揭示投资风险及可能的投资损失，不得向投资者承诺确保收回投资本金或获得固定回报。股权投资企业的投资领域限于非公开交易的股权；投资方向应当符合国家产业政策、投资政策和宏观调控政策等。同时要特别注意法律风险：一定要遵循私募股权基金募集不公开原则，以及私募股权基金募集对象规模限制。

4. 物流企业诉讼仲裁法律风险

企业在日常运营过程中，不可避免地要面临各种法律风险，会采用诉讼或者申请仲裁的方式维护和获取自身权益，在此过程中企业需要充分了解诉讼程序及诉讼技巧，避免相关法律风险，保障企业合法权益。企业的诉讼仲裁法律风险主要有证据风险、时效风险、期限风险等。

（1）诉讼前的准备。

① 明确被告主体和具体诉讼请求、事实和理由。

② 充分的证据材料，检查证据是否齐备。

③ 核对法定诉讼时效。

④ 诉讼当事人的确定及当事人有无有效的住址，诉讼材料能否及时送达。

⑤ 确定人民法院受理民事诉讼的范围和受诉人民法院管辖权问题。

⑥ 确认诉讼成本，包括诉讼费、律师费、保全费、差旅费等。

⑦ 确认对方当事人的财产状况，有无财产可供执行。

（2）诉讼的法律风险。

① 不能充分举证的风险。

② 不在法定期限内申请证人出庭作证、证人不出庭作证或者参加了旁听的法律风险。

③ 超时提供证据的风险。

④ 不能提供原始证据的风险。

⑤ 不按时出庭的风险。

⑥ 申请鉴定的风险。

⑦ 仲裁请求不当、不全或者超过时效的风险。

（3）案件执行过程中的法律风险。

① 对方当事人转移、隐匿财产。

② 对方当事人已无财产可执行。

③ 对方当事人怠于行使到期的债权或者放弃债权。

④ 无法向法院提供被执行人下落或被执行人财产下落。

【法律实践】

一、实践任务

1. 根据自己公司的经营特点，列出公司各项经营业务。

2. 根据各项业务的特点，列出其法律风险点，并收集整理相关法律案例和法院判例，提出规避建议。

3. 列出企业诉讼流程。

二、实践目标

1. 通过实践强化法律意识，明确知晓公司经营中的各项法律风险。

2. 通过实践进一步认知法律风险的成因，形成法律风险防范意识和法律风险控制意识，对风险有一定的预见性和规避预案。

3. 了解企业诉讼流程，能维护企业合法权益。

三、实践步骤

1. 团队协作，共同完善公司经营管理及风险管理。

2. 学习《民法典》《刑法》《公司法》等，进一步梳理企业设立、企业经营、企业融资、企业维护权益等方面的法律要点，尤其是法律风险点。

3. 学习法律风险相关知识，了解风险成因、风险特点、风险规避应对方法，以及法律规范。

4. 梳理企业诉讼流程和注意事项。

四、考核要点

1. 法律意识。是否掌握公司经营的相关法律要点。

2. 风险意识。是否具有良好的风险把控、风险预判能力。

3. 规避意识。面对法律风险，是否具有完善、控制、管理和弥补的能力。

任务二　物流企业职务犯罪法律风险防控

【法学课堂】

要了解和认知职务犯罪，首先要区分职业、岗位、职务、职责、职务便利等概念，以及这些概念之间的区别与联系。

一、职业、岗位、职务、职责、职务便利的概念

1. 职业

职业是指人们从事在社会分工中具有专门技能的工作。职业可以让人获得物质报酬并

作为主要生活来源，以满足个人的社会价值和精神需求。

在社会经济生活中有多种多样的职业，有在餐厅从事服务的、有在工厂从事装配的、有在医院从事医护的、有在学校从事教学行政的、有在快递行业从事寄递分拨的等，这些都属于职业范畴。2022 年我国修订的《中华人民共和国职业分类大典》（简称《职业分类大典》）里将职业归类为 8 大类 1 639 种。2022 年人力资源和社会保障部发布了包括“碳管理工程技术人员”等在内的 158 个新职业。以物流行业相关职业为例，《职业分类大典》中的大类归于第四类“社会生产服务和生活服务人员”中的“交通运输、仓储物流和邮政业服务人员”，职业描述为“从事客运、货运等运输服务，以及仓储和邮政服务等工作的人员”。

2016 年 4 月 26 日，习近平总书记在知识分子、劳动模范、青年代表座谈会上的讲话指出: 人类是劳动创造的，社会是劳动创造的。劳动没有高低贵贱之分，任何一份职业都很光荣。广大劳动群众要立足本职岗位诚实劳动。无论从事什么劳动，都要干一行、爱一行、钻一行。在工厂车间，就要弘扬“工匠精神”，精心打磨每一个零部件，生产优质的产品。在田间地头，就要精心耕作，努力赢得丰收。在商场店铺，就要笑迎天下客，童叟无欺，提供优质的服务。只要踏实劳动、勤勉劳动，在平凡岗位上也能干出不平凡的业绩。

2. 岗位

岗位是指职业在组织、机关、企业或团体中为保证正常经营运行，或者完成一定工作任务而更加贴合自身实际的职业分类方法。只要是企业员工就有其特定的岗位，一个岗位可以由多个员工组成，一个员工也可以兼任多个岗位，这些都必须符合企业经营和工作任务设定。例如，物流企业有调度、仓管、分拣、卸货等岗位。岗位设定是否合适会直接影响企业的经营情况和成果。如果将员工比作螺丝钉的话，岗位就是拴住每个螺丝钉的螺帽孔。对于企业而言，要把合适的员工放在合适的岗位上，因岗选人，充分调动员工的积极性，合理配置人力资源；同时，员工也要在自身的岗位上认真履行岗位职责，发扬钉子精神，刻苦钻研，敬业爱岗，以高度的责任心对待自己的岗位工作，不断提高自身的业务水平和业务素质。

3. 职务

职务是指人员在组织中所担任的角色以及这个角色赋予他的身份和在组织中发挥作用的概括，也可以通俗地理解为是一种在组织中的等级和头衔。例如，总经理、总监、经理、主管、职员，书记、校长、院长、主任等，这些都是不同单位主体中的职务构成。国家行政事业单位和国有企业需要按照相关政策要求进行定编定岗，有数量要求，有些高级别的职务任命还需要各级组织部门批准和上级机关任命。相比较而言，非公企业的职务任命流程相对简化和灵活，可以根据企业自身的实际需要和晋级条件来进行，数量上没有绝对的控制。

4. 职责

职责指每个岗位所需要完成的工作内容以及所应承担的责任范围，是对工作岗位、工作任务的具象化描述，是职务与责任的统一，由授权范围和相应的责任两部分组成。职责能够明确员工的工作范畴、岗位应实现的目标责任，防止工作重叠，效率低下，推诿扯皮。

例如，物流企业仓储主管的岗位职责一般为：

（1）协助经理进行仓储管理的各项工作；

（2）负责仓库相关操作规范和规划设计，并负责在实施过程中的监督与指导；

（3）负责仓库租赁费用核定工作；

（4）负责分管仓库安全检查工作；

（5）负责分管仓库突发事件，并做好应急预案及处理；

（6）处理仓库出现的各种问题，与客户进行沟通协调；

（7）负责相关理赔、索赔工作，做好保险理赔协调工作；

（8）全面掌握库存情况，协助计划部门进行储存调配；

（9）进行所管理员工的考核工作；

（10）完成上级交办的各项临时性工作。

由此可见，职责不仅是工作的具体责任，还会明确不同岗位、不同级别之间工作的相互联系，使得员工有更高效的工作效率和工作质量。

5. 职务便利

职务便利中的“职”指职责、职权、职掌，“务”由职产生，代表所应承担的任务、事务，目前我国的职务分类主要有法定职务、事定职务、执行职务、管理职务、决策职务、临时职务、固定职务、领导职务、非领导职务等，职务不同，相应承担的责任也不同。

职务便利就是指通过利用自己职务所产生的方便条件，包括利用在本单位中从事监督、管理本单位财产等职务的便利，也包括利用在本单位中从事劳务活动从而合法持有、保管、使用、支配单位财物的便利。要特别注意的是，职务便利不仅存在于高层管理岗位，如董事、经理、主管等，也存在于基层管理岗位，如保管员、分拣员等。例如，仓库保管员有对所负责的物品进出、登记、保管、监管的职责和职务便利，如果员工缺乏法律意识，企业缺乏完善的监管制度，就有可能出现利用职务便利而发生职务侵占的不法行为。

二、职务犯罪的概念

1. 职务犯罪的定义

“职务犯罪”一词是在 1957 年 7 月 1 日第一届全国人民代表大会第四次会议所作的最高人民检察院工作报告中提及的。1997 年 3 月，第八届全国人民代表大会对职务犯罪进行了较大力度的修改，该概念被广泛认可、固化，并成为一种特指词汇，为正确界定、预防、遏制和打击职务犯罪提供了依据。职务犯罪并未在《刑法》中列出专章，不是刑法术语，而是刑法理论中的一个概念，是理论界针对涉及职务违法犯罪情况作出的一种概括和表述。

职务犯罪的本质是利用职务便利发生的不法行为，其犯罪行为必须与职务有关联性。广义的职务犯罪包括一切基于职务行为的犯罪；狭义的职务犯罪是指国家机关、国有公司、企业、事业单位、人民团体工作人员利用已有职权，贪污、贿赂、徇私舞弊、滥用职权、玩忽职守，侵犯公民人身权利、民主权利，破坏国家对公务活动的规章规范管理职能，依法应该受到惩处的行为。

广义的职务犯罪与狭义的职务犯罪最大的区别是对犯罪主体的界定。

狭义的职务犯罪的主体仅指国家工作人员。根据法律规定，该范畴包括：国家工作人员是指国家机关、国有企事业单位、人民团体中从事公务的人员和国家机关、国有公司、企业、事业单位、人民团体委派到非国有公司、企业、事业单位、人民团体中从事公务的人员；以及其他依照法律法规从事公务的人员。在国家机关中，从事劳务性工作的人员不属于国家工作人员的范畴。

物流企业中有国有企业，也有民营企业，例如，中国邮政速递物流股份有限公司、中铁快运股份有限公司、中国远洋物流有限公司、招商局物流集团有限公司等均属于国有企业；京东物流、顺丰速运、宝供物流、荣庆物流等均属于民营物流企业。

广义的职务犯罪的主体可以是国家机关、国有公司、企业、事业单位、人民团体工作人员，也可以是公司、企业经过一定的组织形式或者单位正式任命、聘任、委派，或因某个事项的一次性委托，而非单位中某个工作人员的个人委托的工作人员。所以，要避免存在认为职务犯罪仅是对国家公职人员的约束，认为公职人员收受贿赂属于贪污行为，而非公职人员利用职务便利收受贿赂等行为不存在党纪国法约束的思想误区。

国家工作人员职务犯罪一般由监察机关查办，非国家工作人员职务犯罪一般由公安机关查办。

2. 职务犯罪的类型

（1）国家公职人员根据职务犯罪的主体不同，可以分为：贪污贿赂罪、渎职罪、侵犯公民人身权利、民主权利罪。一般有贪污罪、受贿罪、滥用职权罪、利用职权实施的非法拘禁罪、报复陷害罪、玩忽职守罪、徇私枉法罪等。

非公企业人员职务犯罪类型可以分为：职务侵占罪、非国家工作人员受贿罪、对国家工作人员行贿罪、对外国公职人员及国际公共组织官员行贿罪、挪用资金罪。一般有行贿罪、职务侵占罪、挪用资金罪、介绍贿赂罪、公司企业人员受贿罪、侵犯商业秘密罪等。

（2）根据职务犯罪侵犯客体的不同，可以分为贪贿型、渎职型、侵权型。

（3）根据职务犯罪行为方式的不同，可以分为占有型、交易型、渎职型、违反法定义务型。

3. 职务犯罪的构成要件

根据我国《刑法》规定，犯罪的构成必须具备四个方面的要件：职务犯罪主体、职务犯罪的主观方面、职务犯罪客体、职务犯罪的客观方面。下面从这四个方面对职务犯罪进行具体分析。

（1）职务犯罪主体。职务犯罪主体是指实施职务犯罪行为并对其行为依法承担刑事责任的人。职务犯罪主体为国家工作人员、企业、事业单位工作人员等。不同犯罪主体在类似犯罪行为中定罪的罪名不同。

如职务犯罪主体是具有国家公职身份的人员，包括受国家机关、国有公司、企业、事业单位、人民团体委托管理、经营国有财产的人员，利用职务上的便利，侵吞、窃取、骗取或者以其他手段非法占有国有财物的，其犯罪行为根据《刑法》第八章第三百八十二条和三百八十三条以贪污罪论处。

如职务犯罪主体为公司、企业、中外合资、中外合作、其他企业等不具有国家公职身份的人员，包括董事、监事、公司经理、部门主管、一般员工等，利用职权或工作之便侵占公司的财物，其犯罪行为根据《刑法》第二编第五章第二百七十一条以职务侵占罪论处。

（2）职务犯罪的主观方面。职务犯罪的主观方面是指犯罪主体对其职务犯罪行为及造成的危害后果，所持的一种心理与心理状态，包括故意和过失、动机和目的。职务犯罪的主观方面认定具有一定的内隐性，不仅要看犯罪主体主动承认和供述，而且要结合犯罪客观方面表现出的事实情况。例如，贪污罪的主观方面具有直接故意性，其目的是通过非法行为占有、侵吞公共（国有）财物或非国有单位财物的目的，妄图取得对财物的占有、收益和处分的权利，无论是行为人自行占有还是非法获取后转送他人。玩忽职守罪行为人应预见其行为可能导致的危害结果，却因为疏忽或侥幸心理疏忽大意，这种就属于过失构成。

（3）职务犯罪客体。职务犯罪客体是指职务犯罪主体所侵害的对象、危害的利益和社会关系。包括侵犯国家对职务活动管理职能的客体，侵犯其他社会关系，以及国家机关、国有公司、企业、事业单位、人民团体等单位以及公司财产等。例如，职务侵占中侵犯的对象是公司、企业或者其他单位的财物，包括动产和不动产，本单位有权占有但未占有的财物，以及单位实际占有、保管、运输、使用的他人财产等。

（4）职务犯罪的客观方面。职务犯罪客观方面是指在什么样的客观条件下，用何种行为使客体受到了什么程度的危害，包括危害行为和危害结果，是犯罪活动的客观外在表现。职务犯罪的客观方面包括利用职务之便，滥用职权，严重不负责任、不履行或不正确履行职务。其犯罪与职务便利、职责有必然联系，是利用职务便利或履职过程中发生的犯罪行为。

三、物流企业几种常见的职务犯罪介绍

1. 职务侵占罪

（1）定义。依据《刑法》第二百七十一条的规定，公司、企业或者其他单位的工作人员，利用职务上的便利，将本单位财物非法占为己有，数额较大的，处三年以下有期徒刑或者拘役，并处罚金；数额巨大的，处三年以上十年以下有期徒刑，并处罚金；数额特别巨

大的，处十年以上有期徒刑或者无期徒刑，并处罚金。国有公司、企业或者其他国有单位中从事公务的人员和国有公司、企业或者其他国有单位委派到非国有公司、企业以及其他单位从事公务的人员有前款行为的，依照本法第三百八十二条、第三百八十三条的规定定罪处罚。

（2）立案标准。根据最高人民法院、最高人民检察院《关于办理贪污贿赂刑事案件适用法律若干问题的解释》第十一条第一款规定，刑法第一百六十三条规定的非国家工作人员受贿罪、第二百七十一条规定的职务侵占罪中的“数额较大”“数额巨大”的数额起点，按照本解释关于受贿罪、贪污罪相对应的数额标准规定的二倍、五倍执行。第一条第一款规定，贪污或者受贿数额在三万元以上不满二十万元的，应当认定为刑法第三百八十三条第一款规定的“数额较大”，依法判处三年以下有期徒刑或者拘役，并处罚金。

根据《最高人民检察院公安部关于公安机关管辖的刑事案件立案追诉标准的规定（二）》（2022 年 5 月 15 日施行）第七十六条规定，公司、企业或者其他单位的工作人员，利用职务上的便利，将本单位财物非法占为己有，数额在三万元以上的，应予立案追诉。

（3）物流企业需注意的法律风险要点。

① 物流功能包含运输、仓储、流通加工、配送、装卸搬运、包装和信息处理等，企业在物流、资金流、信息流的过程中涉及的经手、管理人员较多，职务侵占的违法行为相对其他行业出现的风险更大，监守自盗、抽取调换，伪造单据等利用职务便利所进行的非法侵占行为要引起企业的高度重视。

② 要注意辨识职务侵占罪与盗窃罪的不同。职务侵占罪的主体是单位人员，其行为必须是利用职务便利，经手、管理财物的职务便利并非工作便利，而是指将本单位财物或者本单位实际保管、运输、使用的他人财物非法占为己有的行为。盗窃罪是一般主体，不是利用职务便利，非法侵占的可以是任何公私财物。例如，物流运输企业的运输人员除驾驶车辆外，往往还承担清点货物、单据交接、货品保管等职责，如果其利用职务便利进行侵占行为，一般认定为职务侵占。如果运输人员将货品运达目的地，在交接过程中，仓库保管人员趁其管理漏洞和视线盲点侵占货品，该行为就是盗窃。

③ 物流行业发展迅速，企业用工需求量巨大，员工构成多样化，有在编人员、合同制人员、人事代理人员、聘用制人员、劳务派遣、劳务外包等，有正式员工、合同工、临时工。在职务侵占中，对于犯罪主体的认定，物流企业要特别注意，只要行为人接受用人单位管理，从事用人单位制定的工作，获取劳动报酬和劳动保护，并与单位形成事实劳务关系，在单位负责或经手、管理一定事项，利用职务便利非法侵占企业财产的行为均涉嫌职务侵占罪，即使是临时聘用人员。

④ 职务侵占行为方式一般有以下几种，企业可以针对其进行制度规范与管理：公司股东侵占自己出资的公司、企业财产；将个人消费在公司报账等；公司员工将交付管理、经手、使用的财物据为己有；本公司、企业人员相互勾结，监守自盗；虚构事实，隐瞒真相，骗取本企业财物；加价采购产品并占有差额；公司员工因为薪酬纠纷等原因擅自扣留公司款项；

公司员工利用职务便利侵占公司财产用于个人私营企业经营；公司员工利用公司空白支票，私盖公章支取公司存款等。

2. 行贿罪

（1）定义。行贿罪的贿赂对象有国家工作人员、非国家工作人员、外国公职人员及国际公共组织官员等，不同的贿赂对象的犯罪行为认定有所不同。

① 依据《刑法》第三百八十九条的规定，为谋取不正当利益，给予国家工作人员以财物的，是行贿罪。在经济往来中，违反国家规定，给予国家工作人员以财物，数额较大的，或者违反国家规定，给予国家工作人员以各种名义的回扣、手续费的，以行贿论处。因被勒索给予国家工作人员以财物，没有获得不正当利益的，不是行贿。

② 依据《刑法》第一百六十四条的规定，为谋取不正当利益，给予公司、企业或者其他单位的工作人员以财物，数额较大的，处三年以下有期徒刑或者拘役，并处罚金；数额巨大的，处三年以上十年以下有期徒刑，并处罚金。为谋取不正当商业利益，给予外国公职人员或者国际公共组织官员以财物的，依照前款的规定处罚。单位犯前两款罪的，对单位判处罚金，并对其直接负责的主管人员和其他直接责任人员，依照第一款的规定处罚。行贿人在被追诉前主动交代行贿行为的，可以减轻处罚或者免除处罚。

（2）物流企业需要注意的法律风险要点。

① 根据《刑法》第一百六十四条规定，为谋取不正当利益，给予公司、企业或者其他单位的工作人员以财物，数额较大的，处三年以下有期徒刑或拘役，并处罚金；数额巨大的，处三年以上十年以下有期徒刑，并处罚金。该行为违背了法律对企业“诚实守信、公平交易、正当竞争、有序经营”的法律规定，侵犯了社会主义市场经济公平竞争秩序。

物流企业一定要注意该法律风险，无论是个人行为还是企业行为，无论是中国企业还是外国企业，无论在国内还是国际，无论对象是国家工作人员还是非国家工作人员，其行贿行为都触及法律，因此必须加强对企业经营和员工行为的法律制约，要求严格依法办事，致力于打造共建公平化、法治化、便利化的营商环境。

② 企业面对索贿的法律应对。根据法律规定，如果没有行贿的故意，而是因被勒索被迫给予国家机关、国有公司、企业、事业单位、人民团体中从事公务的人员和国家机关、国有公司、企业、事业单位、人民团体委派到非国有公司、企业、事业单位、人民团体中从事公务的人员以财物的，不能认定为单位行贿。根据我国《刑法》第三百八十六条规定，索贿的从重处罚。面对索贿行为，物流企业不应容忍，更不能推波助澜，当索贿变成企业主动行贿，企业不仅无法维护自身的正当权益，而且需要承担其违法后果。

3. 挪用资金罪

（1）定义。《刑法》第二百七十二条对挪用资金罪的规定是，公司、企业或者其他单位的工作人员，利用职务上的便利，挪用本单位资金归个人使用或者借贷给他人，数额较大、超过三个月未还的，或者虽未超过三个月，但数额较大、进行营利活动的，或者进行非法活动的，处三年以下有期徒刑或者拘役；挪用本单位资金数额巨大的，处三年以上七年以下有期徒刑；数额特别巨大的，处七年以上有期徒刑。国有公司、企业或者其他国有单位中从事公务的人员和国有公司、企业或者其他国有单位委派到非国有公司、企业以及其他单位从事公务的人员有前款行为的，依照本法第三百八十四条的规定定罪处罚。

（2）物流企业需注意法律风险要点。

① 挪用资金罪犯罪主体为公司、企业或者其他单位工作人员，如果是国家工作人员挪用资金，一般将被认定为挪用公款罪。挪用公款的定罪标准和法律处罚比挪用资金要重。国有物流企业要特别注意，其部分工作人员属于国家工作人员，应加强内部控制和资金管理，做好权利监管，审计监督，避免该法律风险。民营物流企业要注意把握公私界限，明晰个人资金和企业资金，完善财务制度，严格资金使用规范，形成制约原则，降低法律风险。

② 企业在实际业务处理过程中，容易混淆挪用资金和职务侵占。挪用资金和职务侵占的共同点在于都要利用职务便利，区别在于侵犯客体和客体表现不同，挪用资金侵犯客体是资金的使用权，行为方式是挪用，无论是个人使用或借贷给他人；职务侵占客体是所有权，其行为是侵占。因此，挪用资金罪行为人的目的一般不是永久占有，而是有使用后归还的想法；而职务侵占无此打算。

③ 挪用资金行为如果是经过集体讨论或公司同意，不是为个人利益，则不构成挪用资金罪。例如，根据法律规定，股东会议有权决定公司资金的用途，因此经股东会议集体决定的用款不属于挪用资金行为，即使资金用途是给个人使用，只要符合财务制度，手续齐全，也不属于挪用资金罪。但是股东会议决定的用款用途为非法用途（比如行贿等），将构成单位行贿罪。

4. 非国家工作人员受贿罪

（1）定义。依据《刑法》第一百六十三条对非国家工作人员受贿罪的规定，公司、企业或者其他单位的工作人员，利用职务上的便利，索取他人财物或者非法收受他人财物，为他人谋取利益，数额较大的，处三年以下有期徒刑或者拘役，并处罚金；数额巨大或者有其他严重情节的，处三年以上十年以下有期徒刑，并处罚金；数额特别巨大或者有其他特别严重情节的，处十年以上有期徒刑或者无期徒刑，并处罚金。公司、企业或者其他单位的工作人员在经济往来中，利用职务上的便利，违反国家规定，收受各种名义的回扣、手续费，归个人所有的，依照前款的规定处罚。国有公司、企业或者其他国有单位中从事公务的人员和国有公司、企业或者其他国有单位委派到非国有公司、企业以及其他单位从事公务的人员有前两款行为的，依照本法第三百八十五条、第三百八十六条的规定定罪处罚。

（2）物流企业需要注意的法律风险要点

① 物流企业往往采用网络布局的方式实现物流联网，这种特殊的企业模式使得企业人员具有较大管理权限，但更容易在区域代理、业务服务、采购管理等方面滋生腐败。例如，某些具有运输配送及安装维修功能的物流企业，区域商为获取承包业务，有时会通过给予好处费、回扣、手续费等不正当竞争方式贿赂企业及公司人员，如果企业缺乏对员工

廉洁性从业基本准则的重视，不仅员工容易放松心理防线，触犯法律，而且企业的品牌形象和经济利益也会因此遭受巨大损失。因此，物流企业应当加强员工职业自律，引导规范竞争，自觉维护市场秩序。

② 在法律、政策许可的范围内，通过自己的劳动换取合理报酬的，不属于利用职务便利受贿；接受亲朋好友的一般礼节性馈赠，而没有利用职务上的便利为亲朋好友谋取利益的，这两种行为均不构成非国家工作人员受贿罪。同时，根据《中华人民共和国反不正当竞争法》第七条第二款和第三款规定，经营者在交易活动中，可以以明示方式向交易相对方支付折扣，或者向中间人支付佣金。经营者向交易相对方支付折扣、向中间人支付佣金的，应当如实入账。接受折扣、佣金的经营者也应当如实入账。经营者的工作人员进行贿赂的，应当认定为经营者的行为；但是，经营者有证据证明该工作人员的行为与为经营者谋取交易机会或者竞争优势无关的除外。企业应该据此注意区分犯罪与非犯罪的行为界限。

③ 对于受贿财物形式认知不足。有企业员工为掩盖受贿事实，以收取购物卡、烟酒首饰，假借向对方借款，或者要求对方提供房屋装修、家电、旅游等方式，以为这样不属于现金范畴，且具有较强的隐蔽性，可以逃避法律制裁。根据《关于办理商业贿赂刑事案件适用法律若干问题的意见》，商业贿赂中的财物，既包括金钱和实物，也包括可以用金钱计算数额的财产性利益，如提供房屋装修、含有金额的会员卡、代币卡（券）、旅游费用等。具体数额以实际支付的资费为准。

【法律实践】

一、实践任务

1. 各团队分析自己构建的企业可能出现的职务犯罪行为；
2. 各团队分析职务犯罪成因及防范要点；
3. 整理完成职务犯罪案例风险启示录。

二、实践目标

1. 通过实践掌握企业员工职务犯罪相关法律知识；
2. 通过实践形成较强的法律意识，提高法律素养，懂得约束自我行为和法律边界。

三、实践步骤

1. 认真学习《刑法》等法律法规，了解不同职务犯罪的特点、形成要件、立案标准、

判罚标准;

2. 深入分析职务犯罪的原因，如何进行管控并形成完善的制约原则，提高企业员工的法律素质，减少企业职务犯罪行为;

3. 收集整理企业相关职务犯罪的案例集;

4. 形成企业员工法律培训课件。

四、考核要点

1. 懂法遵法，自觉抵御违法犯罪行为;
2. 明确犯罪形成要件，懂得行为后果;
3. 自觉运用法律武器，维护法律尊严，不侵害、不侵占相关利益，杜绝违法行为;
4. 能够完成企业职务犯罪要点陈列，进行员工普法培训，提升法律素养。

任务三 物流企业财务法律风险防控

【法学课堂】

企业财务法律风险主要包括：违规开具发票法律风险；会计管理法律风险；收入业务处理法律风险；违规使用现金法律风险等。

一、违规开具发票法律风险

非法出售或者违规开具发票会严重危害国家税收征管制度，企业的虚开行为严重违反我国法律，会对企业造成巨大的法律风险，严重的将触犯刑法，构成虚开增值税发票罪。

1. 虚开增值税专用发票罪的定义

虚开增值税专用发票是指虚开增值税专用发票的行为，包括为他人虚开、为自己虚开、让他人虚开、介绍他人虚开等行为。

2. 虚开行为的界定

没有购销行为或应税劳务服务行为，而虚开增值税发票的行为；有购销行为或提供了应税劳务服务，但是开具数量或金额与实际不符合的；进行了实际经营活动，但是非有直接经济关系的卖方开具，而是由第三方无经济关系方开具的。

3. 法律处罚标准

《刑法》第二百零五条规定，虚开增值税专用发票或者虚开用于骗取出口退税、抵扣税款的其他发票的，处三年以下有期徒刑或者拘役，并处二万元以上二十万元以下罚金；虚开的税款数额较大或者有其他严重情节的，处三年以上十年以下有期徒刑，并处五万元以上五十万元以下罚金；虚开的税款数额巨大或者有其他特别严重情节的，处十年以上有期徒刑或者无期徒刑，并处五万元以上五十万元以下罚金或者没收财产。

单位犯本条规定之罪的，对单位判处罚金，并对其直接负责的主管人员和其他直接责任人员，处三年以下有期徒刑或者拘役；虚开的税款数额较大或有其他严重情节的，处三年以上十年以下有期徒刑；虚开的税款数额巨大或者有其他特别严重情节的，处十年以上有期徒刑或者无期徒刑。

虚开增值税专用发票或者虚开用于骗取出口退税、抵扣税款的其他发票，是指有为他人虚开、为自己虚开、让他人为自己虚开、介绍他人虚开行为之一的。

二、会计管理法律风险

企业会计账目并非企业的内部管理，对于会计账目的记载、处理均应该严格按照《中华人民共和国会计法》（简称《会计法》）、《企业会计制度》等法律法规进行，各单位应根据会计业务的需要设置会计机构，或者在有关机构中设置会计人员并指定会计主管人员；不具备设置条件的，应当委托经批准设立从事会计代理记账业务的中介机构代理记账。会计账目、财务资料、会计凭证等必须按照要求管理，不得随意涂改、丢弃、销毁。

对于故意隐匿或销毁应保存会计信息的行为属于违法行为，严重的将触犯刑法，涉嫌隐匿、故意销毁会计凭证、会计账簿、财务会计报告罪。

1. 涉嫌隐匿、故意销毁会计凭证、会计账簿、财务会计报告罪的定义

涉嫌隐匿、故意销毁会计凭证、会计账簿、财务会计报告罪是指任何达到刑事责任年龄、具有刑事责任能力的个人或单位，具有隐匿或销毁相关会计资料的意图，实施了相关行为，情节严重，侵害了国家财务管理制度的行为。

2. 立案标准

涉嫌以下情形之一的，应予以立案追诉。

隐匿、故意销毁会计凭证、会计账簿、财务会计报告涉及金额在50万元以上的；依法应当向司法机关、行政机关、有关主管部门等提供隐匿、故意销毁或者拒不交出会计凭证、会计账簿、财务会计报告的；其他情节严重的情形。

3. 法律处罚标准

《刑法》第一百六十二条之一规定，隐匿或者故意销毁依法应当保存的会计凭证、会计账簿、财务会计报告，情节严重的，处五年以下有期徒刑或者拘役，并处或者单处二万元以上二十万元以下罚金。单位犯前款罪的，对单位判处罚金，并对其直接负责的主管人员和其他直接责任人员，依照前款的规定处罚。

同时要注意的是，本罪采取双罚制，不仅处罚单位，而且处罚直接负责的主管人员和

其他直接责任人。所以，相关人员必须履行职责，增强法律意识，避免法律风险。

三、收入业务处理法律风险

企业因为各种各样的原因，在处理收入业务时，如果发生了虚列行为，这样的财务信息不仅会给内部、外部使用者提供不实的财务数据，更严重的涉嫌偷税，将触犯民法、刑法。

《中华人民共和国税收征收管理法》第六十三条规定，纳税人伪造、变造、隐匿、擅自销毁账簿、记账凭证，或者在账簿上多列支出或者不列、少列收入，或者经税务机关通知申报而拒不申报或者进行虚假的纳税申报，不缴或者少缴应纳税款的，是偷税。对纳税人偷税的，由税务机关追缴其不缴或者少缴的税款、滞纳金，并处不缴或者少缴的税款百分之五十以上五倍以下的罚款；构成犯罪的，依法追究刑事责任。扣缴义务人采取前款所列手段，不缴或者少缴已扣、已收税款，由税务机关追缴其不缴或者少缴的税款、滞纳金，并处不缴或者少缴的税款百分之五十以上五倍以下的罚款；构成犯罪的，依法追究刑事责任。

第六十四条规定，纳税人、扣缴义务人编造虚假计税依据的，由税务机关责令限期改正，并处五万元以下的罚款。纳税人不进行纳税申报，不缴或者少缴应纳税款的，由税务机关追缴其不缴或者少缴的税款、滞纳金，并处不缴或者少缴的税款百分之五十以上五倍以下的罚款。

第六十五条规定，纳税人欠缴应纳税款，采取转移或者隐匿财产的手段，妨碍税务机关追缴欠缴的税款的，由税务机关追缴欠缴的税款、滞纳金，并处欠缴税款百分之五十以上五倍以下的罚款；构成犯罪的，依法追究刑事责任。

四、违规使用现金法律风险

很多物流企业习惯于以现金结算，但是根据相关法律要求，我国企业现金使用有着严格的管理规定，现金的提取和使用必须符合法律允许的渠道，否则将受到处罚，并承担法律后果。

1. 现金开支范围

根据《现金管理暂行条例》第五条规定，开户单位可以在下列范围内使用现金：

(1) 职工工资、津贴；

(2) 个人劳务报酬；

(3) 根据国家规定颁发给个人的科学技术、文化艺术、体育等各种奖金；

(4) 各种劳保、福利费用以及国家规定的对个人的其他支出；

(5) 向个人收购农副产品和其他物资的价款；

(6) 出差人员必须随身携带的差旅费；

(7) 结算起点以下的零星支出；

（8）中国人民银行确定需要支付现金的其他支出。

前款结算起点为 1 000 元。结算起点的调整，由中国人民银行确定，报国务院备案。

第六条第一款规定，除本条例第五条第（5）、（6）项外，开户单位支付给个人的款项，超过使用现金限额的部分，应当以支票或者银行本票支付；确需全额支付现金的，经开户银行审核后，予以支付现金。

2. 大额交易认定

根据《金融机构大额交易和可疑交易报告管理办法》第五条规定，金融机构应当报告下列大额交易：

（1）当日单笔或者累计交易人民币5万元以上（含5万元）、外币等值1万美元以上（含1万美元）的现金缴存、现金支取、现金结售汇、现钞兑换、现金汇款、现金票据解付及其他形式的现金收支。

（2）非自然人客户银行账户与其他的银行账户发生当日单笔或者累计交易人民币 200 万元以上（含 200 万元）、外币等值 20 万美元以上（含 20 万美元）的款项划转。

（3）自然人客户银行账户与其他的银行账户发生当日单笔或者累计交易人民币 50 万元以上（含 50 万元）、外币等值 10 万美元以上（含 10 万美元）的境内款项划转。

（4）自然人客户银行账户与其他的银行账户发生当日单笔或者累计交易人民币 20 万元以上（含 20 万元）、外币等值 1 万美元以上（含 1 万美元）的跨境款项划转。

【法律实践】

一、实践任务

1. 企业财务、税务相关法律风险的收集整理。
2. 整理企业财务处理的具体标准和要求。
3. 企业财务管理违法的法律处罚。

二、实践目标

1. 通过实践充分了解企业财务、税务相关法律法规。
2. 通过法律实践，加强对企业财务处理的法律规范意识。

三、实践步骤

1. 学习《会计法》、税法等相关财务法律法规。
2. 制定本企业财务处理需要注意的法律风险管理条款。

3. 完成本企业财务人员法律培训课程开发。

四、考核要点

1. 严谨务实、诚实守信、坚守会计人员的职业底线。
2. 掌握《会计法》《企业会计制度》等法律法规中关于财务处理的法律要求。
3. 学会规避财务法律风险，明确工作行为规范。

任务四　物流企业保险管理

【法学课堂】

物流企业在运输、仓储、进出口等环节都存在一定的风险，对于风险，首先应做好防控措施，进行预判和预案，但是对于不可预见、不可回避的风险，物流企业的处理一般分为两种，一是自行承担风险损失，二是通过购买保险补偿风险。

一、保险概述

保险源于风险，最早发源于海上贸易。它既是一种经济制度，也是一种法律制度。从法律角度看，保险是一种合同行为，被保险人向保险人交纳保费，保险人在被保险人发生约定损失时给予补偿。保险法是以保险关系为调整对象的法律规范的总称。

保险活动同时也是一种民事法律关系，投保人或被保险人购买保险，就是与保险人订立保险合同。保险是保险当事人双方协商一致，签订保险合同，明确双方的权利义务关系而产生的一种民事法律行为。保险是一方当事人即保险人同意赔偿另一方当事人即投保人或被保险人损失的契约性约定。

保险的基本原则如下:

(1) 可保利益原则。是指投保人或被保险人在保险标的上因具有某种利害关系而享有的为法律所承认的可以投保的经济价值。

(2) 最大诚信原则。根据《中华人民共和国保险法》(简称《保险法》) 第五条规定，保险活动当事人行使权利、履行义务应当遵循诚实信用原则。

《保险法》第十六条规定，订立保险合同，保险人就保险标的或者被保险人的有关情况提出询问的，投保人应当如实告知。投保人故意或者因重大过失未履行前款规定的如实告知义务，足以影响保险人决定是否同意承保或者提高保险费率的，保险人有权解除合同。前款规定的合同解除权，自保险人知道有解除事由之日起，超过三十日不行使而消灭。自合同成立之日起超过二年的，保险人不得解除合同；发生保险事故的，保险人应当承担赔偿或者给付保险金的责任。投保人故意不履行如实告知义务的，保险人对于合同解除前发生的保险事故，不承担赔偿或者给付保险金的责任，并不退还保险费。投保人因重大过失未履行如实告知义务，对保险事故的发生有严重影响的，保险人对于合同解除前发生的保险事故，不承担赔偿或者给付保险金的责任，但应当退还保险费。保险人在合同订立时已经知道投保人未如实告知的情况的，保险人不得解除合同；发生保险事故的，保险人应当承担赔偿或者给付保险金的责任。保险事故是指保险合同约定的保险责任范围内的事故。

《保险法》第十七条规定，订立保险合同，采用保险人提供的格式条款的，保险人向投保人提供的投保单应当附格式条款，保险人应当向投保人说明合同的内容。对保险合同中免除保险人责任的条款，保险人在订立合同时应当在投保单、保险单或者其他保险凭证上作出足以引起投保人注意的提示，并对该条款的内容以书面或者口头形式向投保人作出明确说明；未作提示或者明确说明的，该条款不产生效力。

（3）补偿原则。补偿原则是指在财产保险中被保险人和保险人签订保险合同，将特定的风险转由保险人承担，当保险标的发生了承保责任范围内的损失时，保险人应当按照保险合同条款的规定履行全部赔偿责任。但是保险人的赔偿金额不得超过保单上的保险金额或者实际损失。不足额保险按照："保险赔偿金额 =（保险金额 / 标的损失实际价值）× 损失金额"的方法进行计算。意即保险标的物价值 20 万元，但是只以 10 万元保额投保，如果发生全损，保险按 20 万元的 50% 赔付，赔付 10 万元，如果保单还约定了绝对免赔额 1 000 元，那么保险公司可以少赔 1 000 元，只赔付 99 000 元。

（4）代位追偿原则。代位追偿原则是指在保险中，由于第三人的责任而导致保险标的受损，保险人按照保险合同的约定履行赔偿责任后，依法取得代替被保险人向第三人请求赔偿的权利。

《保险法》第六十条规定，因第三者对保险标的的损害而造成保险事故的，保险人自向被保险人赔偿保险金之日起，在赔偿金额范围内代位行使被保险人对第三者请求赔偿的权利。前款规定的保险事故发生后，被保险人已经从第三者取得损害赔偿的，保险人赔偿保险金时，可以相应扣减被保险人从第三者已取得的赔偿金额。保险人依照本条第一款规定行使代位请求赔偿的权利，不影响被保险人就未取得赔偿的部分向第三者请求赔偿的权利。

《保险法》第六十一条规定，保险事故发生后，保险人未赔偿保险金之前，被保险人放弃对第三者请求赔偿的权利的，保险人不承担赔偿保险金的责任。保险人向被保险人赔偿保险金后，被保险人未经保险人同意放弃对第三者请求赔偿的权利的，该行为无效。被保险人故意或者因重大过失致使保险人不能行使代位请求赔偿的权利的，保险人可以扣减或者要求返还相应的保险金。

（5）重复保险分摊原则。投保人对统一标的进行两个以上投保的保险为重复保险，投保金额高于保险标的价值。对于重复保险标的，在获赔金额上，综合不得超过保险标的的受损价值或保险价值，被保险人不得因重复保险而获得额外收益。

(6) 近因原则。是指保险人只对承保风险与损失有直接关联的损失程度承担赔偿责任。

二、运输保险

运输是物流中非常重要的功能之一，运输方式有陆路运输、水路运输、航空运输和管道运输。在此主要讨论前三种方式所涉及的保险相关法律知识。

1. 陆路运输保险

陆路运输一般分为公路运输和铁路运输，其基本险种分为陆运险、陆运一切险和陆运冷藏货物险三种。

陆运险的责任范围包括被保险货物在运输途中遭受暴风、雷电、洪水、地震等自然灾害造成的损失；运输工具遭受碰撞、倾覆、出轨或在驳运过程中因驳运工具遭受搁浅、沉没或由于遭受隧道坍塌、崖崩或失火、爆炸等意外事故所造成的全部损失或部分损失；被保险人对遭受承保责任范围内的危险货物采取抢救，防止或减少货损等措施而支付的合理费用，但以不超过该批被抢救货物的保险金额为限。

陆运一切险的责任范围除了包括陆运险全部外，还包括负责保险货物在运输途中由于一般外来原因所造成的全部损失或部分损失，例如货物被盗、被抢。

陆运险和陆运一切险均采用“仓至仓”责任条款，但是陆运险索赔时效从被保险货物运抵目的地并卸离车辆后不超过 2 年，陆运一切险的索赔时效最长至被保险货物运抵卸载车站起满 60 天为止。

陆运冷藏货物险的责任范围除了包括陆运险全部外，还包括冷藏机器或隔温设备在运输途中损坏所造成的被保险货物解冻、溶化、腐败的损失。陆上运输冷藏货物险的责任自被保险货物运离保险单所载明的起运地点的冷藏仓库装入运输工具开始运输时生效，包括正常陆运和与其有关的水上驳运在内，直至货物到达保险单所载明的目的地收货人仓库为止。但是，最长保险责任的有效期限以被保险货物到达目的地车站后 10 天为限。中国人民保险公司的该项保险条款还规定，装货的任何运输工具都必须有相应的冷藏设备或隔离温度设备；或供应和储存足够的冰块使车厢内始终保持适当的温度，保证被保险冷藏货物不致因溶化而腐败，直至到达目的地收货人仓库为止。

这是一种专门保险，可以进行单独投保，用以抵御生鲜冷链等运输过程中的法律风险。

2. 水路运输保险

水路运输保险一般分为基本险和综合险两种。

基本险的责任范围包括因火灾、爆炸、雷电、冰雹、暴风、暴雨、洪水、地震、海啸、地陷、崖崩、滑坡、泥石流所造成的损失；由于运输工具发生碰撞、搁浅、触礁、倾覆、沉没、出转或隧道、码头坍塌所造成的损失；在装货、卸货或转载时，因遭受不属于包装质量不善或装卸人员违反操作规程所造成的损失；按国家规定或一般惯例应分摊的共同海损的费用；在发生上述灾害、事故时，因纷乱而造成货物的散失及因施救或保护货物所支付的直接合理的费用，均属于保险责任范围。

综合险的责任范围除了包括基本险责任外，还包括因受震动、碰撞、挤压而造成破碎、弯曲、凹瘪、折断、开裂或包装破裂致使货物散失的损失；液体货物因受震动，碰撞或挤压致使所用容器（包括封口）损坏而渗漏的损失；或用液体保藏的货物因液体渗漏而造成保藏货物腐烂变质的损失；遭受盗窃或整件提货不着的损失；符合安全运输规定而遭受雨淋所致的损失。

两者保险责任的期限均为自签发保险凭证和保险货物运离起运地发货人的最后一个仓库或储存处所时起，至该保险凭证上注明的目的地收货人在当地的第一个仓库或储存处所时终止。但保险货物运抵目的地后，如果收货人未及时提货，则保险责任的终止期最多延长至以收货人接到“到货通知”后的十五天为限（以邮戳日期为准）。

3. 航空运输保险

航空运输保险一般分为航空运输险和航空运输一切险两种。

航空运输险的责任范围包括被保险货物在运输途中遭受雷电、火灾、爆炸或由于飞机遭受恶劣气候或其他危难事故而被抛弃，或由于飞机遭碰撞、倾覆、坠落或失踪等意外事故所造成的全部损失或部分损失；被保险人对遭受承保责任范围内的危险货物采取抢救、防止或减少货损的措施而支付合理费用，但以不超过该批被抢救货物的保险金额为限。

航空运输一切险除了包括航空运输险责任外，还包括被保险货物由于外来原因所致的全部损失或部分损失责任。

三、仓储保险

仓储管理中容易产生生产作业事故、机械事故、火灾、水灾、物理化学性质变化等各种不确定风险，这些风险给仓储物流企业带来较大损失，因此仓储物流企业会通过投保仓储货物财产保险、仓储设备保险等方式规避其法律风险。

仓储保险一般分为仓储财产保险和仓储责任保险两种。

1. 仓储财产保险

仓储财产保险主要承保仓库货物因为火灾、台风、暴雨等自然灾害以及意外事故造成的货物损失和仓储本身房屋、基础设施、设备及附属设施的损失。

仓储财产保险的承保范围有在保险期限内，对保险财产因自然灾害或意外事故造成的直接物质损失或者灭失；在保险期限内，对保险财产因经常发生的火灾、爆炸、雷雨等自然灾害所造成的损失；对于为抢救保险标的或防止灾害蔓延，采取必要的、合理的措施而造成保险标的损失；在保险期限内，对保险财产因规定的几种具体情形所造成的财产损失；投保人为防止损失扩大而采取的合理措施也在赔偿范围内。

自然灾害包括暴雨、洪水、台风、龙卷风、飓风、雪灾、雹灾、冰凌、泥石流、崖崩、滑坡、地面突然坍塌、火山等。意外事故包括火灾、爆炸、雷击、飞行物及其他空中飞行物体坠落、灾害或意外引发的停电、停水、停气损失等。

为满足投保人的特殊需求，保险公司还可以附加盗抢险、露堆财产保险、提货不着责任保险、错发错运费用损失保险等。

2. 仓储责任保险

仓储责任保险主要承保仓库所有人、仓库经营者、货物所有人为保障因在货物仓储过程中，由于自身的过错过失导致他人的财产货物损失或者他人的人身伤害而导致的经济赔偿责任。仓储责任保险包括经保险人书面同意的诉讼费用、仲裁费、律师费、鉴定费；发生保险责任事故后，被保险人为减少对第三者的经济赔偿责任所支付的必要、合理的费用等。

仓储责任保险的承保范围有被保险人或其雇员在从事仓储作业时，因意外对第三者造成的人身伤害和财产损害或因灭失引发的法律赔偿责任，是以损害第三者权益的民事赔偿责任为保险标的的责任保险。

仓储责任保险的承保期限以保险双方当事人的约定时间为限。

四、物流责任保险

物流责任保险可以为客户提供经营第三方物流业务过程中的全面保障，是年度保险产品，其保险标的为全部物流货物。

物流责任保险合同由保险条款、投保单、保险单、批单、特别约定和物流业务申报材料组成。凡在中华人民共和国境内经营物流业务的企业，均可作为本保险合同的被保险人。

保险责任范围为在保险期间，被保险人在经营物流业务过程中由于下列原因造成物流货物的损失，依法应由被保险人承担赔偿责任的，保险人根据本保险合同的约定负责赔偿：

（1）火灾、爆炸；

（2）运输工具发生碰撞、出轨、倾覆、坠落、搁浅、触礁、沉没或隧道、桥梁、码头坍塌；

（3）碰撞、挤压导致包装破裂或容器损坏；

（4）符合安全运输规定而遭受雨淋；

（5）装卸人员违反操作规程进行装卸、搬运。

免责范围：

1. 不可抗力原因

（1）自然灾害。本保险合同所称自然灾害是指雷击、暴风、暴雨、洪水、暴雪、冰雹、沙尘暴、冰凌、泥石流、崖崩、突发性滑坡、火山爆发、地面突然塌陷、地震、海啸及其他人力不可抗拒的破坏力强大的自然现象。

（2）被保险人的故意或重大过失行为。

（3）战争、外敌入侵、敌对行动（不论是否宣战）、内战、反叛、革命、起义、罢工、骚乱、暴动、恐怖活动。

（4）核辐射、核爆炸、核污染及其他放射性污染。

（5）执法行为或司法行为。

（6）公共供电、供水、供气及其他公共能源中断。

（7）大气、土地、水污染及其他各种污染。

2. 被保险人原因

（1）被保险人自有的运输工具或装卸工具不适合运输或装载物流货物，或被保险人的自有仓库不具备存储物流货物的条件。

（2）物流货物设计错误、工艺不善、本质缺陷或特性缺陷、自然渗漏、自然损耗、自然磨损、自燃或由于自身原因造成的腐烂、变质、伤病、死亡等变化。

（3）物流货物包装不当或物流货物包装完好而内容损坏或不符，或物流货物标记错制、漏制、不清。

（4）发货人或收货人确定的物流货物数量、规格或内容不准确。

（5）物流货物遭受盗窃或不明原因失踪。

3. 特殊货品

（1）金银、珠宝、钻石、玉器、贵重金属。

（2）古玩、古币、古书、古画。

（3）艺术作品、邮票。

（4）枪支弹药、爆炸物品。

（5）现钞、有价证券、票据、文件、档案、账册、图纸。

4. 其他原因

（1）被保险人及其雇员的人身伤亡或所有财产损失。

（2）储存在露天的物流货物损失或费用。

（3）盘点时发现的损失，或其他不明原因的短量。

（4）在水路运输过程中存放在舱面上的物流货物损失和费用，但集装箱货物不在此范围内。

（5）精神损害赔偿。

（6）被保险人的各种间接损失。

（7）罚款、罚金或惩罚性赔偿。

（8）发生在中华人民共和国境外的财产或费用的损失。

（9）保险合同中载明的免赔额。

【法律实践】

一、实践任务

1. 收集、整理物流相关保险险种。
2. 比对团队业务，选择合适的保险。
3. 整理保险条款，核对是否能全部覆盖企业风险。

二、实践目标

1. 通过实践充分了解物流相关保险类型。

2. 通过法律实践，加强对物流保险具体条款的认知，逐步形成保险意识，有效转移企业风险。

三、实践步骤

1. 学习《保险法》，了解不同物流业务对应的保险类型。
2. 收集整理保险条款，进一步应对风险。
3. 选择适应企业业务的合适险种。
4. 充分了解保险责任范围及保险期限。

四、考核要点

1. 对物流保险类型掌握的熟练程度。
2. 物流保险选择的应用程度。
3. 提升通过购买保险抵御风险的能力。

法案直击

张某是某快递公司干线运输驾驶员，2024年4月3日，他按照公司要求将一车快递从上海运至苏州，由于装运时间紧急，车辆出发前未进行封签，公司也未安排押运人员随行。张某负责车辆驾驶、货物清点、按单交接等工作。在运输过程中，张某趁机从车上偷走6个快件，都是高价值电子产品，价值近8万元。张某将这些电子产品低价转售他人，且非法所得被张某挥霍一空，无力退回。

案例分析：

该案例中货物装车后，发货方并未派押解员，也未对货物予以加封，所承运的货物在司机的实际控制下，可以认为司机在整个运输过程中，有代为保管发货方的货物的职责，将代为保管的他人财物非法占为己有，应认定为侵占罪。

《刑法》第二百七十一条第一款规定：公司、企业或者其他单位的工作人员，利用职务上的便利，将本单位财物非法占为己有，数额较大的，处三年以下有期徒刑或者拘役，并处罚金；数额巨大的，处三年以上十年以下有期徒刑，并处罚金；数额特别巨大的，处十年以上有期徒刑或者无期徒刑，并处罚金。

根据最高人民法院、最高人民检察院发布的《关于常见犯罪的量刑指导意见（试行）》构成职务侵占罪的，根据下列情形在相应的幅度内确定量刑起点：

（1）达到数额较大起点的，在一年以下有期徒刑、拘役幅度内确定量刑起点。

（2）达到数额巨大起点的，在三年至四年有期徒刑幅度内确定量刑起点。

（3）达到数额特别巨大起点的，在十年至十一年有期徒刑幅度内确定量刑起点。依法应当判处无期徒刑的除外。

知识与技能训练

一、选择题

1. 物流企业法律风险按其来源不同，可以分为（　　）。

   A. 企业外部法律风险　　B. 企业内部法律风险

   C. 纯粹法律风险　　D. 投机法律风险

2. 个人独资企业的个人对企业债务承担（　　）。

   A. 无限责任　　B. 有限责任

   C. 部分责任　　D. 无责任

3. 公司章程对（　　）具有约束力。

   A. 股东　　B. 董事

   C. 监事　　D. 高级管理人员

4. 在公司股权结构中，占比（　　）代表绝对控股权。

   A. 51%　　B. 55%

   C. 60%　　D. 67%

5. 陆运一切险的责任范围包括被保险货物（　　）。

   A. 运输途中遭遇自然灾害造成的损失

   B. 运输工具遭遇碰撞造成的损失

   C. 运输中被盗

   D. 运输中被抢

二、判断题

1. 有限责任公司具有法人资格。（　　）
2. 有限合伙企业中至少有一个普通合伙人。（　　）
3. 会计账目属于企业内部环节，企业可以根据自己的需要任意进行涂改、销毁。（　　）
4. 隐匿或故意销毁依法应当保存的会计凭证、会计账簿、财务会计报告，采取双罚制，不仅处罚单位，还处罚直接负责的主管人员和其他直接责任人。（　　）

三、技能训练

录制并剪辑一段企业员工法律培训的视频，为员工进行企业经营法律风险、财务风险、职务犯罪等方面的法律教育，重点讲述缺乏法律风险意识以及违法行为对企业和自身会造成的危害。录制的视频在课堂上进行分享，小组间相互评分。

调查研究与善作善成

物流企业低空经济运营相关影响因素调研

一、调研背景

随着低空经济的快速发展，低空经济以其高效、灵活、便捷的特点，为物流企业提供了全新的运营模式和增长空间，逐渐成为物流行业的重要发展方向。然而，低空经济运营过程中也面临着诸多挑战和不确定性因素，体现在技术成熟度、政策法律环境、市场需求、运营成本、安全管理、保险支持等方面。为了深入了解这些因素对物流企业低空经济运营的具体影响，开展本次调研任务。

二、调研目标

系统识别并梳理影响物流企业低空经济运营的各项因素，深入探讨各因素对低空经济运营的具体影响机制和路径。基于调研结果，为物流企业低空经济运营提供科学的发展建议和策略。

三、调研步骤

1. 调研准备

界定调研的具体目标，组建调研团队，制订调研计划。

2. 资料收集

（1）文献资料收集。查阅国内外关于低空经济、无人机配送、物流管理等领域的文献资料，了解当前的研究现状和理论基础。

（2）网络搜索。利用互联网搜索相关领域的最新政策动态、研究成果及案例。

（3）专家咨询。向物流、民航、无人机等领域的专家咨询，获取专业意见和建议。

3. 实地调研

（1）企业访谈。深入物流企业、低空经济产业园区、无人机研发制造企业等进行实地调研，通过访谈、问卷调查等方式收集第一手数据。

（2）现场观察。对物流企业在无人机与物流干线运输及末端配送等领域的实际应用情况进行调研，了解无人机在物流领域的运行实施情况。

4. 数据分析

（1）数据整理。对收集到的文献资料、访谈记录、问卷情况等进行整理和分析。

（2）问题归纳。基于数据分析结果，识别出影响物流企业低空经济运营的各项因素，如技术成熟度、政策法律环境、市场需求、运营成本、安全管理等。

（3）对策建议。深入分析各因素对低空经济运营的具体影响机制和路径，评估其影响程度和潜在后果。结合物流企业的实际情况和发展需求，制定具体的低空经济运营发展策略和建议。

5. 调研报告撰写

（1）撰写调研报告。将调研结果、影响因素分析和发展建议等内容整理成调研报告，供物流企业参考。

（2）报告评审。邀请专家评审，对报告的可行性进行点评与评估。

（3）报告完善。根据专家评审意见，对调研报告进行修改和完善。

（4）后续跟踪。对跟踪调研成果的应用，不断改进提升，为物流企业提供及时的决策支持。

06　项目六

Chapter

物流争议解决相关法律事务

素养目标

- 冷静理性地看待物流争议，并灵活处理
- 开拓思维，开阔眼界，提高创新实践能力
- 培养学生的法律思维，在工作中自觉学法用法

知识目标

- 熟悉我国现行物流法律法规中与物流争议解决相关的规定
- 掌握物流争议解决的基本途径
- 掌握物流争议的诉讼和仲裁程序
- 了解物流争议仲裁的基本原则

技能目标

- 能够参与谈判，参与争议和解与调解
- 能够提出有效的物流争议解决方案，并在事后提出相关的预防管控建议
- 能够运用与物流争议解决相关的法律法规，积极解决物流企业的相关争议

思维导图

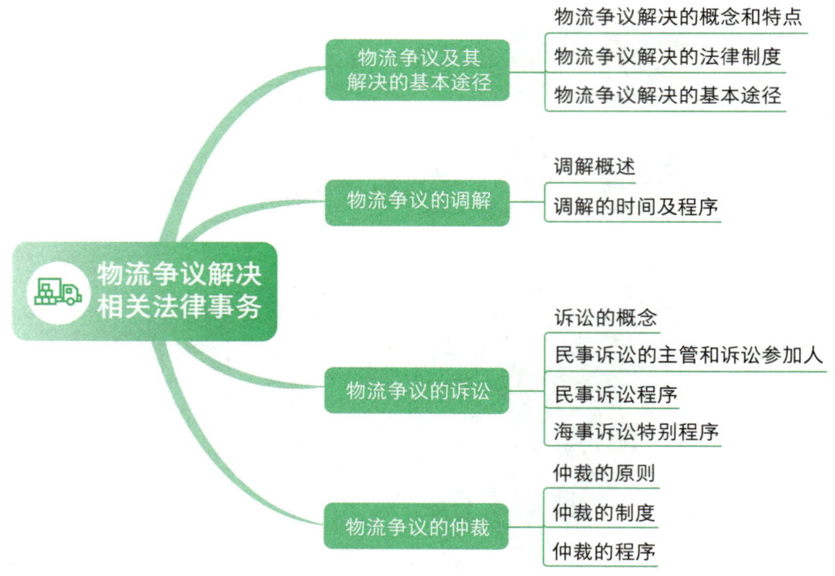

任务发布

法务部处理物流企业争议

为了完成“处理物流企业争议”的任务，需要学习国家关于物流企业争议的相关法律法规，主要有《中华人民共和国劳动争议调解仲裁法》(简称《劳动争议调解仲裁法》)，《中华人民共和国仲裁法》(简称《仲裁法》)，《中华人民共和国民事诉讼法》(简称《民事诉讼法》)，《中华人民共和国海事诉讼特别程序法》(简称《海事诉讼特别程序法》)，《中华人民共和国行政复议法》(简称《行政复议法》)、《中华人民共和国公证法》(简称《公证法》)等，严格按照法律法规要求，按照企业处理争议流程，完成法务部处理物流企业争议的工作，并提出争议的解决方案和预防管控建议。

任务执行部门

物流企业法务部门

任务引导

1. 通过法学课堂的学习，熟悉物流争议事件的处理流程。
2. 确定物流争议事件的具体处理方式。

引导案例

践行新时代“枫桥经验” 保障航运法治营商环境

近年来，随着航运业的蓬勃发展，长江沿江企业、船舶涉及水运物流纠纷的警情增多，长江航运公安局镇江分局镇江派出所（简称“长航镇江派出所”）紧紧围绕“小事不出船、矛盾不上岸、平安不出事、服务不缺位”的工作目标，针对辖区水域特点，积极践行新时代“枫桥经验”，助企纾困，为民解忧。

（1）当好企业发展的护航员。长航镇江派出所主动对接辖区企业，设立“驻企警长”担任联络员，及时掌握港区可能出现的船港纠纷，提前介入，切实保障码头一线的生产秩序。开展“平安长江”专项行动，紧扣打击整治长江水运物流犯罪专项工作，对沿江企业、船舶代理、承运船队、货运司机等水运物流从业人员开展以案释法，加强警示教育。开展送法进码头、进船头、进车队、进企业的“法律四进”活动，普及各类法律知识。与辖区内的7家港口公司组建7支“安澜港务”专职巡逻调解联防队，加大对辖区码头承运船舶、货车车队等的治安管理力度，全力打造港区法治化营商环境。

（2）当好船民矛盾纠纷的调解员。长航镇江派出所建立“三联一接”矛盾调解处置机制。通过与涉水部门组织联动，保证第一时间信息联通，共同开展矛盾联调，借助海事法院等司法力量，畅通诉调对接渠道，快速妥善处置各类法律纠纷。同时，发动渔民、港航职工、律师等多方力量组成“长江义警”队伍，为船民提供一站式矛盾纠纷化解服务。“三联一接”工作法实施以来，长航镇江派出所的矛盾纠纷调解成功率达到95%以上。

（3）当好水域安全的守护员。长航镇江派出所联合海事、海关、生态环境和应急管理等16家成员单位，组成长江镇江经开区段水上公共安全共建区委员会，利用科技支持，建立“人员岸线巡、船艇水上巡、无人机空中巡、感知设备网上巡”的立体巡防模式，共同开展长江生态保护、风险隐患整治、矛盾纠纷排查、联动巡逻防范、应急事件处治等工作，协同作战，合力打击，提升破案速度。

引思明理

党的二十大报告指出：“在社会基层坚持和发展新时代‘枫桥经验’”“完善正确处理新形势下人民内部矛盾机制”“及时把矛盾纠纷化解在基层、化解在萌芽状态”。坚持、发展好新时代“枫桥经验”，就要充分发挥人民群众的主体作用，尊重人民群众的首创精神，增强人民群众参与社会治理的主体意识和积极性，发展壮大群防群治力量。充分依靠群众，善于组织群众，最大限度地把矛盾化解在基层，把问题解决在萌芽状态，积极营造和谐稳定的社会环境。坚持综合施策根本途径，建立完善政府、群团组织、社会组织和个人等主体共建共治共享的多元化治理体制机制。加大全民普法力度，大力弘扬社会主义法治文化，教育并引导人民群众培养法律意识，通过法律途径解决矛盾。利用互联网、大数据、云计算等信息技术，一体化推进基层治理法治化、信息化、智能化。面对全面依法治国新征程，要深入贯彻落实习近平法治思想，充分发挥新时代“枫桥经验”推进中国基层社会呈现良法善治的独特作用，在立法、执法、司法、守法全链条中发挥法治文明的引领作用。

任务一　物流争议及其解决的基本途径

【法学课堂】

一、物流争议解决的概念和特点

物流争议是指物流活动的参与者在运输、仓储、装卸搬运、包装、流通加工、配送和信息处理活动中所发生的权利义务纠纷，既包括物流管理关系主体之间的争议（即物流管理争议），也包括物流交易主体之间的争议（即物流交易争议），其中，主要是指物流合同权利义务争议。

物流争议的特点如下：

（1）物流争议具有范围广、跨地域、跨时空、跨行业的特点。

（2）物流争议案件涉外因素多。

（3）物流争议具有专业性、复杂性和技术性。

二、物流争议解决的法律制度

物流争议解决的法律制度一般包括三个方面：仲裁法律制度、民事诉讼法律制度、海事诉讼法律制度。

（一）仲裁法律制度

仲裁是指发生争议的双方当事人通过协议自愿将争议提请仲裁委员会作出裁决，并执行该裁决的一种解决争议的方法。

仲裁具有以下几个显著特征:

(1) 以争议双方自愿为前提。如当事人一方或者双方不同意提交仲裁，则不能通过仲裁方式解决争议。当事人的自愿体现在仲裁协议中。

(2) 对争议进行裁断的第三方，是争议双方当事人选定的。

(3) 仲裁裁决具有强制性。

下列纠纷不能申请仲裁:

(1) 婚姻、收养、监护、扶养、继承纠纷。

(2) 依法应当由行政机关处理的行政争议。

(3) 劳动争议和农业集体经济组织内部的农业承包合同纠纷的仲裁，另行规定。

(二) 民事诉讼法律制度

民事诉讼是指人民法院在双方当事人和其他诉讼参与人的参加下，审理和解决民事纠纷案件的活动，以及由于这些活动形成的各种关系的总称。

民事诉讼有如下特点:

(1) 民事诉讼是在国家审判机关的主持下进行的。

(2) 民事诉讼的进行应当依照严格的诉讼程序和诉讼制度。民事诉讼的参与人，包括民事诉讼中起主导作用的法院都应当遵守，不得违反。

(3) 民事诉讼具有强制性。

(三) 海事诉讼法律制度

海事诉讼是有权审理海事案件的法院在海事争议当事人和其他诉讼参与人的参加下，依法审理和裁判海事争议案件的全部活动过程。

1. 海事诉讼的地域管辖

(1) 因海事侵权行为提起的诉讼。

(2) 因海上运输合同纠纷提起的诉讼。

(3) 因海船租用合同纠纷提起的诉讼。

(4) 因海上保险赔偿合同纠纷提起的诉讼。

(5) 因海船的船员劳务合同纠纷提起的诉讼。

(6) 因海事担保纠纷提起的诉讼。

(7) 因海船的船舶所有权、占有权、使用权、优先权纠纷提起的诉讼。

2. 海事诉讼的专属管辖

(1) 因沿海港口作业纠纷提起的诉讼，由港口所在地海事法院管辖。

(2) 因船舶排放、泄漏、倾倒油类或者其他有害物质，海上生产、作业或者拆船、修船作业造成海域污染损害提起的诉讼，由污染发生地、损害结果地或者采取预防污染措施地海事法院管辖。

(3) 因在中华人民共和国领域和有管辖权的海域履行的海洋勘探开发合同纠纷提起的诉讼，由合同履行地海事法院管辖。

3. 海事诉讼的协议管辖

海事诉讼中承认协议管辖，即允许当事人以协议形式确定管辖其案件的法院。

三、物流争议解决的基本途径

动画：物流争议如何解决

物流争议解决的基本途径包括：

（一）协商

协商作为一种快速、简便的争议解决方式，不失为一种理想的途径，可以很好地加以利用，但化解矛盾纠纷的方式有很多种，完全可以自由地选择运用。这也是法律赋予的基本权利。当事人在诉讼过程中通过自主协商、互谅互让达成协议，从而解决纠纷的制度。尽管协商和解有着诸多优点，但也有其局限性。如和解协议缺乏强制约束力，过错方是否承担责任完全出于自愿，易造成虽达成协议却无法履行或推诿的现象等。多元化纠纷解决机制的建立和完善，其根本目的和作用在于为社会公众提供一个可供选择的多个纠纷解决途径。协商作为一种纠纷解决手段，是一个“争议—谈判—谅解—和好”的动态过程。

动画：掌握物流争议解决的基本途径

协商有着与调解、仲裁和判决等其他纠纷解决方式不同的特征。其中最基本的特征就是协商从发起到决定都是由双方当事人自行磋商的。在谈判中，最后的决策是由当事人作出的，如果能达成协议，那么也是共同决策的结果。协商程序使当事人可以最大程度上保持对纠纷解决的控制权。并且协商在形式和程序上也比较随意，不具有任何强制性。其最终目的在于通过协商达成和解协议。因此，其所采用的方式只要不违反法律规定就是可取的。

协商活动应当遵循合法原则、公平与自治原则、不违反公序良俗原则、自律原则。

（二）调解

调解是在中立第三方的参与下进行的纠纷解决活动，是以当事人的自愿为前提的。调解的本质功能是促成合意的形成，调解人不能强迫当事人接受调解意见。调解协议的达成和生效不具有国家强制性。此外，诉讼中的和解和诉讼中的调解在一定条件下可以互相转化：在和解过程中，当事人要求法院介入时，和解转化为调解；反之，当事人认为可以不需要法院继续介入协商活动时，调解可以转化为和解。

和解与诉讼调解都是当事人自主行使处分权的结果，但当事人的自行和解更能体现当事人意思自治的原则。在近年来的审判实践中，当事人在诉讼中为了节约诉讼成本，互谅互让，自行达成和解的情形较多。

调解活动应当遵循当事人自愿原则；尊重当事人的实体权利和诉讼权利原则；合法和

不违反公序良俗原则；程序上基本公平原则。

（三）仲裁

1. 仲裁机构

仲裁机构是依法独立、公正、高效地解决经济合同纠纷和其他财产权益纠纷的仲裁机关。仲裁机构可分为国内仲裁机构和国际仲裁机构，我国目前有 180 多家仲裁机构。

2. 仲裁协议

仲裁协议是指双方当事人自愿将他们之间已经发生或者可能发生的争议提交仲裁解决的书面协议。在民商事仲裁中，仲裁协议是仲裁的前提。

（1）仲裁条款。仲裁条款是指双方当事人在合同中订立的，将今后可能因该合同所发生的争议提交仲裁的条款。

（2）仲裁协议书。仲裁协议书是指当事人之间订立的，一致表示愿意将他们之间已经发生或可能发生的争议提交仲裁解决的单独的协议。

（3）其他文件中包含的仲裁协议。在经济活动中，当事人除了订立合同之外，还可能在相互之间有信函、电报、电传、传真、电子数据交换、电子邮件或其他书面材料的往来。

根据《仲裁法》第十六条规定，仲裁协议包括合同中订立的仲裁条款和以其他书面方式在纠纷发生前或者纠纷发生后达成的请求仲裁的协议。仲裁协议应当具有下列内容：

① 请求仲裁的意思表示；

② 仲裁事项；

③ 选定的仲裁委员会。

3. 仲裁协议的法律效力

（1）约束双方当事人对纠纷解决方式的选择权。

（2）排除法院的司法管辖权。

（3）赋予仲裁机构案件管辖权并限定仲裁的范围。

有下列情形之一的，仲裁协议无效：

（1）约定的仲裁事项超出法律规定的仲裁范围的。

（2）无民事行为能力人或者限制民事行为能力人订立的仲裁协议。

（3）一方采取胁迫手段，迫使对方订立仲裁协议的。

（四）诉讼

以民事诉讼为例。民事诉讼是指人民法院在双方当事人和其他诉讼参与人的参与下，审理和解决民事纠纷案件的活动，以及由于这些活动形成的各种关系的总称。

1. 民事诉讼的特点

（1）民事诉讼是在国家审判机关的主持下进行的。

（2）民事诉讼的进行应当依照严格的诉讼程序和诉讼制度。民事诉讼的参与者，包括民事诉讼中起主导作用的法院都应当遵守，不得违反。

(3) 民事诉讼具有强制性。

2. 基本原则和基本制度

(1) 基本原则。司法机关依法独立行使职权的原则；当事人诉讼权利平等原则；以事实为根据，以法律为准绳的原则；法院调解自愿和合法原则；支持起诉原则；使用本民族语言文字进行诉讼的原则；人民检察机关对诉讼活动实行法律监督的原则；同等原则和对等原则。

(2) 基本制度包括合议制度、回避制度、公开审判制度、两审终审制度。

3. 民事诉讼的证据

(1) 证据是指证明案件事实的一切材料和事实。在现实生活中，人们往往从两种意义上使用证据一词：一种是当事人向人民法院提供的或者人民法院调查收集但尚未经过质证、论证的书证、物证、视听资料等；另一种是法院判决中用来认定事实的书证、物证等。

(2) 证据的合法性包含两层含义：

① 取证的程序合法。一切用违法方式收集的材料，都不能作为定案的证据。

② 证据的形式合法。当法律对证据形式、证明方法有特殊要求时，必须符合法律的规定。

【法律实践】

一、实践任务

1. 自由组合选择合伙人，组建企业法务部门。

2. 讨论企业物流争议事件，并针对该事件提出合理的解决方案，诸如协商、仲裁或者诉讼等方案，说出选择理由。

二、实践目标

1. 通过实践认知不同物流企业争议处理的法律类型和法律责任。

2. 通过实践培养团队精神、大局意识、协作意识、服务意识，协同合作，协调个人利益和集体利益，保证企业高效率运营。

三、实践步骤

1. 按照价值观相同、目标一致、能力互补、自愿组合原则组建企业法务部门。

2. 学习《仲裁法》《民事诉讼法》《海事诉讼特别程序法》，了解不同企业争议的特点，结合企业争议的事件，研究确定物流企业争议事件的处理方案。

3. 学习物流企业争议处理的相关知识，了解不同企业争议处理的方法，了解企业处理争议的流程，结合本团队的技术优势和人脉优势，思考物流企业争议事件的合理解决方案。

四、考核要点

1. 敬业精神。团队成员之间是否有一致的工作目标。

2. 团队协作精神。是否有好的团队领导，团队成员之间是否价值观一致，能力互补，分工合理，相处友善。

3. 对物流企业争议处理相关法律法规的学习热情和掌握的熟练程度。

任务二　物流争议的调解

【法学课堂】

一、调解概述

（一）调解的概念

调解是在中立第三方的主持之下，遵循合法、自愿的原则，与争议双方当事人进行斡旋，促使当事人查清事实，分清责任，友好协商，自愿达成协议，使物流争议得以解决的方式。调解也是法律规定的解决物流纠纷的重要方式之一，其方式灵活，简便易行，有利于解决当事人之间的物流争议。

（二）调解的主要形式

根据调解主体的性质不同，可以分为民间调解、行政调解、律师调解和法院调解。

根据调解与诉讼的关系不同，可以分为诉讼外调解、诉讼前调解和诉讼中调解。

（三）调解的意义

物流争议的调解是采取协商对话而不是对抗的方式解决争议的，有利于维护需要长久维护的合作关系和人际关系；有利于保守个人隐私和商业秘密，降低双方关系的破坏程度和道德成本；调解的程序简单、易行、灵活、低廉；经过当事人的理性协商，可以一次性解决多方面和多层次的争议和利益诉求，可能得到双赢的结果；根据需要，充分发挥非法律专家在争议解决中的作用，允许当事人选择适用的规范，达到情、理、法的融合。

物流争议的调解还可以节约公共成本，合理利用司法资源，减轻法院压力；在解决争议的同时，维护公共体自治，改善社会关系，促进社会和谐，预防和减少争议的发生；促进司法改革，并成为司法改革的重要组成部分；积累经验，促进新规范、新制度和新机制的形成。

二、调解的时间及程序

动画：枫桥经验——物流园区的和谐调解乐章

调解被誉为“东方之花”，在中国有着悠久的历史和文化传统。通过调解预防和化解社会矛盾、建设和谐社会，对于推进法治中国建设具有重要意义。在这种情形下，建立多元化的纠纷解决机制显得越发重要。《民事诉讼法》经历了2007年、2012年、2017年、2021年、2023年五次修正。2023年9月1日，第十四届全国人民代表大会常务委员会第五次会议通过全国人民代表大会常务委员会关于修改《中华人民共和国民事诉讼法》的决定，自2024年1月1日起施行。《民事诉讼法》中先行调解制度是适用于解决适宜调解纠纷的方式。根据《民事诉讼法》第一百二十五条规定，当事人起诉到人民法院的民事纠纷，适宜调解的，先行调解，但当事人拒绝调解的除外。

（一）调解的时间

对于《民事诉讼法》第一百二十五条规定的“调解”，一般是基于其法律文本的制度安排和条款逻辑，将其解读为“法院受理案件之后立案之前的调解”。有人认为调解制度应当在三重意义上使用：一是作为诉讼调解意义上的调解；二是作为非诉讼调解意义上的调解；三是作为诉讼调解与非诉讼调解制度交错意义上的调解。对于调解适用的时间并未有所限制，只要是当事人起诉到人民法院即可，至于是法院收到当事人起诉状后或口头起诉后、尚未立案前，还是人民法院受理之后、移送业务庭审理之前，或开庭审理前或者开庭审理后都可以进行调解。

（二）调解的程序

根据《民事诉讼法》第一百二十六条的规定，人民法院应当保障当事人依照法律规定享有的起诉权利。对符合本法第一百二十二条的起诉，必须受理。符合起诉条件的，应当在七日内立案，并通知当事人；不符合起诉条件的，应当在七日内作出裁定书，不予受理；原告对裁定不服的，可以提起上诉。

在达成调解协议后，当事人可以申请司法确认，这种做法对于促进诉讼与非诉讼的衔接起到了很大的作用，在实践中得到了很大范围的推广。而对于法院依法进行了调解的纠纷，双方当事人未能达成调解协议，或者虽然达成了调解协议但是马上反悔的，人民法院仍然依法要先立案受理，然后按照“案件分流处理机制”进行调解。调解制度在一定程度上缓解了我国诉讼需求与司法资源之间矛盾日益突出的问题，为我国多元化纠纷解决机制提供了一条新的道路，相信随着我国司法实践的深入，调解制度会为我国建设社会主义和谐社会发挥越来越重要的作用。

法案直击

应届毕业生李某2024年4月8日到A企业实习，A企业与李某签订了实习协议，说明实习期结束后，将与员工签订劳动合同。2024年6月底，李某正式从学校毕业，并口头要求与单位签订劳动合同，但A企业一直未回应。2024年10月13日，李某在未办理请假手续的情况下离开A企业，之后一直没有回用人单位上班。11月5日，A企业作出了关于解除李某劳动关系的决定。与此同时，李某一直未领取9月和10月的工资。12月13日，李某以劳动合同纠纷争议向当地劳动仲裁委员会申请仲裁，要求：

（1）A企业向李某支付2024年7月到2024年11月的双倍工资。

（2）因A企业未及时支付劳动报酬，所以提出解除劳动关系，要求A企业支付本人半个月的经济补偿金。

（3）A企业支付本人9月和10月的工资。

案例分析：

本案的争议焦点在于双方的劳动关系已经确立，但用人单位由于各种原因导致劳动合同未能签订，而员工无故旷工，用人单位作出了关于解除员工劳动关系的决定，意味着用人单位承认与其建立了事实劳动关系。因此，用人单位必须支付用工之日起30天外的双倍工资，以及9月和10月的工资。

用人单位在本案例中进行调解的经过与采用的技巧如下：

（1）用人单位人力资源部立即着手成立协商调解小组，小组成员由3～5人组成。协商调解小组一般有两种模式：一是由自己内部组建，成员包括工会、人力资源部和用人部门或单位，由企业内部组建必须要具有熟悉劳动法律的专业人士；二是聘请第三方专业人力资源公司的劳动法律顾问，与企业共同组建协商调解小组。从实践来看，后一种模式协商调解的成功率比较高，可使员工感觉具有公平性，增强信任感，容易平息和稳定员工的激烈情绪。在此案例中，立即着手成立调解小组。用人单位聘请第三方专业人力资源公司的劳动法律顾问为调解员，人力资源部主管配合，组成调解小组，负责本次纠纷的协商调解。

（2）调解小组与用人单位沟通，了解争议产生的原因、真实的情况，以及事情的进展。首先，针对员工提出的仲裁要求，了解用人单位当初与员工签订的实习协议和当初没有签订劳动合同的原因。其次，了解员工离开公司有无办理请假手续，用人单位在员工离开岗位后有无采取有效方式发出任何催促上班的通知书。最后，了解用人单位决定与员工解除劳动合同的依据，用人单位有无相关旷工管理的规章制度。

依据调查结果进行分析。

首先，经过调查，如果用人单位当初既没有与员工李某签订劳动合同，也没有任何书面证据证明向员工提交过劳动合同，要求李某签订，这就是说没有在李某具备签订劳动合同条件时，在一个月内签订劳动合同，双倍工资依法自第二个月支付给李某。

其次，员工当初没有办理任何手续就离开了用人单位，用人单位视员工行为为旷工、自动离职，经济补偿金就可以避免；但是，这里存在一定的风险，因为当发生员工旷工超过一定天数的时候，用人单位必须履行发出催促上班通知书的义务，写明旷工的后果。如果在指定的日期内员工仍未到岗，用人单位可以发送一份解除劳动合同的通知书，并列明员工的情况为自动离职，员工应主动到公司办理离职手续。这一切的依据必须建立在合法的企业规章制度上。

最后，考虑到用人单位的规章制度如果没有经过公示或民主程序，那么员工有可能在法庭上否认知悉相关内容或该规章制度的法律效力，到了劳动仲裁阶段，就会使得用人单位的规章制度证据力不足，因此，建议通过给予员工一部分补偿的方式调解解决上述纠纷。经调解方的合法性分析，用人单位同意采取调解方式。

（3）与员工进行面谈。先以聊天的形式进行，问候员工的近况，不上班的原因，目的是了解员工诉讼的动机，稳定员工的情绪，从另一个角度了解事实情况，并表明作为第三方的中立立场，起到沟通桥梁的作用，为其与用人单位进行正当利益的沟通，同时告知其利弊得失，客观地分析事实情况。

（4）在调解方的主持下，员工与用人单位达成调解，并签署调解协议：由用人单位依法支付员工未按规定签订劳动合同的双倍工资，以及9月和10月的工资。

所以该案例的启示是：

（1）合同签订要及时，自用工之日起一个月内必须与员工签订劳动合同。

（2）对于应届毕业生“先实习，后就业”的用工模式，一定要规范企业的内部规章制度与操作流程，做到有章可循，适时跟踪，查缺补漏。

（3）重视考勤制度的执行与请假操作规程。

（4）提倡劳动合同个性化。

【法律实践】

一、实践任务

1. 自由组合，选择合作伙伴，组建物流企业法务部门。

2. 协助配合，根据物流企业争议的案例，结合企业争议的相关法律法规，对此次争议事件进行科学分析。

3. 结合物流争议的案例，按照调解程序，对此次事件进行调解。

二、实践目标

1. 通过实践充分了解企业争议处理的流程，尤其是企业争议发生后调解的流程。

2. 通过实践了解物流争议的非诉讼解决方式：谈判和调解。

3. 通过实践具备能够参与争议和解和调解的能力。

三、实践步骤

1. 分析本团队在处理企业争议时的优势所在，作出相应的调解计划。

2. 认真学习企业争议处理相关方面的法律法规，熟悉企业争议处理的基本流程以及调解的主要流程。

3. 分析企业争议出现的原因，具备和解和调解的能力。

四、考核要点

1. 敬业精神、团队协作精神、友善态度。

2. 对企业争议相关法律法规掌握的熟练程度。

3. 对处理企业争议、和解和调解能力的把控。

4. 是否能处理物流企业争议。

任务三 物流争议的诉讼

【法学课堂】

一、诉讼的概念

由于物流争议属于民事争议，所以我国解决物流争议适用民事诉讼程序，人民法院依据《民事诉讼法》的规定，对物流争议案件进行审理。物流诉讼是指人民法院在当事人和其他诉讼参与人的参与下，按照法律规定的程序，依法审理和解决物流纠纷案件的诉讼活动。物流争议的诉讼适用于民事诉讼程序。

物流诉讼是指人民法院在当事人和其他诉讼参与人的参与下，按照法律规定的程序，依法审理和解决物流纠纷案件的诉讼活动。物流争议的诉讼适用于民事诉讼程序。

二、民事诉讼的主管和诉讼参加人

（一）民事诉讼的主管

人民法院的受案范围主要包括以下几类：

（1）由民法调整的平等权利主体之间因财产关系和人身关系发生纠纷而引起的案件。

（2）由商法调整的商事关系发生纠纷的案件。

（3）由经济法调整的平等权利主体之间因经济关系发生纠纷而引起的案件。

（4）由劳动法调整的用人单位与劳动者之间因劳动关系发生纠纷而引起的劳动争议案件。

（5）由民事诉讼法规定的适用特别程序审理的案件。

（二）诉讼参加人

1. 当事人的概念、特征及其权利义务

（1）民事诉讼当事人，是指因民事权益发生纠纷或受到侵害，以自己的名义进行诉讼，并受人民法院裁判、调解协议约束，与民事案件有利害关系的人。

（2）当事人的主要特征是：

① 以自己的名义进行诉讼。

② 与案件有法律上的利害关系。

③ 人民法院的裁判、调解书一旦生效，就具有法律约束力，当事人必须履行。狭义的当事人专指原告和被告。广义的当事人除了原告和被告外，还包括共同诉讼人、第三人和诉讼代表人。

（3）当事人享有的诉讼权利主要有：

① 有委托代理人进行诉讼的权利。

② 有申请审判人员、书记员和其他法定人员回避的权利。

③ 有收集、提供证据的权利，经法院许可，当事人有查阅、复制本案庭审材料的权利。

④ 有进行辩论的权利。

⑤ 有申请财产保全的权利。

⑥ 有上诉的权利。

⑦ 有申请执行的权利。

⑧ 有请求调解和自行和解的权利。

（4）当事人的诉讼义务有：

① 依法行使诉讼权利，不得加以滥用。

② 遵守诉讼秩序和法庭纪律，尊重法院行使审判权和其他诉讼参加人的诉讼权利。

③ 履行法律生效的判决、裁定和调解协议。

2. 原告与被告

原告是指由于自己或者受其管理支配的民事权益受到侵害，或者与他人发生了争执，为了维护其合法权益，以自己的名义向人民法院提起诉讼，经人民法院受理，导致诉讼程序开始的人。

被告是指原告声称侵害了他的权益，或者与其发生了民事权益争议，依法被人民法院

传唤应诉的人。原告与被告是相对而言的。公民、法人和其他组织都可以作为民事诉讼中的原告和被告。

3. 共同诉讼人

共同诉讼是指诉讼一方或双方为两人以上，其诉讼标的是共同的或者是同一类的，因而在办案过程中合并审理的诉讼。在共同诉讼中一方当事人是共同诉讼人。它可以分为两种：

一是必要的共同诉讼人，是指在共同诉讼中，诉讼标的同一的一方当事人。

二是普通的共同诉讼人，是指在共同诉讼中，诉讼标的是同一种类的一方当事人。

4. 第三人

第三人是指在已经开始的诉讼中，对他人之间争议的诉讼标的有部分或者全部的独立请求权，或者虽无独立请求权，但案件的处理结果与其有法律上的利害关系的人，分为有独立请求权的第三人和无独立请求权的第三人。

5. 诉讼代表人

在共同诉讼中，当事人一方人数众多时，可以由当事人推选代表人进行诉讼，这一代表人就是诉讼代表人，这一诉讼形式称为代表人诉讼。

6. 其他诉讼参加人

其他诉讼参加人包括：① 诉讼代理人；② 证人；③ 鉴定人；④ 翻译人员。

三、民事诉讼程序

民事诉讼程序是法律规定的人民法院在进行民事诉讼活动时必须遵守的规则和制度。

（一）第一审程序

1. 起诉的条件

（1）原告是与本案有直接利害关系的公民、法人和其他组织。

（2）有明确的被告。

（3）有具体的诉讼请求和事实、理由。

（4）属于人民法院受理民事诉讼的范围和受诉人民法院管辖。

2. 审理前的准备

（1）人民法院应当在立案之日起五日内将起诉状副本发送给被告，被告应当在收到之日起十五日内提出答辩状。

（2）人民法院应当在收到答辩状之日起五日内将答辩状副本发送原告。被告不提出答辩状的，不影响人民法院审理。

（3）审判人员确定后，应当在三日内告知当事人。

（4）认真审核诉讼材料，收集证据。

(5) 追加必须共同进行诉讼的当事人。

(6) 人民法院审理民事案件，应当在开庭三日前通知当事人和其他诉讼参与人。

3. 开庭审理

开庭审理是指人民法院在当事人和其他诉讼参与人的参加下，依照法定程序，在法庭上对案件进行实际审理的诉讼活动。

（二）第二审程序

第二审程序又称上诉程序，是当事人不服地方人民法院第一审判决的，有权在判决书送达之日起十五日内向上一级人民法院提起上诉。当事人不服地方人民法院第一审裁定的，有权在裁定送达之日起十日内向上一级人民法院提起上诉。

（三）审判监督程序

审判监督程序是指人民法院对已经发生法律效力的判决、裁定和调解书发现确有错误，当事人基于法定事实和理由认为有错误，人民检察院发现存在应当再审的法定事实和理由，而由人民法院依法对案件再进行审理的程序。

（四）督促程序

督促程序是指人民法院根据债权人的申请，以支付令的形式，督促债务人限期履行给付义务，若债务人在法定期限内不提出异议，该支付令即发生法律效力的程序。

（五）公示催告程序

公示催告程序是指由人民法院根据申请人的申请，以公示方式告知并催告可能存在不明确的利害关系人在法定期间内申报权利，逾期如无人申报，即可作出判决，宣告原票据（或其他事项）无效的判决的程序，属于非诉讼程序，即特别程序。

适用票据公示催告程序的案件有以下主要特征：

(1) 限于可以背书转让的票据案件。

(2) 限于票据被盗、遗失、灭失的案件。

(3) 限于无其他利害关系人的票据案件。

（六）执行程序

可以作为执行根据的法律文书主要有以下几种：

(1) 人民法院制作的发生法律效力的具有给付内容的民事判决书、裁定书和调解书。

(2) 人民法院制作的发生法律效力具有财产执行内容的刑事判决书和裁定书。

(3) 仲裁机构制作的发生法律效力的裁定书和调解书。

(4) 公证机关依法赋予强制执行效力的债权文书。

(5) 行政机关作出的依法由人民法院执行的行政决定书。

根据《民事诉讼法》规定，强制执行措施有:

(1) 扣押、冻结、划拨、变价被执行人的财产。

(2) 扣留、提取被执行人应当履行义务部分的收入，但应当保留被执行人及其所扶养家属的生活必需费用。

(3) 查封、扣押、冻结、拍卖、变卖被执行人应当履行义务部分的财产。

(4) 对被执行人及其住所或者财产隐匿地进行搜查。

(5) 强制交付法律文书指定交付的财物或者票证。

(6) 强制被执行人迁出房屋或者强制退出土地。

(7) 强制办理财产权证照转移手续。

(8) 强制履行法律文书指定的行为。

(9) 强制被执行人支付迟延履行期间的债务利息或迟延履行金。

四、海事诉讼特别程序

(一) 海事诉讼的概念

海事诉讼是有权审理海事案件的法院在海事争议当事人和其他诉讼参与人的参加下，依法审理和裁判海事争议案件的全部活动过程。

(二) 海事诉讼中的强制措施

1. 海事请求保全

海事请求保全是指海事法院根据海事请求人的申请，为保障其海事请求的实现，对被请求人的财产所采取的强制措施。

2. 海事强制令

海事强制令应当具备下列条件:

(1) 请求人有具体的海事请求;

(2) 需要纠正被请求人违反法律规定或者合同约定的行为;

(3) 情况紧急，不立即作出海事强制令将造成损害或者使损害扩大。

3. 海事证据保全

采取海事证据保全，应当具备下列条件:

(1) 请求人是海事请求的当事人;

(2) 请求保全的证据对该海事请求具有证明作用;

(3) 被请求人是与请求保全的证据有关的人;

(4) 情况紧急，不立即采取证据保全就会使该海事请求的证据灭失或者难以取得。

（三）海事担保

海事担保包括海事请求保全、海事强制令、海事证据保全等程序中所涉及的担保。海事担保的方式包括提供现金或者保证、设置抵押或者质押。

（四）海事诉讼中的送达

海事诉讼法律文书的送达，除了依照《民事诉讼法》规定的方式外，还可以采用以下特殊方式：

（1）向受送达人委托的诉讼代理人送达。

（2）向受送达人在中华人民共和国领域内设立的代表机构、分支机构或者业务代办人送达。

（3）通过能够确认收悉的其他适当方式送达。有关扣押船舶的法律文书也可以向当事船舶的船长送达。

（五）海事诉讼审判程序

（1）审理船舶碰撞案件的特别规定。在审理船舶碰撞案件时，采用证据保密制度。

（2）审理共同海损案件的特别规定。当事人就共同海损的纠纷，可以协议委托理算机构理算，也可以直接向海事法院提起诉讼。海事法院受理未经理算的共同海损纠纷，可以委托理算机构理算。

（3）海上保险人行使代位请求赔偿权利的规定。因第三人造成保险事故，保险人向被保险人支付保险赔偿后，在保险赔偿范围内可以代位行使被保险人对第三人请求赔偿的权利。

（4）简易程序、督促程序和公示催告程序。海事法院审理事实清楚、权利义务关系明确、争议不大的简单的海事案件，可以适用《民事诉讼法》简易程序的规定。

法案直击

2024年7月，A公司与B公司签订了一份物流运输合同。合同中的仲裁条款规定：因履行合同发生的争议，由双方协商解决；无法协商解决的，由仲裁机构仲裁。2024年9月，双方发生争议，A公司向其所在地的市级仲裁委员会递交了仲裁申请书，但B公司拒绝答辩。同年11月，双方经过协商，重新签订了一份仲裁协议，并商定将此合同争议提交B公司所在地的仲裁委员会仲裁。事后A公司担心B公司所在地仲裁委员会实行地方保护主义，偏袒B公司，故未申请仲裁，而是向合同履行地人民法院提起诉讼，且起诉时说明此前两次仲裁的情况，法院受理此案，并向B公司送达了起诉状副本，B公司向法院提交了答辩状。法院经审理，判决被告B公司败诉，被告不服，理由是双方事先有仲裁协议，法院判决无效。

案例分析：

（1）物流运输合同中的仲裁条款无效。因为该仲裁未指明具体的仲裁委员会，致使无法履行而无效。

（2）争议发生后，双方重新签订的仲裁协议有效。因为该协议指明了具体的仲裁委员会。

（3）原告A公司向法院提起诉讼不正确。因为双方的仲裁协议有效，就排除了法院的管辖权。

（4）人民法院审理本案是合法的。因为被告起诉后，被告未提出管辖权异议，视为人民法院有管辖权。

（5）被告B公司的上诉理由不成立。因为本案中人民法院的审理和判决都是有效的。

（6）被告享有上诉权。因为无论上诉理由是否正确，被告享有的上诉权并不受影响。

【法律实践】

一、实践任务

1. 互相协助配合，根据物流企业争议的案例，结合企业争议的相关法律法规，对争议事件进行科学分析。

2. 结合物流争议的案例，按照民事诉讼程序，对事件进行合理处理。

二、实践目标

1. 通过实践充分了解企业争议处理的流程，尤其是企业争议发生后诉讼的流程。

2. 通过实践掌握物流争议的民事诉讼法律制度、审判程序、执行程序，以及涉外民事诉讼程序。

3. 通过实践具备能够参与争议诉讼全过程的能力。

三、实践步骤

1. 研究本团队在处理企业争议时的优势所在，作出相应的调解计划。

2. 认真学习企业争议处理相关方面的法律法规，熟悉企业争议处理的基本流程，以及诉讼的主要流程。

3. 分析企业争议出现的原因，具备能够参与争议诉讼全过程的能力。

四、考核要点

1. 敬业精神，团队协作精神，友善态度。

2. 对企业争议相关法律法规掌握的熟练程度。

3. 对企业争议诉讼全程节奏的把控。

4. 是否能处理物流企业争议。

任务四　物流争议的仲裁

【法学课堂】

一、仲裁的原则

仲裁的原则包括:

(一) 自愿原则

自愿原则包括:

(1) 以仲裁方式解决纠纷, 出于当事人双方的共同意愿。

(2) 向哪个仲裁机构提请仲裁由当事人双方协商选定。

(3) 组成仲裁庭的仲裁员由当事人在仲裁员名册中自主选定, 也可以委托仲裁委员会主任代为指定, 仲裁庭的组成形式可以由当事人约定。

(4) 当事人可以约定交由仲裁解决的争议事项。

(5) 在开庭和裁决程序中, 当事人可以约定审理方式、开庭形式等有关程序事项。

(二) 仲裁独立原则

仲裁独立的原则包括:

(1) 仲裁与行政机构脱钩。

(2) 仲裁机构进行仲裁不受任何行政机关、社会团体和个人的干涉。

(3) 仲裁庭对案件独立审理和裁决, 仲裁委员会不能干预。

(三) 公平合理解决纠纷原则

公平合理解决纠纷的原则包括:

(1) 根据事实, 在仲裁审理过程中, 全面、深入、客观地查清与纠纷有关的事实情况。

(2) 符合法律规定, 仲裁庭在查清事实的基础上, 应当根据法律的有关规定确认当事人各方的权利与义务, 确定承担赔偿责任的方式以及赔偿数额的大小。

(3) 公平合理, 仲裁庭在仲裁纠纷时应当公平、公正、不偏不倚。仲裁员应当处于公正地位, 公平地对待双方当事人, 公正地处理纠纷。

二、仲裁的制度

仲裁的制度主要包括两类:

(1) 一裁终局制度:《仲裁法》规定，仲裁实行一裁终局的制度。

(2) 或裁或审制度: 在争议发生后，当事人有权选择解决争议的途径，仲裁或诉讼，但是在仲裁和诉讼中只能选择其一。

三、仲裁的程序

(1) 申请和受理。当事人申请仲裁应当符合下列条件:

① 有仲裁协议。

② 有具体的仲裁请求、事实和理由。

③ 属于仲裁委员会的受理范围。

仲裁申请书应当载明下列事项:

① 当事人的姓名、性别、年龄、职业、工作单位和住所，法人或者其他组织的名称、住所和法定代表人或者主要负责人的姓名、职务。

② 仲裁请求和所根据的事实、理由。

③ 证据和证据来源、证人姓名和住所。

(2) 组成仲裁庭。仲裁庭可以由三名仲裁员或者一名仲裁员组成。由三名仲裁员组成的，设首席仲裁员。

(3) 开庭和裁决。包括开庭、和解与调解、裁决。

(4) 申请撤销裁决。当事人提出证据证明裁决有下列情形之一的，可以向仲裁委员会所在地的中级人民法院申请撤销裁决:

① 没有仲裁协议的。

② 裁决的事项不属于仲裁协议的范围或者仲裁委员会无权仲裁的。

③ 仲裁庭的组成或者仲裁的程序违反法定程序的。

④ 裁决所根据的证据是伪造的。

⑤ 对方当事人隐瞒了足以影响公正裁决的证据的。

⑥ 仲裁员在仲裁该案时有索贿受贿，徇私舞弊，枉法裁决行为的。

(5) 执行。被申请人提出证据证明裁决有下列情形之一的，经人民法院组成合议庭审查核实，裁决不予执行:

① 当事人在合同中没有制定仲裁条款或者事后没有达成书面仲裁协议的。

② 裁决的事项不属于仲裁协议的范围或者仲裁委员会无权仲裁的。

③ 仲裁庭的组成或者仲裁程序违反法定程序的。

④ 裁决所根据的证据是伪造的。

⑤ 对方当事人向仲裁机构隐瞒了足以影响公正裁决的证据的。

⑥ 仲裁员在仲裁该案时有索贿受贿，徇私舞弊，枉法裁决行为的。

【法律实践】

一、实践任务

1. 互相协助配合，根据物流企业争议的案例，结合企业争议的相关法律法规，对争议事件进行科学分析。

2. 结合物流争议的案例，熟悉仲裁的流程。

二、实践目标

1. 通过实践充分了解企业争议处理的流程，尤其是企业争议发生后仲裁的流程。

2. 通过实践了解物流争议仲裁解决方式。

3. 通过实践掌握物流争议仲裁解决的法律制度。

三、实践步骤

1. 分析本团队在处理企业争议时的优势所在，作出相应的调解计划。

2. 认真学习企业争议处理的相关法律法规，熟悉企业争议处理的基本流程和仲裁的主要流程。

3. 分析企业争议出现的原因，具备和解和调解的能力。

四、考核要点

1. 敬业精神，团队协作精神，友善态度。

2. 对企业争议相关法律法规掌握的熟练程度。

3. 对企业仲裁相关法律法规掌握的熟练程度。

4. 是否能够处理物流企业争议。

德法兼修

金东区物流行业背后的平安密码

物流（快递）业是浙江金华的特色优势产业之一。金东区是金华区域物流中转的重要集散地，大量物流资源在集聚的同时，相关矛盾纠纷也时有发生。

为了推进物流行业的健康发展，金东区充分发挥行业调解作用，构建专业、便捷、智慧的纠纷调处模式，精准高效化解物流行业的纠纷，保障产业链供应链稳定畅通。

2024年5月3日凌晨，司机刘某与货主张某因车内温度问题产生纠纷并报警。“化解这类矛盾，老王有心得。”民警出警后，当即联系了金东区物流行业人民调解委员会主任王卫新。经他耐心细致地调解，双方最终达成共识。

据悉，金东区物流行业人民调解委员会于2020年成立，由3名经验丰富的物流专职调解员组成调解员队伍，3名律师、法官组成顾问团，累计调解纠纷3 681件，协议涉及金额高达4.176亿元。

近年来，金东区物流行业人民调解委员会将触角延伸至纠纷高发一线——金华卡车城，并在金华市农产品批发市场、阿里巴巴菜鸟园等设立调解驿站。一旦遇到纠纷，快速集合司法、公安、交通运输、法院等多方力量集中处理，推动物流纠纷“一站式”化解，确保发现得早、稳控得住、化解得了。

针对矛盾纠纷“疑难杂症”，该区推行“一室一所一庭”联调模式，即推动省级金牌调解工作室、派出所、共享法庭联调。省级金牌调解工作室“卫新调解工作室”还入驻区社会治理中心，定期宣传物流纠纷调解案例，年均挽回损失200余万元。

除了传统调解模式，金东区还大力推广“浙江解纷码”等数字法治应用场景，建立物流司机群、物流企业群，行业调解员实时关注“群动态”，随时准备“接单”，提供不打烊“云调解”服务。对达成调解协议的案件，通过“浙江解纷码”“移动微法院”等App，线上提交材料申请司法确认，确保协议有效履行。

【案例启示】在物流实践活动中，调解发挥着不可或缺的重要作用，具有深远的法律意义。依据《中华人民共和国民事诉讼法》《最高人民法院关于人民法院进一步深化多元化纠纷解决机制改革的意见》，调解作为多元化纠纷解决机制的重要组成部分，凭借灵活高效的特性，能够快速响应并化解因物流多环节复杂法律关系引发的纠纷，有效避免矛盾升级影响产业链稳定，同时分流大量纠纷，实现司法资源的优化配置。根据《中华人民共和国人民调解法》，调解遵循自愿平等原则，通过引导当事人协商达成和解，既能维护各方合法权益，又有助于维系物流行业的长期合作关系。经调解委员会达成的协议具有法律约束力，申请司法确认后更具备强制执行力，正如案例中金东区借助线上平台确保协议履行，显著增强了调解的公信力。此外，在调解过程中，依据相关法律法规明确各方权责，不仅解决了具体个案，而且起到了普及法律知识的作用，推动从业者规范经营。大量调解实践为物流法律法规的完善提供了现实依据，助力物流行业在法治轨道上健康发展。

法案直击

申请人A投资公司（美国）与被申请人北京B公司于2023年8月17日订立了购买2 500吨马口铁的合同：合同价格为CFR194.4万美元，2023年11月交货，装货港为中国黄埔港，目的港为土耳其伊斯坦布尔港。双方当事人之间由于货物质量问题发生争议，申请人根据其与被申请人之间的买卖合同和该合同中的仲裁条款，于2024年8月10日向中国国际经济贸易仲裁委员会提出了仲裁请求。中国国际经济贸易仲裁委员会仲裁庭根据仲裁规则于2024年9月25日对该案进行了开庭审理。由于双方当事人对于货物瑕疵究竟是由于产品本身的固有缺陷还是由于存储不当而引起的瑕疵各执一词。2024年10月12日，仲裁庭委托专家组从这批货物中提取了5个样品进行检验，后者于10月31日提出了检验报告。该报告的结论是：本案货物的缺陷早在工厂期间就存在了。被申请人在11月8日收到该专家报告后，口头通知仲裁庭希望对该报告发表评论意见，并于12日就上述口头意见向仲裁庭发出书面通知，要求就专家报告中的问题提出质疑。2024年11月25日，仲裁庭作出申请人胜诉的裁决：裁定被申请人应当向申请人支付约80万美元。被申请人未能执行该裁决，申请人向被申请人所在地北京某法院申请强制执行。被申请人以该公司没有得到对专家组报告发表意见的机会为由，请求法院拒绝执行该裁决。

案例分析：

该案件涉及中美两国公司，故该仲裁为涉外仲裁。依据《民事诉讼法》二百九十一条规定，对中华人民共和国涉外仲裁机构作出的裁决，被申请人提出证据证明仲裁裁决有下列情形之一的，经人民法院组成合议庭审查核实，裁定不予执行：① 当事人在合同中没有订有仲裁条款或者事后没有达成书面仲裁协议的；② 被申请人没有得到指定仲裁员或者进行仲裁程序的通知，或者由于其他不属于被申请人负责的原因未能陈述意见的；③ 仲裁庭的组成或者仲裁的程序与仲裁规则不符的；④ 裁决的事项不属于仲裁协议的范围或者仲裁机构无权仲裁的。人民法院认定执行该裁决违背社会公共利益的，裁定不予执行。

在本案中被申请人在11月8日收到该专家的报告后，口头通知仲裁庭希望对该报告发表评论意见，并于12日就上述口头意见向仲裁庭发出书面通知，要求就专家报告中的问题提出质疑。属于第二项规定的，被申请人没有得到指定仲裁员或者进行仲裁程序的通知，或者由于其他不属于被申请人负责的原因未能陈述意见的；法院应当组成合议庭，裁定不予执行。

知识与技能训练

一、选择题

1. 不能申请仲裁的纠纷有（　　）。

   A. 监护纠纷　　B. 扶养纠纷

   C. 行政争议　　D. 农业承包合同纠纷

2. 协商作为一种纠纷解决手段，是一个（　　）的动态过程。

   A. 争议—谈判—谅解—和好　　B. 争议—谈判—谅解

   C. 谈判—谅解—和好　　D. 争议—谈判—和好

3. 在和解过程中，当事人要求法院介入时，和解转化为（　　）。

   A. 和好　　B. 判决

   C. 调解　　D. 调和

4. 仲裁机构是依法独立、公正、高效地解决（　　）的仲裁机关。

   A. 经济合同纠纷　　B. 其他财产权益纠纷

   C. 婚姻纠纷　　D. 劳务纠纷

5. 民事诉讼的基本制度包括（　　）。

   A. 合议制度　　B. 回避制度

   C. 公开审判制度　　D. 两审终审制度

二、判断题

1. 如当事人一方或者双方不同意提交仲裁，则不能通过仲裁方式解决争议。（　　）
2. 调解是当事人双方自行进行的纠纷解决活动，是以当事人的自愿为前提的。（　　）
3. 民事诉讼是在国家审判机关的主持下进行的。（　　）

三、技能训练

通过企业人力资源部、法务部实地访谈或小组扮演或网上真实案例剪辑，制作一段企业员工离职的法律纠纷小视频，对案例进行讲解与分析，并根据该企业的性质及业务特点，讨论如何完善企业争议解决机制具体文件。在课堂上进行分享，小组间相互评分。

调查研究与善作善成

水运物流相关法律纠纷处理方法的调研

一、调研背景

随着经济全球化和国际贸易的不断发展，水运物流作为物流运输的重要组成部分，其地位和作用日益凸显。然而，在水运物流过程中，由于多种因素（如天气、海况、操作失误、法律法规差异等）的影响，法律纠纷频发，给企业和个人带来了严重的经济损失和信誉风险。本调研旨在全面深入了解水运物流法律纠纷的处理方法，以研究如何更好地维护水运物流业的健康发展。提高纠纷处理效率，降低纠纷发生率。

二、调研目标

1. 梳理水运物流法律纠纷的主要类型和特点

分析水运物流过程中货物运输损坏、延误、丢失、合同违约等常见的法律纠纷类型，并总结其发生的原因和特点。

2. 评估现有法律纠纷处理机制的有效性

考察当前水运物流法律纠纷协商、调解、仲裁、诉讼等处理方式，及其在实际操作中的效果，分析存在的问题和不足。

3. 收集典型案例

调研国内外水运物流在处理法律纠纷方面的成功案例，总结出成功经验和做法。

4. 提出改进建议

基于调研结果，提出完善水运物流法律纠纷处理机制及方法建议，提高纠纷处理效率，降低纠纷发生率。

三、调研步骤

1. 调研准备

（1）确定调研范围，如水运物流企业、法律服务机构、行业协会等；（2）明确调研内容，如法律纠纷类型、处理方式、处理效果等；（3）制订调研计划，设计调研问卷和访谈提纲。

2. 资料收集

（1）查阅文献资料。查阅国内外水运物流等领域的文献资料，了解当前研究现状和理论基础。

（2）网络搜索。利用互联网搜索相关领域的最新政策动态、研究成果及案例。

（3）专家咨询。向海事、港航物流等领域的专家咨询，获取专业意见和建议。

3. 实地调研

（1）企业访谈。深入港航物流企业等进行实地调研，通过访谈、问卷调查等方式收集第一手数据。

（2）现场观察。对港航物流企业在集装箱、装卸、配载、单证、联运等环节进行现场观察，了解水运物流运行实施情况。

4. 数据分析

（1）数据整理。对收集的问卷和访谈数据进行整理和分析，提取关键信息。

（2）问题归纳。基于数据分析和案例研究，归纳当前水运物流法律纠纷处理机制存在的问题和不足。

（3）对策建议。针对存在的问题与不足，结合国内外先进经验，提出水运物流规范管理和运行的对策建议。

5. 调研报告撰写

（1）撰写调研报告。根据调研结果和分析结论，撰写水运物流法律纠纷调研报告，包括调研背景、调研目标、调研方法、调研结果、问题分析和改进建议等内容，为水运物流提供科学、合理、高效的法律纠纷处理方法建议及方案，推动水运物流健康发展。

（2）报告评审。邀请专家对调研报告进行评审，提出修改意见和建议。

（3）报告完善。根据专家评审意见，对调研报告进行修改和完善。

（4）后续跟踪。对调研成果的应用进行跟踪，了解其实施情况和效果，不断优化和完善水运物流法律纠纷处理方案。

07 项目七

Chapter

国际物流相关法律事务

素养目标

- 培养一定的国际法律意识和法律素养
- 培养学生的国际物流风险意识，自觉维护国际物流相关法律秩序
- 运用法律武器解决国内外物流争议

知识目标

- 熟悉与国际贸易相关的法律法规
- 掌握与国际海运规则相关的国际公约和法律
- 掌握与国际航空运输、陆路运输相关的法律法规

技能目标

- 能够运用国际物流相关法律法规，签订国际多式联运合同
- 能够提升国际物流法律法规专业素养
- 能够运用国际物流法律法规，预防和解决涉内涉外的国际物流相关争议

思维导图

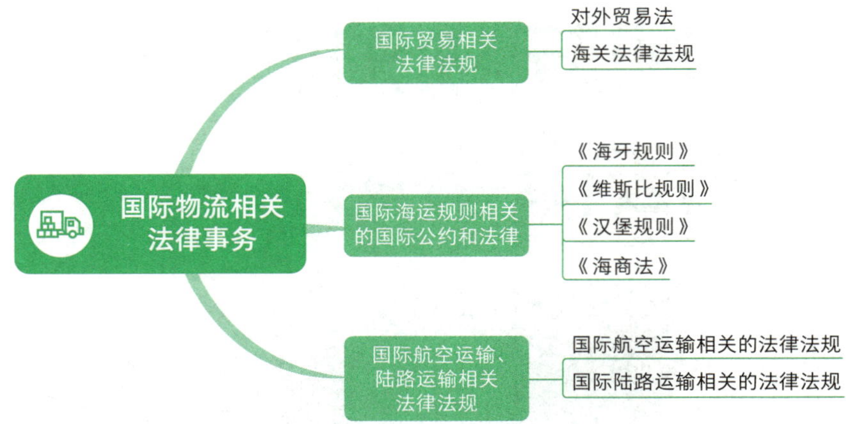

任务发布

成立物流企业法务部门国际组

采用任务驱动模式，为了完成“成立物流企业法务部门国际组”的任务，需要学习国际物流相关法律法规，主要包括《中华人民共和国对外贸易法》《中华人民共和国海商法》(简称《海商法》)、《中华人民共和国海关法》，以及《海牙规则》《维斯比规则》《汉堡规则》《华沙公约》《国际铁路货物联运协定》等，严格按照法律法规要求，完成成立物流企业法务部门国际组的工作。

任务执行部门

物流企业法务部门

任务引导

1. 请同学们自愿组合成立物流企业法务部门国际组。成员之间需要互相协助配合，共同完成本项目布置的各项任务。

2. 通过法学课堂的学习，熟悉国际物流相关法律法规。

引导案例

奏响中国与世界交融发展的“法治乐章”

对外开放是国家繁荣发展的必由之路。习近平总书记指出:“法治同开放相伴而行，对外开放向前推进一步，涉外法治建设就要跟进一步。”高质量涉外法治工作，能为物流高质量发展，提供优质的司法服务和有力的法治保障。

法治是最好的营商环境。为了建立清晰、透明、稳定的法治环境，党的十八大以来，最高人民法院发布了各类外商投资、扣押与拍卖船舶、独立保函、外国法律查明、国际条约和国际惯例适用等司法解释35个、规范性文件12个，促进裁判尺度统一。不断巩固外资在华的发展信心，使中国市场不仅是国际投资的“可选项”，而且是前景广阔的“必选项”。

一、大国担当，构建公正合理的国际经贸秩序

在我国现有法律框架下，对铁路运单及其交易模式的法律处理，不仅有序探索推进了中欧班列在途货物的贸易、融资规则，而且使我国所提议题首次成为联合国国际贸易法委员会的国际立法项目，为构建陆上国际贸易规则贡献了“中国方案”。近年来,《联合国国际货物销售合同公约》《统一国际航空运输某些规则的公约》《承认及执行外国仲裁裁决公约》《取消外国公文书认证要求的公约》《1989年国际救助公约》《约克—安特卫普规则》等多个国际条约及国际惯例在中国法院的判决中得到准确适用，涌现出一批具有规则指引意义的涉外商事案例，目前已有36件案例被联合国国际贸易法委员会法规判例法数据库收录。

二、公正高效，打造国际商事海事纠纷解决优选地

在沿海沿江的主要港口，中国布点了11个海事法院及其42个派出法庭，以便利、专业的高质量海事司法服务为世界航运提供有力支撑。11个海事法院均设立中英文门户网站，通过多语种同声传译、裁判文书英文译本等多种方式提供多语言诉讼服务。中国海事审判网站面向中外当事人提供在线诉讼和引导服务，增强了海事司法的国际传播力，中国国际司法公信力的厚积薄发和日益提升。2023年9月5日,《北京船舶司法出售公约》在京签署。这是海事领域首个以中国城市命名的联合国公约，中国海事法官全程参与了公约草案的起草论证，为世界海洋治理贡献中国智慧。

中国正在以高质量司法为高水平对外开放注入强劲的法治动能，乘历史大势而上，走人间正道致远。护航高水平对外开放，中国式现代化建设的法治征途书写法治华章。

引思明理

党的二十届三中全会通过的《决定》要求“主动对接国际高标准经贸规则”“稳步扩大制度型开放”“建设更高水平开放型经济新体制”。在此背景下，我国不断加强对新技术新领域涉外法律问题的研究，深入研究国际条约和国际规则体系、国际法与国内法的衔接等问题，积极营造良好的法治环境，推动物流行业的全球有序发展和高水平对外开放。在中华民族伟大复兴的新征程上，坚持正确的政治方向，坚定不移地走中国特色社会主义法治道路，加快建设与我国高质量发展、高水平开放要求相适应的涉外法治体系，以法治的确定性应对前进道路上的各种不确定性，为中国式现代化行稳致远营造有利的法治条件和外部环境。

任务一　国际贸易相关法律法规

【法学课堂】

一、对外贸易法

对外贸易法是指国家对货物进出口、技术进出口和国际服务贸易进行管理和控制的一系列法律、法规和其他具有法律效力的规范性文件的总称。

（一）《中华人民共和国对外贸易法》

《中华人民共和国对外贸易法》（简称《对外贸易法》）于 1994 年 5 月 12 日由第八届全国人民代表大会常务委员会第七次会议通过，自 1994 年 7 月 1 日起施行。2004 年 4 月 6 日由第十届全国人民代表大会常务委员会第八次会议修订，自 2004 年 7 月 1 日起施行。2016 年 11 月 7 日由第十二届全国人民代表大会常务委员会第二十四次会议《关于修改〈中华人民共和国对外贸易法〉等十二部法律的决定》修正。自公布之日起施行。2022 年 12 月 30 日第十三届全国人大常委会第三十八次会议《关于修改〈中华人民共和国对外贸易法〉的决定》通过，自公布之日起施行。它主要规定了我国对外贸易的基本方针、基本政策、基本制度和基本贸易行为。

（二）《联合国国际货物销售合同公约》

在国际货物贸易中，各国政府和一些国际组织为消除国际贸易障碍和解决争议，相继订立了一些双边或多边的国际条约或公约，其中有些已为大多数国家接受，并且行之有效。如贸易协定、支付协定，以及有关国际贸易、国际货物运输、商标、专利、知识产权和仲裁等方面的条约或公约。

我国对外缔结或参加的有关国际货物贸易方面的双边和多边条约或公约较多，其中，对我国国际贸易发展影响最大的是《联合国国际货物销售合同公约》（以下简称《公约》）。《公约》由联合国国际贸易法委员会起草，于 1988 年 1 月 1 日生效，是迄今为止国际货物买卖领域最重要的公约之一。我国是该公约最早的成员国之一，在 1986 年核准公约时提出了两项保留。截至 2020 年 12 月 24 日，该公约共有 96 个成员国。

1.《公约》的适用范围

《公约》除了序言外，共一百零一条，分为四个部分，包括：适用范围、合同的订立、货物销售、最后条款。根据《公约》相关规定，公约仅适用于营业地在不同国家的当事人之间所订立的货物销售合同。

《公约》第二条列举了不适用于公约的几种交易，包括：购供私人、家人或家庭使用的货物的销售，除非卖方在订立合同前任何时候或订立合同时不知道而且没有理由知道这些货物是购供任何这种使用；经由拍卖的销售；根据法律执行令状或其他令状的销售；公债、股票、投资证券、流通票据或货币的销售；船舶、船只、气垫船或飞机的销售；电力的销售。《公约》第三条第二款明确本公约不适用于供应货物一方的绝大部分义务在于供应劳力或其他服务的合同。

2. 我国对《公约》的两项保留

（1）关于采用书面形式的保留。《公约》第十一条规定，销售合同无须以书面订立或书面证明，在形式方面也不受任何其他条件的限制。销售合同可以用包括人证在内的任何方法证明。这一规定与《中华人民共和国涉外经济合同法》关于涉外经济合同必须采用书面形式订立的要求不一致。我国在批准《公约》时对此条提出保留。但是，《民法典》对国际货物买卖合同的形式不再限制，该项保留已无意义。

（2）关于适用范围的保留。我国对《公约》第一条第（1）款（b）项提出保留，认为《公约》的适用范围仅限于双方的营业地处于不同缔约国的当事人订立的货物买卖合同。

3.《公约》的性质和效力

根据《公约》第六条规定，双方当事人可以不适用本公约，或在第十二条的条件下，减损本公约的任何规定或改变其效力。可见，《公约》虽然具有法律约束力，但只是一种任意性的规定。如果符合《公约》规定的当事人不对公约的适用作出明示排除，《公约》就可以自动予以适用。

（三）国际贸易惯例

国际贸易惯例是指国际组织或商业团体在长期实践中总结形成的具有规范性的成文国际贸易规则，它是各国国际贸易相关法律法规制定的重要依据之一。在各国积极谋求国际贸易法统一化的进程中，国际贸易惯例起到重要作用。国际贸易惯例本不是法律，也不具有法律效力，但通过各国立法和国际立法可以间接赋予国际贸易惯例以法律效力。

影响最大的国际贸易惯例是国际商会制定的《国际贸易术语解释通则 2020》与《跟单信用证统一惯例》。除此以外，还有早在 1932 年制定的《1932 年华沙—牛津规则》及《1941 年美国对外贸易定义修订本》等。

1.《国际贸易术语解释通则》

《国际贸易术语解释通则》（International Rules for the Interpretation of Trade Terms,

INCOTERMS）的宗旨是为国际贸易中普遍使用的贸易术语提供一套解释的国际规则，以减少因各国不同解释而出现的不确定性。国际商会一贯强调，INCOTERMS 只涉及销售合同中买卖双方的关系，不涉及违约的后果或由于各种法律障碍导致的免责事项，这些问题必须通过销售合同中的其他条款和适用法律来解决。合同各方应当知晓强制适用的本地法可能推翻销售合同中的任何条款，包括所选择的国际贸易术语。INCOTERMS 由国际商会于 1936 年制定，于 1953 年、1967 年、1976 年、1980 年、1990 年、2000 年、2010 年和 2019 年先后 8 次进行了修订和补充。为适应国际贸易的快速发展，国际商会于 2019 年 9 月发布《国际贸易术语解释通则 2020》（简称《Incoterms® 2020》），自 2020 年 1 月 1 日起正式实施。

《Incoterms® 2020》解释的 11 种贸易术语如表 7–1 所示。

表 7–1 《Incoterms® 2020》解释的 11 种贸易术语

缩写	术语全称	适用的运输方式
EXW	Ex Works 工厂交货（……指定地点）	任何一种或多种运输方式
FCA	Free Carrier 货交承运人（……指定地点）	任何一种或多种运输方式
CPT	Carriage Paid To 运费付至（……指定目的地）	任何一种或多种运输方式
CIP	Carriage and Insurance Paid To 运费和保险费付至（……指定目的地）	任何一种或多种运输方式
DAP	Delivered at Place 目的地交货（……指定地点）	任何一种或多种运输方式
DPU	Delivered at Place Unloaded 目的地卸货后交货（……指定地点）	任何一种或多种运输方式
DDP	Delivered Duty Paid 完税后交货（……指定目的地）	任何一种或多种运输方式
FAS	Free Alongside Ship 船边交货（……指定装运港）	水路运输方式
FOB	Free on Board 船上交货（……指定装运港）	水路运输方式
CFR	Cost and Freight 成本加运费（……指定目的港）	水路运输方式
CIF	Cost Insurance and Freight 成本、保险费加运费（……指定目的港）	水路运输方式

2.《跟单信用证统一惯例》

《跟单信用证统一惯例》（Uniform Customs and Practice for Documentary Credits, UCP）现行版本为 2007 年修订本，为国际商会第 600 号出版物，简称 UCP600。UCP600 于 2007 年 7 月 1 日开始施行，是目前适用性最广泛的银行处理跟单信用证业务的国际规则。

3.《1932年华沙—牛津规则》

1928年，国际法协会在华沙举行会议，制定了有关CIF买卖合同的统一规则，共22条，后经过1930年的纽约会议、1931年的巴黎会议和1932年的牛津会议修订为21条。因这一规则首次制定地和最后一次修订地分别是华沙和牛津，故又称为《1932年华沙—牛津规则》(Warsaw-Oxford Rules)。该规则对CIF合同中买卖双方的责任、费用和风险作出详尽规定，曾在国际上有较大影响力，但由于INCOTERMS的普遍采纳而逐渐失去影响力。

4.《1941年美国对外贸易定义修订本》

1919年，美国九个商业团体制定了《美国出口报价及其缩写条例》。1941年，美国对该条例进行了修订，称为《1941年美国对外贸易定义修订本》。这一规则对Ex、FOB、FAS、C&F、CIF、Ex Dock 6个术语进行了解释。该规则在美洲国家和地区有一定影响，对FOB、FAS术语有独特的解释。因此，在与美洲国家进行贸易时需特别注意。

上述惯例是在国际贸易中通行的主要惯例，均由国际商会制定，长期以来在国际贸易中均得到普遍使用，是国际贸易从业人员必须熟知的重要内容。

二、海关法律法规

(一)《中华人民共和国海关法》

海关通过对进出境货物实行监督管理，实现了对进出口的有效控制，从而维护国家主权，实现国家的政治和经济目的。因此，海关依法对进出境货物实行监督管理制度，即进出境货物的海关监管制度是我国对外贸易管理制度的重要措施之一。

在借鉴外国海关立法经验的基础上，我国于1987年1月22日审议通过了《中华人民共和国海关法》(简称《海关法》)，自同年7月1日起实施。为了适应形势发展需要，《海关法》于2000年7月8日、2013年6月29日、2013年12月28日、2016年11月7日、2017年11月4日、2021年4月29日进行了六次修正。

1. 我国海关的性质和任务

(1) 海关是国家行政机关。

(2) 海关是国家进出境监督管理机关。

(3) 海关的监督管理是国家行政执法活动。

2. 海关权力的监督

海关权力是指国家为保证海关依法履行职责，通过《海关法》和其他法律、行政法规赋予海关的对进出境运输工具、货物、物品的监督管理权能。

海关权力的监督即海关执法监督，是指特定的监督主体依法对海关行政机关及其执法人员的行政执法活动实施的监察、检查、督促等行为，以此确保海关权力在法定范围内运行。

（二）《中华人民共和国海关稽查条例》

《中华人民共和国海关稽查条例》（简称《海关稽查条例》）是为了建立、健全海关稽查制度，加强海关监督管理，维护正常的进出口秩序和当事人的合法权益，保障国家税收收入，促进对外贸易的发展，根据《海关法》制定的。1997 年 1 月 3 日，中华人民共和国国务院令第 209 号发布，根据 2011 年 1 月 8 日《国务院关于废止和修改部分行政法规的决定》第一次修订，根据 2016 年 6 月 19 日《国务院关于修改〈中华人民共和国海关稽查条例〉的决定》第二次修订，根据 2022 年 4 月 7 日《国务院关于修改和废止部分行政法规的决定》对《海关稽查条例》进行第三次修订，自 2022 年 5 月 1 日起施行。

1. 海关稽查的概念

《海关稽查条例》第二条规定：本条例所称海关稽查，是指海关自进出口货物放行之日起 3 年内或者在保税货物、减免税进口货物的海关监管期限内及其后的 3 年内，对与进出口货物直接有关的企业、单位的会计账簿、会计凭证、报关单证，以及其他有关资料（以下统称账簿、单证等有关资料）和有关进出口货物进行核查，监督其进出口活动的真实性和合法性。

2. 企业、单位进出口活动规则

（1）真实、准确、完整地反映进出口活动情况。

（2）按照法定期限妥善保管账本、单证等资料。

（3）健全会计制度，定期报送报表。

（4）接收和配合海关稽查。

（5）对稽查报告签署意见。

3. 海关稽查规则

（1）海关在稽查时可以行使的权力包括：查阅权、复制权、检查权、询问权、查询权、暂时封存权、货物封存权、处理权。

（2）海关在稽查时应履行的法律义务包括：客观公正、保守商业秘密；事先通知；出示证件；适当回避；及时解除封存；法定期限内得出稽查结论。

4. 法律责任

（1）《海关稽查条例》第三十条规定，被稽查人有下列行为之一的，由海关责令限期改正，逾期不改正的，处 2 万元以上 10 万元以下的罚款；情节严重的，禁止其从事报关活动；对负有直接责任的主管人员和其他直接责任人员处 5 000 元以上 5 万元以下的罚款；构成犯罪的，依法追究刑事责任：

① 向海关提供虚假情况或者隐瞒重要事实；

② 拒绝、拖延向海关提供账簿、单证等有关资料以及相关电子数据存储介质；

③ 转移、隐匿、篡改、毁弃报关单证、进出口单证、合同、与进出口业务直接有关的其他资料以及相关电子数据存储介质。

（2）《海关稽查条例》第三十一条规定，被稽查人未按照规定编制或者保管报关单证、

进出口单证、合同以及与进出口业务直接有关的其他资料的，由海关责令限期改正，逾期不改正的，处 1 万元以上 5 万元以下的罚款；情节严重的，禁止其从事报关活动；对负有直接责任的主管人员和其他直接责任人员处 1 000 元以上 5 000 元以下的罚款。

（三）《中华人民共和国关税法》

《中华人民共和国关税法》（简称《关税法》）2024 年 4 月 26 日由第十四届全国人民代表大会常务委员会第九次会议通过，自 2024 年 12 月 1 日起施行。

《关税法》是为了规范关税的征收和缴纳，维护进出口秩序，促进对外贸易，推进高水平对外开放，推动高质量发展，维护国家主权和利益，保护纳税人合法权益，根据宪法而制定的。中华人民共和国准许进出口的货物、进境物品，由海关依照该法和有关法律、行政法规的规定征收关税。

1. 适用对象

《关税法》第三条规定，进口货物的收货人、出口货物的发货人、进境物品的携带人或者收件人，是关税的纳税人。从事跨境电子商务零售进口的电子商务平台经营者、物流企业和报关企业，以及法律、行政法规规定负有代扣代缴、代收代缴关税税款义务的单位和个人，是关税的扣缴义务人。第五条第一款、第二款规定，个人合理自用的进境物品，按照简易征收办法征收关税。超过个人合理自用数量的进境物品，按照进口货物征收关税。个人合理自用的进境物品，在规定数额以内的免征关税。

2. 关税工作原则和依据

《关税法》第六条规定，关税工作坚持中国共产党的领导，贯彻落实党和国家路线方针政策、决策部署，为国民经济和社会发展服务。第七条规定，国务院设立关税税则委员会，履行下列职责：

（1）审议关税工作重大规划，拟定关税改革发展方案，并组织实施；

（2）审议重大关税政策和对外关税谈判方案；

（3）提出《税则》调整建议；

（4）定期编纂、发布《税则》；

（5）解释《税则》的税目、税率；

（6）决定征收反倾销税、反补贴税、保障措施关税，实施国务院决定的其他关税措施；

（7）法律、行政法规和国务院规定的其他职责。

国务院关税税则委员会的组成和工作规则由国务院规定。

3. 法律责任

《关税法》第六十二条规定，有下列情形之一的，由海关给予警告；情节严重的，处三万元以下的罚款：

（1）未履行纳税义务的纳税人有合并、分立情形，在合并、分立前，未向海关报告；

（2）纳税人在减免税货物、保税货物监管期间，有合并、分立或者其他资产重组情形，未向海关报告；

（3）纳税人未履行纳税义务或者在减免税货物、保税货物监管期间，有解散、破产或者其他依法终止经营情形，未在清算前向海关报告。

第六十三条规定，纳税人欠缴应纳税款，采取转移或者藏匿财产等手段，妨碍海关依法追征欠缴的税款的，除由海关追征欠缴的税款、滞纳金外，处欠缴税款百分之五十以上五倍以下的罚款。

第六十四条规定，扣缴义务人应扣未扣、应收未收税款的，由海关向纳税人追征税款，对扣缴义务人处应扣未扣、应收未收税款百分之五十以上三倍以下的罚款。

第六十五条规定，对本法第六十二条、第六十三条、第六十四条规定以外其他违反本法规定的行为，由海关依照《中华人民共和国海关法》等法律、行政法规的规定处罚。

第六十六条规定，纳税人、扣缴义务人、担保人对海关确定纳税人、商品归类、货物原产地、纳税地点、计征方式、计税价格、适用税率或者汇率，决定减征或者免征税款，确认应纳税额、补缴税款、退还税款以及加收滞纳金等征税事项有异议的，应当依法先向上一级海关申请行政复议；对行政复议决定不服的，可以依法向人民法院提起行政诉讼。

当事人对海关作出的前款规定以外的行政行为不服的，可以依法申请行政复议，也可以依法向人民法院提起行政诉讼。

第六十七条规定，违反本法规定，滥用职权、玩忽职守、徇私舞弊或者泄露、非法向他人提供在履行职责中知悉的商业秘密、个人隐私、个人信息的，依法给予处分。

第六十八条规定，违反本法规定，构成犯罪的，依法追究刑事责任。

4. 其他

《关税法》第六十九条规定，《中华人民共和国海南自由贸易港法》对海南自由贸易港的关税事宜另有规定的，依照其规定。

第七十条规定，进口环节海关代征税的征收管理，适用关税征收管理的规定。船舶吨税的征收，《中华人民共和国船舶吨税法》未做规定的，适用关税征收管理的规定。

第七十一条规定，从事免税商品零售业务应当经过批准，具体办法由国务院规定。

【法律实践】

一、实践任务

1. 请同学们随机分组，组建企业法务部门国际贸易组。
2. 讨论公司的具体业务所涉及的国际贸易相关的法律法规。
3. 整理完成企业法务部门国际贸易组工作中会涉及的主要国际法律法规条约。

二、实践目标

1. 通过实践掌握国际贸易相关的法律法规知识。

2. 通过实践培养团队精神，深化国际意识、大局意识、协作意识、服务意识，协同合作，理解法律的涉内涉外性，具有国际法律意识。

三、实践步骤

1. 按照价值观相同、目标一致、能力互补、自愿组合原则组建企业法务部门国际贸易组。

2. 学习《对外贸易法》《联合国国际货物销售合同公约》《跟单信用证统一惯例》《国际贸易术语解释通则 2020》《海关法》《海关稽查条例》等，了解企业不同业务涉及的相关国际贸易法律法规。

3. 学习物流企业国际贸易业务涉及的相关法律，了解不同业务涉及不同国家处理的方法，思考物流企业国际事件的注意事项和合理的解决方案。

四、考核要点

1. 公司业务涉及国际相关法律，拓宽国际视野。

2. 是否有经验丰富的团队组织者，团队成员之间是否有相同的价值趋向，能力互补，分工合理，相处融洽。

3. 对物流企业国际贸易相关法律法规的学习热情和掌握的熟练程度。

任务二 国际海运规则相关的国际公约和法律

【法学课堂】

一、《海牙规则》

1.《海牙规则》概述

《统一提单的若干法律规定的国际公约》(International Convention for the Unification of Certain Rules Relating to Bills of Lading)，简称《海牙规则》(Hague Rules)，于 1924 年 8 月 25 日制定于布鲁塞尔，自 1931 年 6 月 2 日起生效。《海牙规则》第一次用国际公约的形式确定了海上货物运输合同中的权利义务分配规则。立法指导思想是海上货物运输合同中的契约自由原则必须受到一定的限制，但仍偏重于对承运人利益的保护。我国没有加入该公约，但其中有关承运人责任与免责的规定，基本上被《中华人民共和国海商法》（简称《海商法》）第四章采纳。

2. 承运人的基本义务

适航、管货、应托运人的要求签发提单。

3. 承运人的免责

不论承运人或船舶，对由于下列原因引起或造成的灭失或损坏，都不负责：

（1）船长、船员、引水员或承运人的雇佣人员，在航行或管理船舶中的行为、疏忽或不履行义务。

（2）火灾，但由于承运人的实际过失或私谋所引起的除外。

（3）海上或其他能航水域的灾难、危险和意外事故。

（4）天灾。

（5）战争行为。

（6）公敌行为。

（7）当权者或人民的扣留或管制，或依法扣押。

（8）检疫限制。

（9）托运人或货主、其代理人或代表的行为或不行为。

（10）由于任何原因所引起的局部或全面罢工、关厂停止或限制工作。

（11）暴动和骚乱。

（12）救助或企图救助海上人命或财产。

（13）由于货物的固有缺点或性质引起的体积、重量亏损或任何其他灭失或损坏。

（14）包装不善。

（15）唛头不清或不当。

（16）虽克尽职责亦不能发现的潜在缺点。

（17）非由于承运人的实际过失或私谋，或者承运人的代理人，或者雇佣人员的过失或疏忽所引起的其他任何原因；但是要求引用这条免责利益的人应负责举证，证明有关的灭失或损坏既非由于承运人的实际过失或私谋，亦非由于承运人的代理人或雇佣人员的过失或疏忽所造成。

4. 承运人的责任期间

承运人的责任期间，是指承运人对货物运输负责的期限。货物运输期间为自货物装上船时起至卸离船时止的一段期间。

5. 承运人的赔偿责任限制

承运人的赔偿责任限制是指由于承运人不能免责的原因造成的货物灭失或损坏，通过规定单位最高赔偿额的方式，将其赔偿责任限制在一定的范围内。

不论承运人或船舶，在任何情况下，对货物或与货物有关的灭失或损坏，每件或每计费单位超过一百英镑或与其等值的其他货币的部分，都不负责；但托运人于装货前已就该项货物的性质和价值提出声明，并已在提单中注明的，不在此限。

二、《维斯比规则》

1.《维斯比规则》概述

1968 年 2 月 23 日，在布鲁塞尔召开的第十二届海洋法外交会议上通过了《修改统一提单若干法律规定的国际公约议定书》(Protocol to Amend the International Convention for the Unification of Certain Rules of Law Relating to Bills of Lading)，又称《维斯比规则》。修订后的《海牙规则》称为《海牙—维斯比规则》(Hague-Visby Rules)。《维斯比规则》于 1977 年 6 月 23 日生效。我国没有参加该议定书，但《海商法》中有关提单证据效力、非合同之诉、承运人的受雇人或代理人的法律地位和诉讼时效的规定，是以该议定书的内容为基础而提出的。

2. 承运人的基本义务

适航、管货、应托运人的要求签发提单。

3. 承运人的免责

不论承运人或船舶，对由于下列原因引起或造成的灭失或损坏，都不负责：

(1) 船长、船员、引水员或承运人的雇佣人员，在航行或管理船舶中的行为、疏忽或不履行义务。

(2) 火灾，但由于承运人的实际过失或私谋所引起的除外。

(3) 海上或其他能航水域的灾难、危险和意外事故。

(4) 天灾。

(5) 战争行为。

(6) 公敌行为。

(7) 君主、当权者或人民的扣留或管制，或依法扣押。

(8) 检疫限制。

(9) 托运人或货主、其代理人或代表的行为或不行为。

(10) 不论由于任何原因所引起的局部或全面罢工、关厂停止或限制工作。

(11) 暴动和骚乱。

(12) 救助或企图救助海上人命或财产。

(13) 由于货物的固有缺点、性质或缺陷引起的体积或重量亏损，或任何其他灭失或损坏。

（14）包装不善。

（15）唛头不清或不当。

（16）虽克尽职责亦不能发现的潜在缺点。

（17）非由于承运人的实际过失或私谋，或者承运人的代理人，或雇佣人员的过失或疏忽所引起的其他任何原因；但是要求引用这条免责利益的人应负责举证，证明有关的灭失或损坏既非由于承运人的实际过失或私谋，亦非由于承运人的代理人或雇佣人员的过失或疏忽所造成。

4. 承运人的责任期间

货物运输期间为自货物装上船时起至卸离船时止的一段期间。

5. 承运人的赔偿责任限制

每件或每单位 10 000 金法郎或按灭失或受损货物毛重计算，每千克为 30 金法郎，以两者中较高金额为准。

三、《汉堡规则》

1.《汉堡规则》概述

《1978 年联合国海上货物运输公约》(United Nations Convention on the Carriage of Goods by Sea)，简称《汉堡规则》(Hamburg Rules)，于 1992 年 11 月 1 日生效。该公约进一步强化了承运人的义务和责任，但其影响和使用范围远不及《海牙规则》和《维斯比公约》。我国没有参照该议定书，但其中一些比较成熟和合理的内容为《海商法》所采纳。

2. 承运人的基本义务

无明确规定。

3. 承运人的免责

除非承运人证明他本人及其受雇人或代理人为避免该事故发生及其后果已采取了一切所能合理要求的措施，否则承运人应对因货物灭失或损坏或延迟交货所造成的损失负赔偿责任。

4. 承运人的责任期间

承运人对货物的责任期间包括在装货港，在运输途中以及在卸货港，货物在承运人掌管的全部期间。

5. 承运人的赔偿责任限制

承运人对货物灭失或损坏造成的损失所负的赔偿责任，以灭失或损坏的货物每件或每其他货运单位相当于 835 记账单位或毛重每千克 2.5 记账单位的数额为限，两者中以较高的数额为准。承运人对延迟交付的赔偿责任，以相当于该迟延交付货物应支付运费 2.5 倍的数额为限，但不得超过海上货物运输合同规定的应付运费总额。

四、《海商法》

1.《海商法》概述

《海商法》是为了调整海上运输关系、船舶关系，维护当事人的合法权益，促进海上运输和经济贸易的发展而制定的。《海商法》于 1992 年 11 月 7 日第七届全国人民代表大会常务委员会第二十八次会议通过，自 1993 年 7 月 1 日起施行。

2. 承运人的基本义务

（1）谨慎处理使船舶适航。《海商法》第四十七条规定，承运人在船舶开航前和开航当时，应当谨慎处理，使船舶处于适航状态，妥善配备船员、装备船舶和配备供应品，并使货舱、冷藏舱、冷气舱和其他载货处所适于并能安全收受、载运和保管货物。

（2）妥善和谨慎地管理货物。《海商法》第四十八条规定，承运人应当妥善地、谨慎地装载、搬移、积载、运输、保管、照料和卸载所运货物。所谓“妥善”通常是指技术上的要求，即承运人、船员或者其他受雇管理人员在管理货物的各个环节中，应具备通常要求的或者对所运货物有特殊要求的知识与技能。所谓“谨慎”，通常是指对责任心的要求，即承运人、船员或者其他受雇人员在管理货物的各个环节中，发挥作为一名能胜任货物装卸作业或者海上货物运输工作的人可以预期表现出来的谨慎程度。

（3）船舶不进行不合理绕航。《海商法》第四十九条第一款规定，承运人应当按照约定的或者习惯的或者地理上的航线将货物运往卸货港。所谓“地理上的航线”，是指在保证船舶及货物运输安全前提下，装卸两港之间最近的航线。法律只是禁止进行不合理的绕航。对此,《海商法》第四十九条第二款规定，船舶在海上为救助或者企图救助人命或者财产而发生的绕航或者其他合理绕航，不属于违反前款规定的行为。“其他合理绕航”，是指船舶为了船货双方共同利益，或者存在其他合理需求，如在海上躲避台风或者战争风险，送病危船员上岸治疗，而驶离航线的行为。

（4）在约定的时间内和在卸货港交付货物。《海商法》第五十条第一款规定，货物未能在明确约定的时间内，在约定的卸货港交付的，为迟延交付。如果构成迟延交付，并因此致使货物灭失或者损坏，或者即使货物没有灭失或者损坏，但托运人或者收货人因迟延交付而遭受其他经济损失，承运人应负赔偿责任，除非承运人证明迟延交付是其根据《海商法》第五十一条规定可以免责的原因所致。但是,《海商法》第八十二条规定，承运人自向收货人交付货物的次日起连续六十日内，未收到收货人就货物因迟延交付造成经济损失而提交的书面通知的，不负赔偿责任。

3. 承运人的免责

《海商法》第五十一条规定，在责任期间货物发生的灭失或者损坏是由于下列原因之一造成的，承运人不负赔偿责任:

（1）船长、船员、引航员或者承运人的其他受雇人在驾驶船舶或者管理船舶中的过失;

（2）火灾，但是由于承运人本人的过失所造成的除外;

（3）天灾，海上或者其他可航水域的危险或者意外事故；

（4）战争或者武装冲突；

（5）政府或者主管部门的行为、检疫限制或者司法扣押；

（6）罢工、停工或者劳动受到限制；

（7）在海上救助或者企图救助人命或者财产；

（8）托运人、货物所有人或者他们的代理人的行为；

（9）货物的自然特性或者固有缺陷；

（10）货物包装不良或者标志欠缺、不清；

（11）经谨慎处理仍未发现的船舶潜在缺陷；

（12）非由于承运人或者承运人的受雇人、代理人的过失造成的其他原因。

承运人依照前款规定免除赔偿责任的，除第（2）项规定的原因外，应当负举证责任。

4. 承运人的责任期间

《海商法》第四十六条规定，承运人对集装箱装运的货物的责任期间，是指从装货港接收货物时起至卸货港交付货物时止，货物处于承运人掌管之下的全部期间。承运人对非集装箱装运的货物的责任期间，是指从货物装上船时起至卸下船时止，货物处于承运人掌管之下的全部期间。在承运人的责任期间，货物发生灭失或者损坏，除本节另有规定外，承运人应当负赔偿责任。前款规定，不影响承运人就非集装箱装运的货物，在装船前和卸船后所承担的责任，达成任何协议。

5. 承运人赔偿责任限制

（1）承运人对货物灭损的赔偿责任限制。《海商法》第五十六条第一款规定，承运人对货物的灭失或者损坏的赔偿限额，按照货物件数或者其他货运单位数计算，每件或者每个其他货运单位为 666.67 计算单位，或者按照货物毛重计算，每公斤为 2 计算单位，以二者中赔偿限额较高的为准。但是，托运人在货物装运前已经申报其性质和价值，并在提单中载明的，或者承运人与托运人已经另行约定高于本条规定的赔偿限额的除外。货物件数是指货物的包装单位，如箱、桶、包、捆等。其他货运单位是对非包装货物而言的，通常是指运费单位。例如，汽车、机床按台收取运费，则承运人对每台汽车或机床的灭损赔偿一个限额。如是散装货物，运费单位通常为重量吨或者尺码吨。

《海商法》第五十五条规定，货物灭失的赔偿额，按照货物的实际价值计算；货物损坏的赔偿额，按照货物受损前后实际价值的差额或者货物的修复费用计算。货物的实际价值，按照货物装船时的价值加保险费加运费计算。前款规定的货物实际价值，赔偿时应当减去因货物灭失或者损坏而少付或者免付的有关费用。

（2）承运人对货物迟延交付的赔偿责任限制。《海商法》第五十七条规定，承运人对货物因迟延交付造成经济损失的赔偿限额，为所迟延交付的货物的运费数额。货物的灭失或者损坏和迟延交付同时发生的，承运人的赔偿责任限额适用本法第五十六条第一款规定的限额。

（3）承运人赔偿责任限制权利的丧失。《海商法》第五十九条规定，经证明，货物的灭失、损坏或者迟延交付是由于承运人的故意或者明知可能造成损失而轻率地作为或者不作为造成的，承运人不得援用本法第五十六条或者第五十七条限制赔偿责任的规定。经证明，货物的灭失、损坏或者迟延交付是由于承运人的受雇人、代理人的故意或者明知可能造成损失而轻率地作为或者不作为造成的，承运人的受雇人或者代理人不得援用本法第五十六条或者第五十七条限制赔偿责任的规定。

法案直击

2021年2月25日，某大连公司货代新鑫海公司签发提单，载明托运人为鑫联升公司，装货港为中国大连，卸货港为印度那瓦舍瓦，共有6个集装箱。该提单下的货物于2021年3月23日在卸货港卸船，新鑫海公司的卸货港代理向收货人发出提货通知。截至2023年12月5日，该提单下的集装箱货物仍堆存在码头，处于印度海关监管之下，无人提货。新鑫海公司起诉，请求鑫联升公司返还集装箱或赔偿集装箱价值及利息，并连带支付滞箱费、堆存费、港杂费等费用及利息。

案例分析：

大连海事法院审理认为，新鑫海公司主张本案适用提单约定的法律，鑫联升公司提交的电放申请保函明确记载同意将提单中的所有条款（包括所有背面条款以及管辖权及法律适用条款）作为运输合同的一部分，鑫联升公司与新鑫海公司就法律适用达成了一致的意思表示。根据提单背面首要条款和法律适用条款的约定，本案应当适用提单背面条款第27条第1项约定的新加坡法律。根据委托查明的新加坡法律中与涉案争议相关的规定，判决鑫联升公司向新鑫海公司支付滞箱费及利息、集装箱损失等。

本案是根据当事人约定，适用新加坡法律审理的海上货物运输合同纠纷，法院通过委托法律查明服务机构，查明新加坡法律中与涉案纠纷相关的规定并准确予以适用，判定双方当事人的责任。一审判决后，双方当事人均未上诉，体现了当事人对本案诉讼程序和判决结果的认可，实现了良好效果，为加快构建并完善域外法查明及适用的法律机制提供了有益的实践经验。涉外案件审理中的核心程序问题在于如何确定适用的准据法，若准据法为域外法时，则需要对该域外法的具体内容准确查明并正确适用。域外法的准确查明和适用对于依法处理涉外民商事案件，营造法治化营商环境具有重要意义。

【法律实践】

一、实践任务

1. 国际海运业务相关法律风险、案例的收集和整理。
2. 思考公司的具体业务所涉及的国际海运相关的法律和国际公约。
3. 整理完成企业国际海运业务中涉及的法律风险、责任、注意事项。

二、实践目标

1. 通过实践掌握国际海运规则及提单相关的国际公约和法律;

2. 通过实践熟知国际海运业务的涉内涉外性，能运用国际海运规则及提单有关的国际公约和法律进行风险、责任、费用的辨别和防范。

三、实践步骤

1. 学习《海牙规则》《维斯比规则》《汉堡规则》《海商法》等，熟悉国际海运业务所涉及的承运人的基本义务、免责、责任期间和赔偿责任限制。

2. 学习国际海运规则及提单有关的国际公约和法律，了解不同业务涉及不同国家的处理方法，思考物流企业国际海运业务中承运人的责任、承运人免责条款、承运人责任期间、承运人最高赔偿限额、索赔时效、诉讼时效、延迟交付责任等。

四、考核要点

1. 具备国际意识，公司业务涉及国际海运相关法律和国际公约，要明确对应的业务适用的是我国的法律还是相关国际公约。

2. 提高业务能力，培养团队协作精神。团队成员之间是否有相同的价值趋向，以及相同的立场，处理业务中能坚定自身立场，抓住事物本质。

3. 掌握国际海运业务所涉及的托运人、承运人的相关权力、风险、责任划分的具体要求。

任务三 国际航空运输、陆路运输相关法律法规

一、国际航空运输相关法律法规

1.《华沙公约》

1929 年 10 月，德国、英国、法国等在波兰首都华沙签订《统一国际航空运输某些规则的公约》(简称《华沙公约》)，并于 1933 年 2 月 13 日生效。《华沙公约》规定了以航空运输承运人为一方和以旅客和货物托运人与收货人为另一方的法律义务和相互关系，对空

中承运人应负的责任确立了三个原则: ① 负过失责任; ② 限定赔偿责任的最高限额; ③ 加重空中承运人的责任，禁止滥用免责条款。中国于 1958 年正式加入《华沙公约》。同年 10 月 18 日,《华沙公约》开始对我国生效。

《华沙公约》主要适用于国际航空运输合同，它统一了各国在国际民用航空运输过程中的法律冲突，其所确立的基本原则不仅构成了有关国际航空运输民商立法的基础，而且已成为包括我国在内的各国国内航空运输有关立法的整个航空运输民商法律基本原则。

2.《海牙议定书》

《修改 1929 年 10 月 12 日在华沙签订的统一国际航空运输某些规则的公约的议定书》(简称《海牙议定书》)，于 1963 年 8 月 1 日生效。我国于 1975 年 8 月 20 日批准《海牙议定书》，同年 11 月 18 日《海牙议定书》对我国生效。在货物运输方面,《海牙议定书》对《华沙公约》的修改主要是简化了关于航空货运单等运输凭证的规定，不限制填发可以流通的航空货运单，同时还在航行过失免责、免责范围和索赔期限等条文上对《华沙公约》作出修订。

3.《蒙特利尔公约》

1999 年 5 月 28 日，国际民用航空组织 (ICAO) 通过了《统一国际航空运输某些规则的公约》(简称《蒙特利尔公约》)，理顺了华沙体制文件中的主要规定，该公约于 2003 年 11 月 4 日生效。我国已于 1999 年签署了《蒙特利尔公约》, 2005 年 7 月 31 日《蒙特利尔公约》对我国正式生效。《蒙特利尔公约》最主要的变化体现在责任制度和责任限额两方面。例如，由过错责任制走向严格责任制。《蒙特利尔公约》规定，对于因货物毁灭、遗失或者损坏而产生的损失，只要造成损失的事件是在航空运输期间发生的，承运人就应当承担责任。

二、国际陆路运输相关的法律法规

1.《国际铁路货物联运协定》

《国际铁路货物联运协定》(Agreement on International Railroad through Transport of Goods) 简称《国际货协》，是 1951 年 11 月由苏联、罗马尼亚、波兰等 8 个国家共同签订的一项铁路货运协定。我国于 1954 年 1 月加入该协定。《国际货协》规定了适用的范围，运输合同的订立，货物运输组织、运输条件、运输费用计算核收办法，铁路与发、收货人之间的权利与义务，以及赔偿和诉讼的问题。此外，在法律适用上，凡是《国际货协》有规定，而国内规章也有规定时，不论两者是否相同，应适用《国际货协》的规定。但在相邻两国铁路之间有特殊规定时，应按照其规定的条件办理。《国际货协》中没有规定的事项，适用国内铁路规章。它强调国际铁路货物运输是通过签订合同来设立和实现的，因此，它对合同的缔结、双方当事人的权利与义务、责任的划分与索赔等作出详细规定。

2.《国际铁路货物运输公约》

《国际铁路货物运输公约》(Convention Concerning International Carriage of Goods by Rail)，简称《国际货约》，是关于铁路货物运输的国际公约，是在1890年欧洲各国在瑞士首都伯尔尼举行的各国铁路代表会议上制定的，1938年修改时改称《国际铁路货物运输公约》，又称《伯尔尼货运公约》，同年10月1日开始实行。

3.《国际铁路货物联运统一过境运价规程》

《国际铁路货物联运统一过境运价规程》规定了在经过过境成员国铁路时，需要办理的货物运输手续，过境运送费用、杂费和其他费用的计算与核收方法，以及过境里程、货物运价等级、计费重量的确定办法等。《国际铁路货物联运统一过境运价规程》对参加铁路和发收货人都有约束力。

4.《国际联运货车使用规则》

《国际联运货车使用规则》简称《货车规则》，主要规定了《国际货协》各成员国的参与联运车辆的技术条件。它对各参加铁路运输的车辆部门和过境车站都适用。

5.《国际公路货物运输合同公约》

为了统一公路运输所使用的单证和承运人的责任，联合国所属欧洲经济委员会负责草拟了《国际公路货物运输合同公约》，并于1956年5月19日在日内瓦由欧洲17个国家参加的会议上一致通过并签订。该公约共有12章，就公约的适用范围、承运人责任、合同的签订与履行、索赔与诉讼，以及连续承运人履行合同等作出较详细的规定。尽管《国际公路货物运输合同公约》有区域性限制，但仍不失为当前国际公路货物运输的重要公约和协定，并对今后国际公路货物运输的发展具有一定的影响。

《国际公路货物运输合同公约》有以下适用范围：

（1）《国际公路货物运输合同公约》适用于由公路以车辆运输货物而收取报酬的运输合同，接收货物和指定交货的地点依据合同的规定在两个不同的国家，其中至少有一国是缔约国。

（2）若车辆装载运输的货物在运输过程中经由海上、铁路、内陆水路或航空，但货物没有从车辆上卸下，公约仍对整个运输过程适用。

（3）若公路承运人本人也是其他运输方式下的货物运输人，其责任也应依照上述规定予以确定，但在作为公路承运人和其他运输方式的承运人时，则具有双重身份。

（4）公路承运人应对其受雇人、代理人或其他人为执行运输而利用其服务的任何其他人的行为或不行为承担责任。

【法律实践】

一、实践任务

1. 国际航空运输业务、国际陆路运输业务相关法律风险、案例的收集和整理。
2. 讨论公司的具体业务所涉及的国际航空运输、陆路运输相关的法律法规。

二、实践目标

1. 通过实践掌握国际航空运输、陆路运输相关的法律法规。

2. 通过实践熟知国际航空运输、陆路运输业务的涉内涉外性，能够运用国际航空运输、陆路运输相关的法律法规进行风险、责任、费用的辨别和防范。

三、实践步骤

1. 学习《华沙公约》《海牙议定书》《国际铁路货物联运协定》《国际铁路货物运输公约》《国际铁路货物联运统一过境运价规程》《国际联运货车使用规则》《国际公路货物运输合同公约》等，熟悉国际航空运输业务、陆路运输所适用的范围。

2. 学习国际航空运输、陆路运输相关的法律法规，了解不同业务涉及国内国外处理的方法，思考物流企业国际航空运输业务、陆路运输业务中具体单据、合同、责任等的处理方式。

四、考核要点

1. 具备国际视野。公司业务涉及国际航空运输、国际陆路运输相关的法律法规，有涉外意识，要清楚对应的业务适用的法律法规的要求。

2. 提高业务能力，培养团队协作精神。团队成员之间是否有相同的价值趋向和立场，处理业务中能坚定自身立场，抓住事物本质。

3. 掌握国际航空运输、国际陆路运输涉及的承运人相关权力、风险、责任划分的具体要求。

德法兼修

坚持统筹推进国内法治和涉外法治　加快完善涉外法律体系

法治是国家核心竞争力的重要内容。我国与世界的关系正在发生深刻变化，我国与国际社会的互联互通也已变得日益紧密。我国对世界的影响从未像今天这样广泛而深远。我们谋划改革发展，必须统筹考虑和综合运用国内国际两个市场、国内国际两种资源、国内国际两类规则。要坚持从中国实际出发，坚定不移地走自己的路，同时要放眼世界，更好地把国内发展与对外开放统一起来，把我国发展与世界发展联系起来，把我国人民利益与各国人民的共同利益结合起来，坚持统筹推进国内法治和涉外法治，以更加积极的姿态参与国际事务，共同应对全球性挑战，努力为全球发展作出贡献。

党的二十大报告指出：必须完整、准确、全面贯彻新发展理念，坚持社会主义市场经济改革方向，坚持高水平对外开放，加快构建以国内大循环为主体、国内国际双循环相互促进的新发展格局。当前，国际经济合作和竞争局面正在发生深刻变化，全球经济治理体系和规则正在面临重大调整，引进来、走出去在深度、广度、节奏上都是过去所不可比拟的，应对外部经济风险，维护国家经济安全的压力也是史无前例的。要提高对外开放的质量和发展的内外联动性；加强用好国内国际两个市场、两种资源的能力；提高应对国际经贸摩擦、争取国际经济话语权的能力；提升运用国际经贸规则的本领。

牢牢抓住推动构建人类命运共同体这条主线，不断丰富和完善新时代中国国际法理论体系，以建设性的态度积极参与国际规则的制定，推动国际法治朝着更加公正合理的方向发展。同时坚持底线思维，进一步提高科学运用国际法维护我国主权、安全、发展利益的能力。

【案例启示】加强对有关国家法律制度的学习，了解世界主要国家的立法实践和法律实施效果，加强对新技术、新领域涉外法律问题的研究，深入思考条约和国际规则体系、国际法与国内法衔接等问题，加强国际交流合作，积极营造良好的外部环境，维护和延长我国发展的重要战略机遇期。

法案直击

元成公司向外商订购的6万余吨散装巴西大豆装载于复兴公司所属的“美嘉”轮，从巴西巴拉那瓜港运往中国福州松下港。元成公司经付款取得包括提单在内的信用证项下的全套单据。货物运抵目的港后，元成公司在卸货过程中发现货物异常。经检验，货物中的大部分杂质、碳化粒、热损粒等随机分布在货舱内，表明该情况在装港时即已存在，卸港时未发现货物存在大规模水湿结块或霉变现象。元成公司委托进行验残，结论为货物实际损失20 026 172.98元。元成公司以承运人违反批注义务签发了清洁提单，导致其以丧失拒绝对外付款机会造成损失为由，诉请判令复兴公司赔偿货物价款损失、利息及其诉前扣船费等。

案例分析：

本案是一起提单持有人以承运人未履行提单批注义务导致其丧失拒付信用证项下货款权利为由提出索赔的案例。《海商法》对承运人签发提单时对货物状况的批注仅作出原则性规定，实践中对如何把握批注标准存在争议。本案结合国际贸易、国际海运实践进行全面剖析，正确解释《海商法》规定，明确货物等级和品质指标不属于承运人提单批注的范围；对承运人就货物表面状况的判断要求应建立在与作业条件相适应的基础上；在货物非正常颗粒未集中板结成块的情形下，承运人未做出货物表面状况不良的判断符合常识和通常判断标准等三项规则，认定承运人签发清洁提单未违反提单批注义务，妥善平衡了船货双方的利益，维护了提单在国际贸易中的流通性。

知识与技能训练

一、选择题

1. 有关提单的国际公约包括（　　）。

A.《跟单信用证统一惯例》　　B.《维斯比规则》

C.《汉堡规则》　　D.《海牙规则》

2. 依据《海商法》，以下不属于承运人职责的是（　　）。

A. 妥善配备船员、装备船舶和配备供应品

B. 妥善地、谨慎地装载、搬移、积载、运输、保管、照料和卸载所运货物

C. 在船舶开航前和开航当时，应当谨慎处理，使船舶处于适航状态

D. 在驾驶船舶或者管理船舶中确保船舶处于适航状态

3. 甲国 A 公司（买方）与乙国 B 公司（卖方）签订了一项茶叶进口合同，价格条件为 CFR，以装运港的检验证书作为议付货款的依据，但约定买方在目的港有复验权。货物在装运港检验合格后交由 C 公司运输。由于乙国当时发生病害，船舶到达甲国目的港时，甲国有关当局对船舶进行了熏蒸消毒，该工作展开了数天。之后，A 公司在目的港复验时发现该批茶叶已串味无法销售。依据《海牙规则》及有关国际公约，下列正确的是（　　）。

A. A 公司应向 B 公司提出索赔，因为其提供的货物与合同不符

B. A 公司应向 C 公司提出索赔，因为其没有尽到保管货物的责任

C. C 公司可以免责

D. A 公司应向 B 公司提出索赔，因为其没有履行适当安排保险的义务

二、判断题

1. 根据《国际贸易术语解释通则 2020》的规定，以 C 组贸易术语成交签订的合同都属于装运合同。（　　）

2. 《维斯比规则》对《海牙规则》的修改，解决了《海牙规则》中权益失衡这一本质问题。（　　）

3. 我国海关的监督管理是国家行政执法活动。（　　）

三、技能训练

录制包含以下内容的小视频：选取国际运输相关的典型案例（国际海运、国际航空运输、国际陆路运输、国际铁路运输等）2～3 个，结合国际物流相关法律法规，讲述国际物流法律法规对行业发展的影响，并就此提出维护国际物流业务良好运转的法治环境，树立国际法律意识的倡议。相关视频在课堂上分享并评分。

调查研究与善作善成

国际物流相关法律法规与政策规范的调研

一、调研背景

党的二十届三中全会提出，开放是中国式现代化的鲜明标识。必须坚持对外开放基本国策，坚持以开放促改革，依托我国超大规模市场优势，在扩大国际合作中提升开放能力，建设更高水平开放型经济新体制。

统筹推进国内法治和涉外法治，加快涉外法治工作战略布局，协调推进国内治理和国际治理，有利于更好地维护国家主权、安全和发展利益。我们要加强对有关国家法律制度的跟踪研究，了解世界主要国家的立法实践和法律实施效果，加强对新技术、新领域涉外法律问题的研究，深入研究国际条约和国际规则体系、国际法与国内法衔接等问题，充分发挥法治在对外斗争中的引领、规范和保障作用，加强国际交流合作，积极营造良好的外部环境，维护和延长我国发展的重要战略机遇期。

物流企业经营过程中涉及国内和国际两种法律体系，因此有必要对国际物流相关的法律法规和政策规范要求进行系统调研和分析，从而指导物流企业开展国际物流活动。

二、调研目标

1. 全面了解国际物流相关法律法规和政策要求

梳理国际物流层面关于国际贸易的法律法规、政策文件、标准规范等，以及与国际物流活动相关的国际法、国际公约、国际规则等，明确其适用范围、主要内容及实施要求。

2. 分析与国际物流相关的法律法规和政策要求的实施情况

通过网上调研、实地调研、访谈等方式，了解国际物流企业在执行相关法律法规和政策要求方面的实际情况，评估其实施效果。

3. 识别国际物流活动中存在的问题与不足

基于调研结果，分析国际物流企业在国际物流法律法规实施等方面存在的问题与不足，为提出改进措施提供依据。

4. 提出加强国际物流法律法规实施等方面的对策建议

针对调研发现的问题与不足，结合国内外先进经验，提出加强国际物流法律法规实施的对策建议，为物流企业开展国际物流活动提供参考。

三、调研步骤

1. 调研准备

明确调研目的和范围，组建调研团队，制订调研计划，确定调研方法、调研对象、调研时间、调研地点等。

2. 资料收集

（1）查阅文献资料。收集国家及地方层面关于国际物流相关的法律法规、政策文件、标准规范等文献资料。

（2）网络搜索。利用互联网搜索相关领域的最新政策动态、研究成果及案例分析。

（3）专家咨询。咨询物流、法律、安全等领域的专家，获取专业意见和建议。

（4）问卷调查。设计并发放问卷，收集物流企业对国际物流相关法律法规和政策要求的认知、执行情况及建议。

3. 实地调研

（1）企业访谈。选取具有代表性的物流企业进行实地访谈，了解其在国际物流法律法规方面的实际情况、存在问题及改进措施。

（2）现场观察。现场观察国际物流企业的仓储、运输、配送、通关、报检、操作等环节，了解国际物流法律法规的实施情况。

4. 数据分析

（1）数据整理。对收集到的文献资料、访谈记录、问卷数据等进行整理和分析。

（2）问题归纳。基于数据分析结果，归纳国际物流法律法规实施中存在的问题与不足。

（3）对策建议。针对存在的问题与不足，结合国内外先进经验，提出加强国际物流法律法规实施的对策建议。

5. 调研报告撰写

（1）撰写调研报告。根据调研结果和分析结论，撰写国际物流相关法律法规和政策要求的调研报告。

（2）报告评审。邀请专家对调研报告进行评审，提出修改意见和建议。

（3）报告完善。根据专家评审意见，对调研报告进行修改和完善。

（4）后续跟踪。对调研成果的应用情况进行跟踪和评估，为调研工作改进提升提供参考。

参考文献

[1] 柴学友，曹德祥，顾震．案说民营企业法律风险（刑事篇）[M]．北京：法律出版社，2017.
[2] 程旭东．企业常见法律风险事件应对实务指南 [M]．北京：中国法制出版社，2019.
[3] 张思星，刘国良．企业常见刑事法律风险防范全书 [M]．北京：中国法制出版社，2019.
[4] 司玉琢．海商法 [M]．5 版．北京：法律出版社，2023.
[5] 李爱华，王宝生．物流法律法规 [M]．2 版．北京：清华大学出版社，2018.
[6] 王海兰．物流标准与法规 [M]．2 版．上海：上海财经大学出版社，2018.
[7] 王芸．物流法律法规与实务 [M]．3 版．北京：电子工业出版社，2017.
[8] 王峰，郭晓莉．物流法律法规知识 [M]．3 版．北京：北京理工大学出版社，2015.
[9] 高立法．企业经营风险管理实务 [M]．2 版．北京：经济管理出版社，2014.
[10] 罗佩华．物流法律法规 [M]．3 版．北京：清华大学出版社，2021.
[11] 路琴，马颖．保险法规 [M]．北京：高等教育出版社，2003.
[12] 胡美芬．物流相关法规与国际公约 [M]．成都：四川人民出版社，2002.

主编简介

姬中英，武汉交通职业学院副校长，三级教授。首批国家级职业教育教师教学创新团队（物流管理）的负责人，中国物流与采购联合会教育研究智库专家，第 45 届世界技能大赛货运代理赛项国家集训基地专家，全国交通运输职业教育名师，全国职业院校技能大赛智慧物流赛项专家，全国职业院校技能大赛市场营销赛项仲裁组组长，全国职业院校技能大赛现代物流赛项“优秀指导教师”，国家职业教育骨干专业带头人，国家示范职教集团负责人，指导学生获 2013 年全国职业院校技能大赛一等奖。湖北省“五一劳动奖章”获得者，湖北省十佳师德标兵（湖北省职业院校至今唯一获得者），湖北省职业教育名师工作室主持人，湖北物流职教品牌项目负责人，湖北省职业院校技能大赛物流赛项裁判长，湖北省物流采购供应链行业改革开放四十年代表性人物。

现兼任长江经济带物流职业教育协同发展联盟常务副理事长，中国交通职教集团职业教育研究院副院长，全国物流职业教育教学指导委员会技能开发专委会委员，湖北省高等教育学会物流专业委员会副主任，武汉市物流协会副主任。

主持完成国家、省部级研究项目 14 项，获得全国物流职业教育教学成果奖一等奖一项、二等奖两项，获得省级教学成果奖一等奖一项、二等奖一项，主编主审教材 7 部。

王亚男，武汉交通职业学院物流学院副院长，副教授。全国邮政行业人才培养基地项目负责人，国家职业教育快递运营管理专业教学资源库“快递实务”课程建设负责人，全国示范点物流管理专业（快递方向）负责人。指导学生参加“物流企业经营技能”全国总决赛获一等奖。2019 年湖北快递职业技能大赛赛项总负责人，全国快递职业技能大赛赛项专家。主持、参与完成国家级、省级研究项目 7 项，获得交通职业教育科学优秀成果奖一等奖一项、三等奖一项，2020 年获得全国物流职业教育教学成果奖二等奖，主编、参编、主审教材 5 部。

郑重声明

读者意见反馈

为收集对教材的意见建议，进一步完善教材编写并做好服务工作，读者可将对本教材的意见建议通过如下渠道反馈至我社。

咨询电话 400-810-0598

反馈邮箱 gjdzfwb@pub.hep.cn

通信地址 北京市朝阳区惠新东街4号富盛大厦1座

高等教育出版社总编辑办公室

邮政编码 100029

防伪查询说明

用户购书后刮开封底防伪涂层，使用手机微信等软件扫描二维码，会跳转至防伪查询网页，获得所购图书详细信息。

防伪客服电话 （010）58582300

网络增值服务使用说明

授课教师如需获取本书配套教辅资源，请登录“高等教育出版社产品信息检索系统”（xuanshu.hep.com.cn）搜索本书并下载资源，首次使用本系统的用户，请先注册并完成教师资格认证。

高教社高职物流专业QQ群：213776041